Robert S. Lopez

The Commercial Revolution of the Middle Ages, 950-1350

ロバート・S. ロペス

宮松浩憲 訳

中世の商業革命

ヨーロッパ 950-1350

りぶらりあ選書／法政大学出版局

イェール大学歴史学科に称讃と感謝をこめて

目次

凡例　viii
序文　ix

第一章　先行する古代ローマと蛮族の時代　1
第一節　古代ローマの偉大さ　1
第二節　古代ローマの農業　4
第三節　古代ローマの商業と工業　7
第四節　技術と信用　11
第五節　帝国の崩壊と長い下降傾向　13
第六節　蛮族時代の農業　17
第七節　蛮族時代の交易　23
第八節　カトリック教ヨーロッパとその周辺　28

第二章　自給自足農業の発達　35
第一節　人口動態の反転　35

第二節　農業発展の諸類型　39
第三節　食と作物の変化　46
第四節　役畜と機具　53
第五節　共同体と個人　62

第三章　商業革命の離陸　72
第一節　余剰農産物の利用　72
第二節　ユダヤ人　77
第三節　イタリア人　81
第四節　貨幣と信用　90
第五節　契　約　94
第六節　輸　送　101

第四章　商業化の不均等発展　108
第一節　革命の神経中枢　108
第二節　取引の形態と商品　115
第三節　地中海圏　124
第四節　交易の一環としての預金銀行と金融　130
第五節　グリーンランドから北京まで——イタリア交易の満開　134

第六節　「北の地中海」　143
第七節　比較的低い調子で　151
第五章　手工業と機械工業のあいだで　155
第一節　商人と手工業者　155
第二節　同業組合　157
第三節　毛織物工業の勃興　164
第四節　他の職業における同業組合と前産業革命的興隆　174
第六章　農業社会の対応　186
第一節　農業世界における活力と停滞　186
第二節　農業発達の商業的要因　193
第三節　絵画の裏面　203
第四節　減退から縮小へ——革命は停止する　206
訳者あとがき　211
読書案内　巻末(13)
索引（人名・事項・地名）　巻末(1)

凡例

一、本書は Robert S. Lopez, *The Commercial Revolution of the Middle Ages, 950–1350*, Cambridge University Press, Cambridge, 1976の全訳である。
二、中見出しの節数の表記は原著にはなく、訳者が便宜上付したものである。
三、本文中の（ ）は著者によるもので、重要な人物の在位年、洋書の邦語タイトルなどを含め、〔 〕は読者のために訳者が付したものである。
四、人名および地名の表記は、原則として、現地の読み方に従った。
五、原著には簡単な索引が付されているが、わが国の読者には簡略すぎると思われたので、訳者がより詳細なものを人名・事項・地名の三つに分けて作成し、巻末に付すことにした。

序文

この小著は中世ヨーロッパ像のどちらかというとあまり馴染みのない側面、つまり大聖堂や城といったものではなくて、主として一〇世紀から一四世紀にかけて商業革命が展開された、壁に囲まれた都市と農村を見てもらうことを目的とする。まさしくこの時、歴史上はじめて、発展から取り残されていた社会が、大半は自らの力で、発展することに成功したのである。

もちろん、このような発言に異論があることは承知している。人類は猿から分化して以来ずっと発展を続けてきた、新石器時代は旧石器時代と比べて長足の進歩をしるした、エジプト・メソポタミア・中国といった古代文明は有史以前の先行者たちとは比べものにならないほど生産量を増大させたとの異論を唱えることができるからである。他方、中世ヨーロッパの商業革命期を通じての成長は近代の産業革命期のそれよりもはるかに遅かったとの反論も可能であろう。もちろん、後者といえども、今日のように息をのむような速さは持ち合わせていなかったのであるが。

これらはすべて真実である。しかし中世以前のそれぞれの時代における経済成長は、今日後進社会と呼ばれるものの限界を突破する手前で完全に停止してしまっている。そしてもし中世の成長が速くなかったとしても、それは決して逆行することはなかったのである。それは一〇〇〇年間続くほぼ連続した成長に不可欠な物質・精神的な条件を作り上げたのである。そして、我々は今もそれを少なからず享受しているのである。今日、今にも起こりそうな苛酷な運命の予兆のなかで成長を維持しようと努力するとき、そして後進国における成長を促進させようと努めるとき、我々が中世における離陸の諸状況を研究することによって何か学ぶものがあると、筆者は考える。

四世紀にもわたるヨーロッパ経済史を、単純化の作業をあちこちに挟まないで、二〇〇頁にも満たない本にまとめ上げることは不可能である。この単純化は史料が不十分で、数量的データが使えず、解釈が分かれているときは、とくに危険なものとなる。中世経済の重要な転換点と思われる商業の主導的役割に十分な注意を払うために、筆者はあまりダイナミックでなかったとして農業を、影響力が小さかったとして宗教理論と政治理論を、主流から外れているとして制度・文化的副産物を、いずれも過小評価してしまったかもしれない。読者諸賢に望みたいことは、筆者が仕方なく割愛してしまったものではなくて、ここで述べていることに神経を集中してもらいたい。簡略すぎるかもしれないが、文献目録を付すことによって、本書で起こりうると予測される筆者自身の歪曲や誤解に対処するための防御手段を提供したつもりである。歪曲や誤解がもっと多くならなかったとするならば、その一部は人文学系のための合衆国基金からの援助のお陰で、それによって都市発達に関する筆者の知識の多くの欠陥を埋めることができたからである。

どのように短い歴史研究であっても、感謝の表明は必要である。簡潔に済ますことをお許し願いたい。これまでの拙著と同様に、ここでも家族への感謝から始めたい。ミラノとブリュッセルにいる家族——妻・母・子供たちは原稿の各パートを読むなど、いろいろなことをしてくれた。彼らは筆者の象牙の塔に健康的な空気を送り込んでくれた。義兄弟、エティエンヌ・キルシェンは筆者の経済成長の分析にあったいくつかのひび割れを修復してくれた。というのも、筆者は、経済史のアプローチで主体は歴史にあって、経済をその重要な一つの属性と見なしているからである。筆者が感謝しなければならない先輩教授・同僚・学生はあまりにも多すぎて、その人たちの名前をここに挙げることはできない。一人だけ挙げるならば、それは学生・同僚・助言者の役割をその都度果たしてくれたハリー・ミスキミン氏だ。そしてその他の人々には、まとめて感謝を表明する。最後に、すべての歴史家にとって信頼できる友人であった故人にも感謝の意を表したい。つまり、商業の権威であったフランチェスコ・ディ・バルドゥッチオ・ペゴロッティ、農業の権威であったウォルター・オヴ・ヘンリのような中世人や、史料の解釈をそれが実際に述べていること以上に拡大しないように注意してくれたジーノ・ルザットと、「たとえ悪い手段でより高い経済的利益を引き出したとしても、人間には良いところが必ずある」との信念を筆者に植えつけてくれた筆者の父、サバティーノ・ロペスのような最近亡くなった人々へ。

第一章　先行する古代ローマと蛮族の時代

第一節　古代ローマの偉大さ

歴史は常に変化し続ける連続体である。それ故、先行する時代を考慮することなしに、なぜ商業革命が長い伝統の到達点にして新しい伝統の始まりであったのかを理解することは不可能に近い。

中世後期の大躍進は中世前期の大収縮のあとに起きたのであり、同様に後者は古代ローマ時代の躍進のあとに続いていたのである。このような山・谷・山の循環は単に経済の分野のみならず生活のほとんどすべての側面においても見ることができる。つまり、文学と芸術、哲学と思想、政治と法律もまた、程度は同じでないとしても、その影響を受けていた。古代ギリシア人とローマ人の最高傑作は経済の分野にはなかった。しかし、前者の創意工夫と後者の効率性は、ギリシア・ローマ経済を有史古代にいて最も成功したものとするに余りあるものであった。その主要な諸特徴をローマ帝国の最盛期、つまりアウグストゥス（前二九年—後一四年）からマルクス・アウレリウス（一六一年—一八〇年）にいたる時代をざっと見ておくことにしよう。

古代ローマ帝国の背骨をなしていた地中海を取り囲む広いベルト地帯のいたるところで人口は増大し、その平均余命を引き延ばしていた。平均余命は確かに二五歳であったが、その後に続く一五〇〇年間の医学・技術的進歩の恩恵に与った、一九四八年のエジプト（三一歳）や一九四六年の中国（三五歳）と比べて著しく劣るものではない。古代ローマの都市と広大な農村所領に住むエリートたちは豪勢な暮らしをしていた。人口の中核を占める中間層は快適な生活を享受していた。これらに比べて、都市労働者と農民の暮らし向きははるかに劣っていたが、例えばインドはまだ根絶するのに成功していないような、栄養不足からくる病気に彼らが苦しんでいたことを示す考古学的証拠は、ほとんどどこにも見つかっていない。奴隷制度は悲しむべき苦しみの元凶であったが、奴隷の数は減少していた。彼らの生活環境は全体的に改善されていた。そのため、フン族の王アッティラの宮廷に派遣されたローマ使節の「我々ローマ人は我々の奴隷たちを、あなたがあなたの自由臣民を処遇しているよりもよく扱っている」との言明には、それなりの真実が含まれていたことになる。とにかく、解放奴隷はあらゆる点で一人の人間となっていたし、その息子は最高の地位を目指すこともできたのである。階級意識はいつでも存在していたのであるが、ローマ人は人種差別主義と無関係であった。もちろん、彼らは国境の向こう側にいる粗野で言うことをきかない民族よりもすぐれていると自負していたことは言うまでもないが、個人であれ集団であれ、自発的であれ強制的であれ、彼らの支配下に組み込まれた「野蛮な人々」に自分たちの文明や生活様式を進んで教える気でいた。こうして、史上最大の融合炉が稼働し始めた。多くの民族が一つになり、その結果帝国内のすべての自由人は市民としての負担と恩恵を共有することとなった。

西暦一、二世紀の二〇〇年以上ものあいだ、軽い税負担、安全、そしてほとんど乱されることのなかった国内平和を享受したこのような巨大な共同体の成立は、予想をこえた経済的好機を創出しないではいなかった。ローマ帝国は地中海と内陸部へ通じる軍道によって一体化され、嗜好・生活水準・階級構成に見られる基本的均一性によって接合された、イギリスからエジプト、モロッコからアルメニアに広がる内地市場を形成していた。大半は個人の献金によって建てられたが、すべての市民に開放されていた古代ローマの劇場、公衆浴場、その他の公共施設の巨大な遺構は、比較的裕福な市民たちの経済力を今もなお証言している。ポンペイの火山灰、レプティス・マグナの砂浜、ロンドンの泥のなかから回収された豊かでほとんどが洗練された家具調度品は、属州都市に住む庶民に関する高い生産性を反映している。基本的な食糧はたやすく手に入っていた。市壁の外に捨てられた、輸入用オリーブ油が入っていた土器の破片の堆積は、ローマに当初からあった七つの丘に八番目の丘（テスタッチオの丘）を加えるにいたった。ローマ人は気候が許す限りどこにでも葡萄畑を作った。もっと重要なことは、彼らはどこにいても飲料水が飲めるようにしたことである。確かに、彼らはギリシア人に比して創造性と探求心に劣っていたが、ものの利便性が持つ価値をギリシア人以上に知っていた。それは丁度、帝国水資源開発の指導者の一人、フロンティヌスが「一体誰が我々の巨大な水道を遊休のピラミッドや有名ではあるが役立たずのギリシア人の作品と比べたりするであろうか」と述べているとおりである。

さらに、自分たちは余裕を持って生活しているとの確かな気持ちを抱きながら、ローマ人はすべての好機のなかで最高のもの、つまり経済成長を気にとめなかった。もちろん、成長は乱れを伴うし、満足水準が達成されるや、その訴える力をなくしてしまいがちであるが。このことは経済と同様に、芸術や政治や戦争にも通じる。ローマ以前に栄えた強大な帝国はどれを取ってみても、早晩、相応の快適さを享受するまでに成長すると、それ以上先に進もうとはしなかった。同様に、紀元前一、二世紀、共和制下のローマは息つく暇もない軍事的拡大に一種の企業的試みと商業的な冒険とを調和させようとした。しかし、その成長とともに現れた政治的動揺は、当初権力を保持していてその後に勝利した土地貴族を怯《おび》えさせた。アウグストゥスは平和を回復させ、帝国を農業的平穏と「黄金の中庸」（aurea mediocritas）の追求に捧げた。それぞれの市民は安全で、その社会的地位が許す生活水準を享受していると感じさせられたが、彼らはより上を目指すようには促されなかった。好機ではなくて、安定が望ましい最高の目標として設定されていたからである。

第二節　古代ローマの農業

ローマ帝国の保守的理想は、その支柱を驚くべき大多数の職業であって、金持ちと貧乏人の双方にとって最高に望まれた収入源でもあった農業に見いだしていた。アウグストゥスの時代までに古典的農業は洗練の度合いを最高値にまで高めていて、土地経営の基本形式は硬直化してしまっていた。

一般的にいって、ローマ人は最小の土地から最大量の植物性カロリーを収穫するために、人力を惜しみなく使っていた。彼らの方法の長所と短所は土地に根ざしていて、古典古代文化の発祥地であるギリシアと半島としてのイタリアの気候によって規定されていた。両地域とも気温の極端な変化から免れ、日光に十分恵まれている。一般に薄くて軽い耕作地層は、農夫の苦労に従順に応え、相当量の肉を含め、穀物・根菜類・オリーブ・果物・葡萄酒からなる食事をもとに、人々が健康的に暮らすことを可能にしている。他方、水資源は乏しく、一年を通じて均一に供給することは無理である。平坦な土地はほんの少ししかなく、岩や石が多く、従って長期の乾燥期は耕地を砂埃《すなぼこり》に変えてしまう危険性を秘めている。それ故、大雨が降るや、一気にその砂埃を下流に押し流し、結局は河川の海への流入を妨げ、蚊のわいた沼地を形成するにいたる。山頂や山腹の森林は浸食に対する天然の防御を提供している。しかしそれらは大抵そう深くなく、木こりの斧や農夫の鍬《くわ》、そして挙句の果てには、森林地域を歩き回って裸にし、そのままの状態で放っておく山羊や羊の歯にあまりにも簡単に屈してしまう。

もしギリシアやローマの農夫たちがこれらの危険に無関心であったならば、やがては彼らの国を砂漠に変えてしまったことであろう。しかし、彼らは土壌の維持に見事な智恵と忍耐力を見せた。最良の土地に限って毎年植え付けが行われた（一部では、年に三回の収穫があった）。もちろん、適切な作物転換を伴いながらであるが。動物の糞、灰と泥灰土、ムラサキウマゴヤシやその他の肥料用植物が広く使用されていた。急勾配の土地では農夫たちは耕地を階段状に配置することによって重力を緩和させた。彼らは貴重な水を貯め、分配するために貯水池と水路を建設した。何よりも、そしてこれは我々が今日でも「乾燥農法」と呼んでいるものの根幹であるが、それらは繰り返される交差耕耘、表層耕耘によって干からびた地表の下深くに湿り気を行き渡らせた。そうしないと、耕地は小さく粉砕されて土埃になってしまったであろうことは言うまでもない。農作業の多くの部分は巧妙に作られた小さな道具を使って手で行われた。役畜に関しては、人間が消費できないもので簡単に飼育できる小型の動物が好まれた。こうして、良質の耕地はまるで庭地のように耕された。その土地は粗食で満足する大勢の人々を支えるのに十分なものを生産した。しかし、個別の食糧生産者のもとには、小さな方形の土地で育てることができるもので腹を満たしたあとにはほとんど何も残らなかった。

しかし結果的に、古典農法の成功そのものが労力と収穫のあいだの緊密な均衡を狂わすことになった。快適な生活と完全雇用を保証された農家は大きくなると同時にその数を増やし、国を埋め尽くすまでになった。その結果、彼らは牧草地、森林、そして作物の転換と休耕のために用意していた耕地の一部にまで手を付けざるをえなくなった。さらに、牧草地の不足は、運搬や耕耘において人力を節約させたであろう馬や牛の数を少なくさせた。驢馬《ろば》・山羊・羊は力の劣る代替物で、高価な飼料は必要なかったが、十分な労力、肉、ミルク、そして自分たちが消費したものを補うだけの肥料を生み出すことは決してなかった。こうして、長い目で見ると、過剰収穫と森林破壊が農夫たちの創意と勤勉さを上まわってしまい、土地はそれなしには乾燥農法が成功しえない広範な労働力を養うことがもはやできなくなった。そのため、土地は羊や山羊のために放棄されねばならなくなり、最後には、さらなる悪化が土地を高地では石ころだらけの荒野、低地では水捌《は》けの悪い荒れ地へと変えてしまった。

以上に加えて、集約農法が、征服されたばかりの、人が疎《まば》らにしか住んでいない蛮族の居住地へ溢れ出ていく限り、飽和状態がくるとは限らなかった。半島としてのイタリアが人口過剰に陥ったとき、ローマの農夫たちは、北部イタリアの平野部と北アフリカの肥沃な沿岸部に植民都市を建設した。後者の地と、併合に続いて植民地化に成功したその他の属州において、良好な土壌と気候は、地中海沿岸の乾燥農法の必要条件を多少ではあるが緩和することを可能にした。集約的に耕作された畑の伝統的な碁盤模様は変更され、牧草地や森林のためにより広い余地が取れるようになったが、充足経済から充満経済への根本的変革は起きなかった。なぜなら、農夫は慣れ親しんだ方法を容易に放棄しようとはしないし、隣接する後進地域での農法に学ぶべきものがあったとしても、なかなかそれを取り入れようとはしない。加えて、国境は帝国が平和を享受している限り、前進することをやめる。そのため、居住空間が狭くなっていった。たとえそうであっても、ローマ帝政期の最後の数世紀にいたるまで、ガリアやゲルマニアの国境に近い北部の諸地域は比較的繁栄していて、北部イタリアも、イタリア半島とギリシアの広大な領域が山羊と狼のあいだで取り合う、そして入り込んできて土地を活用することができる蛮族の到来を待ち受ける荒野になっていたとしても、過度の困窮に陥ってはいなかった。

第三節　古代ローマの商業と工業

農夫やその他の農村住民は、そのほとんどが個人的にはほんの少しの余剰生産物しか作り出していなかったが、数百万の農業労働者が作り出す余剰生産物の総体は非常に多くの都市を支え、工業・商業・銀行業の発達を促進するには十分すぎるものであった。ローマ人は農業を称讃し、それに依存していたと同程度に、都市（civitates）を文明と同一視していた。一握りの都市しか十分な広さを有していなかった（ローマ自身は三世紀、アウレリウス市壁のうちに高々一〇万の人口を擁していたに過ぎなかった）し、北アフリカの五〇〇のローマ都市の住民は平均して二〇〇〇人をこえていなかったと思われる。これらの都市の人口は土地所有者と農業労働者によって膨れ上がり、彼らの存在理由は何よりも経済的というよりも政治的で行政的なものであった。加えて、各都市には手工業者と商店主が住んでいた。栄養不良の奴隷や抑圧された保有農の仕事を通して、大所領の経営から相当な収入を引き出していた土地所有者がいた。税徴農民（一定の金額を払って徴税特権を獲得した個人）、軍事施設の建設業者、公共工事の請負人、運輸業者、高利貸、ローマ帝国の広大な版図によって提供される好機を利用するその他大勢の商人が住んでいた。反対に、彼らの集中的な購買力は、数百万人にのぼる裕福でない消費者のそれも加わることによって、相当な規模の額に達していた。長期にわたって帝国は平和で、税も少額で、国内での義務はほとんど取るに足りないものであった。鉱物資源の欠乏もなく、帝国の造幣所は大口取引のために金貨、通常取引のために銀貨、そして日常使用のために銅貨を休む間もなく鋳造していた。

このような状況を知れば、なぜローマの経済がその日暮らしに近い状態であり続けたのか、なぜ工業・商業・金融業が実際に離陸を果たさなかったのかといった疑問が出されるであろう。現代は工業化社会であることから、今の時代の経済学者たちは工業化を経済強化の要《かなめ》と考えがちである。信用が新しい産業に出資する枢要な役割を演じていることから、彼らは信用を、休止している成長の潜在能力を呼び覚ます魔法の杖と見なすことが非常に多い。しかしながら歴史は、後進国では信用は資本を持たない人々のところには容易に近寄ってこず、商業化は工業化に先行していなければならないことを我々に気づかせてくれているように思える。リスクを冒し、ある場所と他の場所との価格差を利用する商人は少額の初期投資をかなり大きな資本に素早く転換することができる。次に彼は、利益の一部または全部を、工業発展を促進し、製品を市場に出すために使うことができる。また、貧しい人々や浪費家への消費目的の貸付による高利貸的利益よりもビジネス・チャンスの観点から、彼は信用を他の商人にまで拡大することもできる。

しかしながら、ローマ帝国においては、商業活動の範囲は後進的経済の欠陥によってのみならず、高報酬が可能な分野の両方、つまり、一般大衆のための必需品と好みのうるさい金持ちのための贅沢品における、奇妙な制約によって狭められていた。政府は塩・穀物・金属・大理石・軍服の製造と分配を全部または部分的に引き継いだ。外国との貿易は法律によって厳しく規制された。その法律がそのまま適用されたならば、金、戦略物資、食糧品、外国人が自国の商品と交換に受け取ることができるほとんどすべてのものの輸出が禁止されたであろう。とにかく、望むものならほとんどすべてを生産していた帝国においては、それほど多くの外国製品が求められたわけではなかった。帝国内の地域間交易のほうがより活発であったが、ローマ世界が一層画一化するにつれてそれも細っていった。緯度の差、従って気候の差は地中海沿岸の地域間においてはそれほど大きなものではなかった。ローマ人は行く先々で自分たちの好きな野菜や木々を植え、葡萄が熟さない極北とオリーブの木が育たない極南とは避けた。同様に、属州の工人たちは、ギリシアやイタリアの最高の工業製品を真似することを次第に学んでいった。他の地域の特産品もいたるところで取り入れられるか真似され、またより人気のある製品によって追い出された。

しかしながら、商業発達にとって最も深刻な障害は心理的なものであった。商売は、素性のはっきりしている人には相応しくない、賤しい職業と見なされていた。ただし、自分たちよりも品位の高い支持母体を見つけだすことができない一般庶民にとっては、不似合いなものではまったくなかったが。この偏見にみちた見方は、聞くところによると、裕福でない人たちがあまり苦労せずに生活費を稼ぐことができるとの目的から、貴顕の人々に商業に関わることを禁止した法律によって是認されていた。遠隔地交易は、それが大規模で行われた場合、キケロの判定を引用するならば、「それほど取り立てて恥ずべき行為ではなかった」ことは確かである。さらに、この職業に就いている人は土地を購入し、貴顕者のような暮らしをするに十分な資金を貯めてその仕事から足を洗うこと以外に、不名誉を完全に拭い去ることはできなかった。法的・社会的非難を物ともしなかった貪欲な人たちがいたことも確かである。手先にちょっとした商売をやらせていた元老院議員や順調な輸出入業と手を切ることなく、人望家としての生活を維持しようとした平民がいたことが知られている。それにも拘わらず、商業が持つ悪いイメージは、富裕な土地所有者の資本を派手な消費に浪費するという生来の性向を助長し、社会的地位を追い求める商人が繁盛する商売によって蓄えた資金を波乱のない農業に投資するよう仕向けた。それはまた、政府が政策立案において取引を軽視するほうへと向かわせた。

その一つの顕著な結果として、膨大な公費で造られ保全された長大な軍道は、大型の荷車が通るには狭すぎたし、荷車が通るにはあまりにも急な傾斜があちこちにあった。その頃、運送用の役畜が非常に高価で、通常の荷車一台分の干し草を三〇マイル〔約四八km〕以上運ぶと倍の費用がかかっていたため、遠隔地交易はほとんどすべてが水上輸送に頼らねばならなかった。またこれにも、政府による船舶の頻繁な徴用によって、重い負担が課せられていた。しかし、これが何よりも安価であったことは明らかである。事実、水上輸送は勇敢な企業家が非常に高い経済報酬を手に入れることができる仕事として、遠隔地交易の次にランクされていた。

第四節　技術と信用

手工業者と工場労働者は、二、三の例外を除き、社会階梯の底辺にいて、経済的自立のチャンスが最も小さかった。鉱山業のような、能力よりも力が要求される工業はほとんどが奴隷と囚人によって営まれていて、奴隷との競争は、最高に熟練された自由身分の手工業者自身の稼ぎを下落させるのに大いに寄与した。共和制下のローマは、政治的対立がいつもより激しく社会的流動性がいつもより高くなると、すべての同業組合を禁止した。初期の帝国は宗教的儀式と慈善目的とのみ関係するとの条件でそれらの開設を承認した。後期の帝国は保有労働力や市場チャンスとは無関係に、同業組合に一定量の製品の定期的納入を義務づけた。確かに、受動的抵抗、ストライキ、職場からの逃避はまったく聞かれなかったわけではないが、組合員の利益を防衛するために集団的行動に訴えることが同業組合に許されたことは決してなかった。そして、少しの成功例があったには違いないが、自分の腕だけで個人的に富と地位を獲得することは、工人にとっては至極困難であった。

工業を非常に低いレベルの生産性に貶しめていたのは、その不十分な機械化であった。それは農業にとっての不十分な役畜労力とは比べものにならないほどに深刻な欠陥であった。確かに、いろいろな機械が考案され、公共建物・水道施設・道路建設のような大がかりな計画に使用された。しかし、これらすべてには資本が必要であったが、その資本は工業化にまったく関心のない、（または、せいぜい奴隷や保有農のなかから煉瓦、道具、その他の、自分たちが所有する大所領のための農機具を作るために選抜していただけの）土地所有者、商業そのものへの投資以外ほとんど何も取っていなかった商人、その経済的目標が安定・平和・全員へのパンを保証すること以上には出ることのなかった政府の手に握られていた。ある人がウェスパシアヌス帝〔六九年―七九年〕に公共事業で一組みの作業班よりもより重たいものを持ち上げることができる機械を導入するよう進言したとき、皇帝は「それよりも、これら貧しい者たちに食べ物と仕事を与えてやってほしい」と答えたと伝えられている。資本はなく、従って貧弱な道具にしか頼れなかったため、工人は腕だけでなしうる生産の限界にすぐに突き当たった。このことは、今度は、閉鎖された循環を作るほうへと向かった。工人は労働を節約する道具や大勢の助手を雇う資金を持っていなかったため、余剰の製品をほとんど製造しなかったし、余剰の製品がないため、道具を購入したり助手を雇ったりすることができなかった。たぶん、工人が資金を進んで貸してくれる人を見つけだせば、この悪循環を断ち切ることができたであろう。しかし、投資利益の低さは、工人が望ましい期間で信用を獲得することを不可能にしていた。

要するに、信用は帝国の経済において取るに足りない役割しか演じていなかった。利子付きの貸付は非合法ではなかったが、それは商売をすること以上に卑しむべきものと見なされていた。なぜなら、哲学者たちが教えていたごとく、貨幣はそれを借用する人によって消費されておらず、樹木のように実をつけることもないから。確かに、貧窮者や浪費家への消費目的の貸付に投資されるとき、貨幣は経済成長の観点からは実をつけることはない。こうした貸付は最高の手数料をもたらし、そのため、あらゆる階層の貪欲な人々の資本を引きつけた。両替商と預金銀行は商人に低利で貸し付けたが、経済界の規模の小ささによって完全に力を削がれてしまい、近代の商工業開発銀行にほんの少しでも匹敵できるようなものへとは成長しなかった。信用は、それが高利貸的な質屋でなかったとすると、狐火のようなものであった。なぜなら、ローマ社会の慎重で保守的な精神は、富を畑・家屋・牛・奴隷・動産・硬貨といった手で触れる対象以外のものとして把握することがほとんどできなかったから。この見方は帝国政府にとって非常に説得力を持つものとなったため、戦争やその他の緊急事態によって通常の課税から受け取った額以上を支出しなければならなくなったとき、帝国の莫大な資産を担保に市民から借金してまでその穴を埋めようとはしなかった。臨時課税と貨幣変更がますます頻繁に実施され、そのためすべての財源が干上がり、帝国は借金を重ねなければ、破滅的な支払い不能に陥ってしまったであろう。

第五節　帝国の崩壊と長い下降傾向

有史以来平和は希有で、ほとんど異常な現象であったとここで言っても仕方のないことである。帝政初期の比較的平和な二世紀間は大帝国を築き上げた対外戦争の三世紀間と、それを崩壊させた防衛戦争の三世紀間のあいだの長い幕間に過ぎなかった。四七六年までに帝国の西半分は蛮族（これは「外国人」のことで、その大半はゲルマン語を話していた）によって侵略され尽くされていた。しかし、侵略者たちはそんなに大人数でも残虐でもなく、そして全体的に古代ギリシア・ローマ社会よりもはるかに遅れていた。最後の最後になって、彼らは傭兵、同盟者、そして将来の市民として平和的に移住する誘いを受け入れた。彼らは自身の力によってではなくて、ローマ人の怠慢によって帝国を征服したのである。

なぜローマ人の抵抗しようとする意志と能力は次第になくなっていったのか。経済史の枠組みのなかでは十分に究明できないが、予想可能な心理的変化による影響を脇に置くとして、すぐに頭に浮かぶ原因は、西暦二世紀という早い時期から史料のあちこちに現れ、容赦なくその度を強めていった財政逼迫である。帝国は蛮族の侵入を食い止めるに必要な資金と労働力を長期にわたって提供することができたのであるが、それは過度の課税と労働奉仕を負担させて、中層階級と下層階級を破産へと追い込むことによってはじめて実現されたものである。さらに、帝国政府が要求した犠牲は、大半の市民に帝国存続への関心を失わせ、彼らの最高の努力と願望を天の王国へと加速度的に向かわせるものであった。加えて、もしある内的消耗がすでに限られたものになっていた社会的活力源を枯渇させるに寄与しなかったとするならば、なぜ偉大な古代ギリシア・ローマ社会の資源がそのように悲しくなるほど不十分であったのかという問題を説明することは困難になろう。

人間は歴史を構成する中心である。まず、人口、つまり人口動態を見ることにしよう。ローマがその絶頂期にあったときでさえ、二五歳の平均余命は、帝国の経済が余剰を生み出すのに何としても必要であった成人労働者の数にほんの少しの増加を保証するに十分なものでしかなかった。生から死までの推移におけるちょっとした変化でも増加を不足へと変えてしまいかねなかった。しかし、一部の地方で人口過剰が起きていたとしても、帝国は生産者自身のみならず、大規模な軍隊と肥大化した官僚の衣食を確保するという変更のきかない仕事のためにすべての人間を必要としていた。アウグストゥスの時代以降、政府はローマ市民間の結婚と親子関係を奨励する方策を講じてきた。しかし、子供たちは法令で生まれてくるわけではなく、出生率は無情にも低下していった。その数が戦争捕虜によってもはや増えることがなくなった奴隷に関しては、もっと低かった。なぜなら、帝国は初期においてほとんど平和で、後期においては稀にしか戦争に勝利しなくなったので。さらに悪いことには、後半の戦争は死亡率を急上昇させたのであるが、それは戦場での死亡というよりも、戦争のあとすぐ飢饉が襲い、その飢饉が今度は人間を病気に陥らせたためである。同時に、キリスト教の勝利によって、聖職者の独身制度が出生率の抑制要因となっていた。

しかし、人口上の危機はもっと深いところに根ざしていたに違いない。数百年の単位で観察される病気と飢饉の周期的増減傾向は、歴史家が関連する情報を集め始めたばかりのいくつかの気候の変動と関係していたように思われる。有史前に起きた氷河期から氷河間期への大規模な移行よりも短くて弱かったこれらの変動は、有史の世界に緩慢ではあるが確実な変化を地球の平均気温と湿度にもたらした。散らばってはいるが一致した証拠は、古代の最後の数世紀と中世の最初の数世紀が非常に寒く湿っていたことを示している。このこと自体はいつも温暖で乾燥していた地中海世界にとって破滅的ではなかったかもしれないが、これによって乾燥農業の伝統的技法がこれまでのようには通用しなくなり、すでに進んでいた浸食作用の速度を加速させた。五世紀のローマにとって、東ゴート族による攻略は大きなショックであった。しかし、これらの劇的な事件に先行する周辺農村領域の緩やかな劣化は、他のいかなるものよりも大きな経済的破局であった。カンパーニア地方〔イタリア南部〕は石ころだらけの荒野、エトルリア地方〔イタリア中部〕はマラリアを生み出す湿地に姿を変えた。他の地方では土壌疲弊と風土病による被害は小さかったが、一八〇年から六世紀中葉にかけてギリシア・ローマ世界を何度も襲った大がかりな伝染病の波状攻撃から免れたところはなかった。これらの伝染病の周期的発生はたぶんいくつかの要因によって起こされたであろうが、最大の要因は何といっても腺ペストである。有史以来では、通常は極東の狭い地域に限定されていたペストが、ユーラシア大陸全域に繰り返して蔓延した一〇〇年をこす期間は二回しかなかった。一回目は今すぐ上で述べたもの、二回目は一四世紀中葉から一七世紀中葉にかけての長い期間である。たぶん、これら二つの期間が気候の寒冷・湿潤波動と一致していたことは偶然のことではなかろう。

蛮族が最終的にローマの防衛組織を突破して西ヨーロッパに侵入してきた西暦五世紀までに、帝国の人口は、栄養不良によって減少したうえに弱められ、敗北によって意気消沈させられ、重課税によって疲弊させられていた。しかし、人々の抵抗はどこでも衰えることはなかった。帝国の東半分は、侵略者たちを押し戻し、防壁を修復し、もうあと一〇〇〇年の威厳にみちた存続に向かっていた。西半分では、勝利した蛮族は旧秩序のなかで残ったものを破壊する行動にすぐには出ず、大抵はその利点を享受するためにそれらと共存しようとした。しかし、ことが彼らにとってあまりにも困難であったことは明らかである。彼らの数は非常に限られていて、テオドリック大王〔四七三年頃―五二六年〕指揮のもとイタリア征服のためにやってきた東ゴート族は、イタリアの一つの都市パヴィーアの城壁内に数カ月も閉じこもって、戦況の好転を待ち続けることができたほどである。何よりも、彼らの政治体制と技術的装備は非常にお粗末で、ローマの病んでいる経済の下落を阻止することは到底できなかった。回復は帝国の東半分――我々がビザンツ帝国と呼んでいるもの――に一層容易に訪れた。そしてそこでは、蛮族は追い出されたため、いかなる助けにもなりえなかった。

西ヨーロッパでは、広い意味において、蛮族時代は状況が早く変化した所では一一世紀まで、そうでない所では一二世紀、さらには一四世紀までも続いた。しかし、その時代が終わったとき、西ヨーロッパの諸民族は復興以上のことを成し遂げていた。彼らは古代ローマ世界やビザンツ世界よりもよりダイナミックな経済を生み出したのである。蛮族たちは、無意識のうちにではあるが、旧秩序の倒壊を加速させ、倒壊した各部分の分解を放置することによって、その土台を準備していた。しかしながら、新しい秩序の構築は彼らの仕事ではなくて、彼らの後につづく混成部隊からなる世代の仕事であった。

第六節　蛮族時代の農業

蛮族の故地と征服地とにおける経済体制は、ローマの経済制度について述べるよりも難しい。情報が少なすぎるうえ、粗野なザクセン人と比較的洗練されたブルグント人、遠隔のスカンディナヴィア人と帝国の首都ローマの近くに野営する西ゴート人のあいだの相違があまりにも際立ちすぎている。ここでは、古代ギリシア・ローマ世界の特徴から最も隔たったものに焦点を当てるが、これら二つの文化が多くの共通点を持ち、侵攻と融合の時代に続く長い平和な時代を通して一層親密になったことを忘れないようにしなければならない。

蛮族の文化は、ローマ人の文化よりもはるかに農村的であったが、土地にそれほど深く根ざしたものではなかった。それにはなお僅かだが、農業そのものに狩猟と放牧が加わった遊牧生活が残っていた。人々は自然をまだ完全に統御しておらず、最高の土地も一部が森林と水流に覆い尽くされたままで、狼を恐れ狩猟を好んだ。ローマ人と比べて、彼らは栽培植物に頼ることが非常に少なく、肉とミルクに頼ることが多かった。技術改良の積み重ねによって土壌の肥沃さを維持しようと努めるよりも、保有地の広大な部分に牛を放牧させながら、耕作をある耕圃から別の耕圃へと頻繁に換えていた。最後は、もし可能ならば、彼らは処女地に入っていき、森林がすぐ背後に迫ってくる状態でそこを開墾した。焼畑農業（つまり、樹木を切り倒し下生えに火をつけ、灰を豊かに含んだ土地をそれが疲弊するまで耕作し続ける農法）は、最初の鍬越しで高い利益を生み出す。それは最近まで北部ロシアで行われていて、森林が深く人口密度が低い後進国の人々のあいだでは今でも広がり続けている。このような先の見通しのない危険な生活様式は、少しの改善が行われたとしても、飢餓の危険を大いに増大させ、人口の増加を抑制した。他方、増加があったとしても、それらは非常に節約的な土地経営、または人口は希薄であったが、無尽蔵ではなかった空間の新たな獲得を目指しての他の人々との対立によって相殺される運命にあった。蛮族の初期の歴史はヨーロッパ北部の広大な平野部の端から端にいたるまでの衝突と前進でみち溢れている。ローマ帝国の西半分の征服はその歴史の最終章に過ぎない。それ以後は、侵入者たちにとって休息し、いかに土地を保全するかを学ぶことが不可欠となった。彼らの浪費経済は被征服民の充足経済に一層近づいていった。

それに対して、西ローマ帝国の旧版図に住む住民の大多数を依然として占めていたにも拘わらず、減少し続けたローマ人は、実入りの少ない土地に労力を惜しみなく投じることがなくなっていった。この傾向はローマの崩壊のずっと以前から始まっていた。土地の疲弊・重い課税・社会不安は、小経営を魅力のないものにすることで一致した。独立農民は、彼らのむき出しの土地を群れをなして放棄し、大土地所有者が肥沃な部分を耕作し、そうでない部分に家畜を放牧するために大量の従属民を雇っていた大所領（saltus または villae）に避難場所を求めた。この大土地所有者は、温厚であることは珍しかったが、労働力が希少材となっていたため、労働者を少しは丁重に扱わねばならなかった。そして彼らは一般農民よりもあらゆる圧力にうまく耐えることができた。一般農民にとって、ローマ人の主人が蛮族のそれに取って代わられても、事態は大して変わらなかった。同じく、ローマ帝国内の土地に定住するに際して、大所領を手に入れていなかった蛮族の主人は、ローマ人の小経営者と同じ問題に直面し、彼らと同じようにそれに対応しようとした。こうして、次第に碁盤模様の耕地はその姿を変え、広大な空間が有力者たちの粗放に経営されていた土地を取り囲んだ。樹木が伐採された丘陵に再び育ち、藪が広がり続ける沼地を覆い、充足経済は浪費経済へ接近していった。政治と文化の領域において狭まりつつあった蛮族の原始状態とローマ人の頽廃とのあいだの開きは、耕作方法と定住形式においても縮まっていった。

この開きが完全には縮まらなかったのは、何よりも、人間にとって根本的に変えることができない地理的特性に負っていたからである。地中海諸地域の基本的特徴については既述のとおりである。海と山によって仕切られた、全般的に平坦な土地の小地片の集合体。快晴で小雨、季節毎の気温の多少の変化。蛮族の故地であるヨーロッパの大陸部はこれとはまったくの正反対にある。冬は寒くて長く、夏は短くて焼けつくように暑く、水には十分恵まれていたが日照不足の果てしなく延びる平原。重たい土壌は放置され続けると、背の高い樹木とあらゆる種類の野生や飼い慣らされていない動物の餌を生み出すであろう。耕作は地中海沿岸の痩せた土地によって求められた絶え間ない手入れを必要としなかったが、重たい道具による集約的な苦労が必要となった。この根本的な対照は、人間と技術の移動によってある程度までは緩和された。まず、ローマ人は彼らの農耕形式を地中海沿岸を越えて遠く、ヨーロッパ大陸の特徴の一部またはすべてを備えた地方、つまりポー川流域・北部フランス・イギリス・ラインラント地方にまで広めた。次に、蛮族は地中海の半島や島嶼に群れをなして定住し、そこに彼らの技術の一部を導入した。なぜなら、彼らはそれほどには原始的ではなく、彼らの文明化した隣人に教えるための有益な農業慣習を有していなかったに過ぎなかったから。数世紀が経過すると、ローマ人と蛮族の対照は地中海方式と大陸方式、または北ヨーロッパと南ヨーロッパ——いかなる政治・民族・言語的境界とも正確には一致していないが、農業には今日でも影響を及ぼしている——といった地理的区分ほどには意味を持たなくなった。

蛮族時代の農業は、労働者を養い、その他の消費者のための余剰と不作の年の予備を生産するという主たる仕事に、どの程度まで成功したのであろうか。情報の極端な欠乏、とくに蛮族時代の中核を構成する数世紀に関するそれは、一部の歴史家たちにローマ人の頽廃とゲルマン人の原始制との最初の悲惨な邂逅という影の部分を前面に出させ、その後万事が悪いほうから悪いほうへと進んだと認識させるにいたった。これは行き過ぎと思われる。人口圧の減少、耕作に値しない土地の大量放棄、ローマ帝国の費用のかかる行政機構の解体、ゲルマン人の支配階層の質素であるが濃い嗜好、戦争と重税に対する不安の軽減は、何らかの安堵をもたらしたに違いない。しかし、この安堵は生活水準の全般的な低下と交換にもたらされた。政府は彼らの要求よりも速くサービスを切りつめた。道路、灌漑システム、その他の公共事業は旧ローマ帝国内では劣化し、西ヨーロッパのその他の地域ではほとんど存在しなくなっていた。文盲が俗人のあいだに蔓延し、聖職者のあいだでも決して珍しくはなくなっていた。慢性的な労働力不足によって、労働者にとっては彼らの必需品そのもの、そして彼らの粗野な主人にとっては二、三の贅沢品でさえ入手することが困難になった。中世初期、たぶん、物価は最低まで落ち込んだであろう。しかし、これは貨幣・経済不況の証であって、豊富さの結果ではなかった。

世にいうところの暗黒時代と称するまったく破滅的な解釈への当然の対応として、近代の一部の学者たちは蛮族時代のヨーロッパを技術革新の一大育成地として描いた。実際、一〇世紀からのヨーロッパの再生に大いに寄与したいくつかの新しい道具と技術は、蛮族時代（またはそれより前）にまでその起源を遡ることができる。しかし、もしそうでなければ、それらの普及または影響は、伝存する史料によって「完全に過疎化し沈滞した」と形容されている時代において大きかったとはなりにくい。穀物の収穫高に関するいくつかの数値は、この間の事情を恐ろしいほど雄弁に語ってくれている。共和制末期と帝政初期のローマに関して、イタリア半島における平均収穫高は播種量の四倍で、シチリア島とトスカーナ地方の肥沃な土壌では大豊作時に播種量の一〇倍をこえていた。これよりもさらに遅い、一三世紀のイングランドにおいて三倍の収穫高では、物価が異常に高騰した場合を除いて、儲けにはならないと見なされていた。しかし、蛮族時代の頂点に位置していたと考えられるカロリング時代において、記録に残っている最高の収穫高は播種量の二倍超で、最低は播種量の一倍半を下まわっていた。これは耕地の半分が播種量と同じ収穫を上げるために使われていたことを意味している。たぶん、狩猟、漁労、日々の収穫物、よく手入れされた庭畑で育った野菜が食糧を補っていたのであろう。しかし、パンが非常に少なく、不確かな社会において「パンの管理者 halaford」が、アングロ・サクソン時代に主人または領主を指すようになったことは不思議ではない。

しかし、蛮族時代が下層の栄養不良がちな人々のあいだに平均化をもたらしたことを忘れてはならない。古代ローマは金持ちの貴族と暮らし向きの良い自由農民を擁していたが、土地を持たない無産者層に悩まされ、奴隷の労働に依存していた。貧富に関係なく、すべての自由身分の市民は法の前では平等であったが、奴隷は彼らの主人の命令によって動く牛でしかなかった。蛮族時代の長い不況は、暮らしが苦しくなった自由人と上昇した奴隷からなる中間層の成長を助長した。彼らはすべて第三者集団との関係では実質上自由であったが、主人や領主との関係では非自由であった。この新しい社会集団は、結果的には奴隷（servi, serfs）という呼称を継承することになったのであるが、同時に大勢の身体的に壮健な下層民をも吸収していた。社会の底辺にはその数を減らしていった未解放奴隷と身体的に障害があるか怠惰な乞食しかいなくなった。ローマ帝国の滅亡前に始まって中世後期にまでずれ込んでしまうが、蛮族時代に最も急速に進んだこの複雑な発展については、ここで詳細に論じることはできない。しかし、その根本的な原因は人口減少と身体・経済的安定性の欠如にあったことを記しておこう。上述したごとく、社会不安は下層の自由人により強くて富裕な者たちに服従するか「託身する commendare」ことを余儀なくさせた。労働力不足は不本意な不就労をなくし、奴隷所有者たちに彼らの牛のような存在の人々すべてをより頑健で就労意欲のある者にするため、彼らの状態を改善するように仕向けた。一部の歴史家は教会の説教活動に重要な役割を与えているが、これには異論が出されている。確かに、キリスト教は天の王国を隷属民に約束し、神の前でのすべての魂の平等を宣言してはいるが、組織を持った宗教は地上において革命的であることはほとんどなく、実践的倫理観は自らを実践的経済に合わすことはあっても、それを規定することはない。

いろいろ言ってきたが、次のことはより確かである。つまり、蛮族時代は上層階級の栄光を曇らせ、大半の住民の生活水準を低下させたが、体力のある者には手一杯の仕事を提供した。倫理の分野においては、より均等に配分された窮乏は金持ちと貧困の多様な側面よりも良いのか悪いのかが議論されるべきかもしれない。経済の分野では、低い踏み台は経済成長の開始には有効だが、それは強力な推進力の投入を欠いては起こりえず、そしてこのような力は一〇世紀以前においてはどこにも眼にすることはなかった。

第七節　蛮族時代の交易

すべての職業における農業の優越は、蛮族の時代に絶対的なものとなった。余剰食糧が少なすぎるため、自ら生産することができず分け前を集めるだけだった相当数の人々の生活を支えることができなかった。いつも食糧とお金を余らせていた少数の特権階級は、旺盛な食欲を持っていたが、生活様式の洗練には無関心で、財産をビジネス・チャンスに投資するよりも金庫のなかで遊ばせるか、すぐに楽しめる宝石類に換えていた。これは西ヨーロッパの彼方に位置する豊かな国々への貴金属の相当量の流出よりも、物価が大半の商品とサービスの不足のなかで下落したこと、造幣が最古の購買力を持った少数の貨幣に限定される一方、毎日の取引で使用されていたより少額の貨幣も次第に姿を消していったことを説明してくれている。人々は、通常、必要なものすべてを自ら生産しようとしたし、また従属民を使ってそのようにした。小さな取引はなお行われていたが、多くのより大きな取引もある商品を別の商品と交換することによって行われえた。こういった商品はパン一斤や穀物一枡から牛と奴隷を伴った所領にいたるまで幅広いものであった。貨幣は大口の購買と蓄財のために、例外的に使用されていたに過ぎない。

しかし、このような一般像は細かい部分でいろいろと手直しする必要があろう。蛮族時代の農業史においてははっきりとした時代区分を試みることはほとんど不可能である。なぜなら、農業はゆっくりとしか変化しないし、数量的記録を生み出すことも非常に少なく、しかもその大半が記録されたその地域に関してしか有効でない。商業や技術の発展を推理することはそれほど困難ではない。しかし、この分野においても経済史家の注目を引いてきた、ここ五〇年にわたって続けられた中身の濃い論争はいかなる全体的合意に達することなく終わろうとしている。基本的な議論は、蛮族時代の、フランスではメロヴィング時代とカロリング時代、イタリアではロンバルド時代とカロリング時代、イギリスでは前期アングロ・サクソン時代と後期アングロ・サクソン時代といった、前半と後半を比較しての評価に関係していた。議論が開始される前では、七世紀か八世紀前半までに生命維持の農業を除くすべての経済分野で低い点が確認され、衰退は前半を通じて続いていたこと、そしてカロリング時代の人々は八世紀後半と九世紀前半において復活をもたらしたが、それは帝国の崩壊とそれに続く何回もの異民族の侵攻によって不運にも蕾《つぼみ》のまま摘み取られてしまったと考えられていた。しかし、この概観は二つの時代の商業と手工業に関する数量的データ（とくに前半期に関しては、役立つものは何もなかった）よりも、主として、経済的趨勢が読み書き能力や文学、芸術や哲学、統治や戦争においてよく知られている趨勢と並行していたとの仮定に基づくものであった。このような仮定には、当然のこととして、異論が出され、そしてこれまでの判断を覆し、カロリング時代をそれほど不成功ではなかったメロヴィング時代やロンバルド時代や前期アングロ・サクソン時代に続く経済的停滞の時代と宣告するまでに状況は変わった。確かに、より多くの証拠が発掘されたが、決定的なものはなく、従って、この見直しは多くの逆方向の見直しを招いた。

今でも数量的データが欠けているため、議論は未解決のままである。しかし、それは少なくとも二つの有益な目標を設定してくれている。一方において、技術の発達、とくに国際商業のそれは国際的な出来事と関連していると考えられてきた。西ヨーロッパとビザンツ帝国との変化する関係、七世紀のイスラムの台頭とそれによる地中海世界の（シリアからスペインにいたる）南半分の征服は、もはや無視することのできない影響をヨーロッパに与えたことは事実である。他方、ローマの遺産がまだ完全に分散してしまってはいなかったが、変化した状況への適応がまだ実際には始まっていなかった前半の時代と、ローマが単なる遠い過去の思い出となり新たな経済手法がゆっくりと顔を出し始めていた後半の時代とのあいだの相違に注意が向けられてきた。これら二つの時代のどちらが他よりも少しは良かったのかが論じられないとしても、それは重大なことではない。両時代とも基本的には停滞していたのであるから。

地理的に見ても、農業において確認される北と南の区分と部分的に重なっているが、その度合いがより高くて、より多様な地域的差異を含んでいる相違が存在した。イタリアにおいて都市での生活と活動の伝統は低下したとはいえ、東ゴート族を担い手とする蛮族による最初の征服と七世紀の有名なビザンツ皇帝ユスティニアヌスによるローマ再征服を生き抜いた。その後すぐ、ロンバルド族がこの国の非常に広い部分を占拠したが、彼らはビザンツの名のもとに組み込まれていた地域の慣習にある程度まで染まっていた。そして、シャルルマーニュ指揮下のフランク人でさえ、ローマに入っていたときは、ローマ人のように振る舞わねばならなかったのである。こうして、細々としたものではあったが断絶することのなかった脈絡が古代イタリアの都市とその後の中世の都市とを結びつけていた。スペインにおいても、西ゴート族支配のもとで衰退する都市生活と征服者アラブ人によって導入された繁栄に向かう都市生活のあいだに大きな断絶はなかった。事実、西ヨーロッパ側の地中海沿岸は、自然経済に特化して孤立した後背地とのあいだに際立った対照を見せながらも、全域においてビザンツ世界とイスラム世界との関係から利益を得ていた。

比較的小規模な取引、未熟な技術、そして未発達な都市は、蛮族時代に北海とバルト海によって構成されたもう一つの「地中海」の沿岸域に出現し始めた。フリースランド人、アングロ・サクソン人、スカンディナヴィア人、ライン川沿岸のドイツ人が交易の一方で農業・海賊行為・戦争を行いながら、半文明化した蛮族とまったく文明化していない蛮族との境界線に沿って発生した好機を取り合っていた。また商業も、ヨーロッパの西部と中央部において、修道院や司教座教会が一定数の潜在的な消費者層を形成したり、また高度なまでに洗練された領主が彼の隷属民が自分のために作り出すものに満足しなかったりするところではどこでも、ある程度は可能であった。しかし、ヨーロッパの非常に広い地域において、交易の機会は飢饉、疫病、異民族の侵攻のように、予測不能なものになっていった。事実、これらの災難は自然経済に基づく自給自足体制に風穴をあけていき、それが故に国際交易に従事する商人（その多くはユダヤ人であったが）のまったく不確定な来訪こそが欠乏状態からの唯一の脱出方法であった。しかし同時に、祝祭日での行商人の登場という、もっと楽しい予期せぬことも起きていた。そして、最も奥地の村落でも、他に入手する方法がない場合、塩を購入しなければならなかった。

蛮族時代における商業の規模を過大評価しないように注意しなければならない。最良の時期の最高に活気にみちた場所であっても、その規模は非常に小さかった。工業の分野にいたっては、農村生活を補充するものとして不可欠な低級品の製造を除いては、さらに小さかったに違いない。通常の鍛冶や大工仕事、粗末な製陶と織物、そしてその他の製造業は、第一にすぐその場で使用してもらうためのもので、市場での販売のためではなかった。しかしこの時代において、市場経済が取るに足りない数しか存在していなかった静かな状況では、どんなに弱い風でも大切である。中世前期の史料のなかで「大」都市、「富裕な」商人、「有名な」鍛冶屋とよく出会う。つまり、その時代の状況のなかでそれらがそのように見られていたということである。奴隷が稀な存在になっていたことから少しだけ楽になったごとく、熟練工と商人は古代ローマ時代の道具に恵まれたがありきたりの同業者たちよりも尊敬される人物に見られた。彼らの多くは、実際に、大多数の自由人と同じ運命を共有していて、有力な領主へ託身することを余儀なくされた。しかし、他の人々は独立を維持し、一部は社会階梯のより上部へ迎え入れられた。最も驚嘆すべき事例はモネタリウス（monetarius）と呼ばれた造幣職人に関してで、彼らはローマ帝国の造幣所で酷使された労働者としての望ましくない立場から、蛮族時代の独立した企業家または高級役人の地位へと昇っていった。彼らの員数・生産性・技術は古代ローマ時代の彼らの同業者と比べてはるかに劣るものとなっていた。しかし、造幣を命じ監督する者は、貨幣が非常に少なく信用が得られ難い時代において、重要な人物になっていったのである。

しかし、これらの有望な徴候は蛮族社会の農業・軍事・宗教の体制によって完全なまでに相殺されてしまった。西側の教会は、商人がその最高の代表格と見なされた富への探求を非難し、そして道徳的観点から利子を慈善に対する罪と断罪することによって、古代哲学者の金貸しに対する良識的な反対論を支持した。影響力のある俗人のあいだには識者と呼ばれる人はそんなにいなかったし、上級階層の通常は戦ったり狩りをしたりすることのない社会の他の構成員に対する本能的軽蔑を緩和することができる平民出身の召使いもそう多くはいなかった。市場目的の余剰物の生産のために経営され、保有農民から現金で少額の税を徴収していた最大で最も整備された所領においてさえ、黄金律は「外部から何かを求めたり購入したりしてはならない」ことを追求することであった。ある程度以上の都市という魅力的な環境がなかったため、商人と手工業者は閉鎖的な農村の館や小さな集落で自分たちの消費者を探さなければならず、彼らにとって事業を拡大し尊敬を集めるに足るほど富裕になることは容易なことではなかった。

第八節　カトリック教ヨーロッパとその周辺

蛮族時代がギリシア・ローマ世界にもたらした変化のなかで最も明確で取り消すことのできないのが、地理的枠組みの変化であった。三つの連続した局面を通して、地中海世界は新しい政治・文化・経済的枠組みへと移行していった。まず、西ヨーロッパにおける古代ローマ帝国の防衛線の崩壊は蛮族に征服地の文化水準を下げるだけでなく、彼らの故地の水準をゆっくりと上昇させることを可能にした。次に、ビザンツは西ヨーロッパの異文化交配を経験した文明と接触することで、自身のより高度で保守的な文明を堅持することが困難と知った。最後に、アラブ人は地中海地域の半分以上を征服し、そしてそこに自身の文化とギリシア・ローマ文化とペルシア文化との独特な混合を植えつけた。こうして、シャルルマーニュの時代までに、ギリシア・ローマ世界の中央縦貫道路として機能していた地中海は、適当な経済用語がないが、それぞれの支配的な宗教であるイスラム教・ギリシア正教・カトリック教を通して規定しうる三つの異なる世界の境界線となった。それぞれの中心は互いに遠く離れていた。カリフの首都バグダッドは内陸アジアへの入口であった。コンスタンティノープルは黒海と小アジアへの門であった。本物の地中海よりも「北の地中海」と呼ばれてきたものに近いアーヘンは、カロリング時代の人々の北方およびゲルマニアへの関心を示していた。それにも拘わらず、これら三つの世界は、古代ローマ人の海に完全に背を向けたわけではなかったし、互いの関係をすべて壊してしまったわけでもなかった。蛮族時代をあとにする前に、台頭するカトリック教ヨーロッパの二つの大きな隣人の経済を簡単に見ておく必要があろう。

ビザンツは東側における、つまり戦争の勝敗によって拡大・縮小を繰り返したが、小さな蛮族諸国家と比べいつも大きく見えていた領域における後期ローマ帝国の政治的継承体制であった。その基本的な経済基盤と責務もまた古代ローマ的な刻印を押されていた。貸借表の貸方には集約的地中海型の熟練した農業、多様化した工業、信用よりも多くは現金に依拠した活発な商業、利用しやすい都市が比較的多いこと、借方のほうには高い税金、機械化の遅れ、農業以外の職業に対する根深い偏見がくる。しかし、これらの長所は弱められていた。それはビザンツがローマよりも資源が少なく、平和でいた期間がほとんどなく、蛮族時代の西ヨーロッパを深刻なまでに苦しめた不況の諸要因から脱することがまったくできなかったからである。人口は減少し、その文化も衰退し、その人的構成は多くの蛮族が入植者として迎え入れられるか、彼らに一時的に与えられた地域にとどまることを許される度毎に変わった。大半の都市は生き延びたが、下層階級の対立する二極、奴隷と非常に貧しい自由人もそうであった。しかし大都市で栄えたところは非常に少なく、西ヨーロッパの農奴に匹敵するような中間層が姿を現していた。ビザンツの諸皇帝は、古代ローマの先任者たちと同様に(ただし、大半の蛮族諸王とは異なるが)臣民の安寧に責任を感じたが、その手段は不十分で、彼らの経済活動への頻繁な介入はその多くが不公正で愚かしいものであった。さらに重要なことは、経済状況が耐え難いほどに悪化していたことから、革新が有効に働いたところで保守主義が勢いづいてしまっていたということである。それでも、価値ある技術革新がとくに造船、商業慣習、絹やガラスの高級品製造において見られた。とくに古代から温存された経済制度は、少なくとも一〇世紀にいたるまでは、ビザンツをカトリック教ヨーロッパのはるか先を行かせるに十分すぎた。

イスラムの経済は簡潔な記述を許してくれない。中央カリフ国と八世紀後半から姿を見せ始めた分裂諸国家はこの上なく雑多な土地・人間・伝統を包含していた。加えて、初期イスラム帝国に関する貧弱な史料は、経済史家が長いあいだラテン・ギリシア語史料に注いできた熟練した注目をようやく引き始めたところである。アラブ人による征服は最初の破壊からすぐに利益を配当し始めた。それは西ヨーロッパの長い不況に匹敵するような蛮族による幕間がここではほとんどなかったからである。すべてを併呑してしまったササン朝(ペルシア)帝国、シリア、エジプト、そしてビザンツから奪い取った北西アフリカにおいてアラブ人は活気にみちたとは言えないとしても進行中の経済を継承し、二つの成熟した文明の技術を吸収した。イベリア半島、中央アジアの広い一帯、インドの一部、そしてもちろんアラビアを加えたこの地域全体の一つの旗のもとでの融合は成長への新たな力を生み出したが、その成長はカトリック教ヨーロッパとビザンツとにおいて示された人口と経済における逆行傾向のなかでは容易でなかった。このような傾向は、付言するならば、イスラム支配前のペルシア、漢代以降の中国といった経済関係の証拠が手に入らない旧世界の他のすべての地域でも、時期と強度に多少の差異を伴いながらも、起きていたように思われる。

イスラム世界を全体として見た場合、すべてがカトリック教ヨーロッパよりも一〇〇年先を行っていたと信じるにそれなりの理由がある。西ヨーロッパが沈滞からまさしく脱しようとしていた一〇世紀までに、イスラム諸国の一部は確かに中世の最盛期へと向かっていた。その成長はほぼ全域で、カトリック教ヨーロッパが頂点に達しようとしていた一二世紀末までに停止するか減速してしまっていた。他方、イスラムの経済成長はその絶頂期においてもビザンツのそれを大きく凌駕してはいなかったし、中世後期の西ヨーロッパのそれよりも明らかに小さかった。『千夜一夜物語』は魅惑的だが、誤解を招きかねない。そこではハールーン・アッラシード〔七六三年頃—八〇九年〕の時代のバグダッドが拡大鏡を通して見られている。実際、ほとんどの道路はお粗末であるか存在しなくなっていたし、船舶は小さく、貨幣も到底十分ではなく、少数の富裕者たちの目立った消費も大衆の極貧を埋め合わすことはなかった。遊牧生活と隊商交易が故地における基本的職業であったため、アラブ人は農業を軽蔑し、ムハンマド自身が就いていた巡歴商業を重視していた。しかし、この特異な性向は経済成長に新鮮な勢いをもたらすことができたかもしれないが、その一部はアラブ人の政治秩序と集団行動に対する伝統的な嫌悪感によって相殺された。これらの対立する性向は、加えて、征服されたペルシア・ビザンツ・スペインの都市に住んでいたがいつも商業を軽蔑していた上層階級の再び頭をもたげてきた偏見によって締めつけられた。それでも、中世前期のイスラム世界の経済発展は、その財力と技術を比較にならないほど長大な広がりの土地と文化から引き出していたことだけを考えてみても、カトリック教ヨーロッパのそれよりも明らかに速かった。

イスラムとビザンツの経験は、間違いなく、カトリック教ヨーロッパに貴重な技術を伝達しえたであろうし、実際に伝達した。一〇世紀以降の西ヨーロッパの覚醒を推進した主要な要因については、後述されるであろう。他の多くの借用は、西ヨーロッパの各言語の語彙集における数多の経済用語のアラビアないしギリシア起源によって立証されている。しかし、蛮族時代の西ヨーロッパは学習する環境にはなく、それを取り巻く先進諸国も教える意欲を欠いていた。このことは、意思の伝達が完全に不可能になっていたことを意味するものではない。ビザンツもイスラムも思想・労働力・商品を持ち込む外国人を歓迎した。イスラムは初期の数世紀においては、外国の宗教に非常に寛大であった。西ヨーロッパの蛮族諸国家はどちらかというと地域重視（または部族主義）であったが、不寛容になることはなかった。ザクセン人とアングロ・サクソン人の法律の一部は、外国人が、誰も保証人にならない場合、奴隷として売られるか盗人として扱われることを当然のことと考えていた。しかし、これらの極端な言説があるにも拘わらず、外国人は国王安全護送や巡礼服の保護下であちこちを旅行し、定期市が優遇された会合場所を彼らに提供し、そして多くの半自治的海港都市は、とくにイタリアにおいて、友好・対立関係の別なく、外国との交易に開かれていた。

この問題にはあとから戻ることにする。しかし、再度力説しておかねばならないことは、イスラム世界との文化・経済交流の効果が通常相互不理解によって制約を受けたところにおいて、ビザンツとの摩擦が伝達や不本意ながらの称讃の障害物になることが少なかったことである。カトリック教ヨーロッパの貿易収支（もしこのような大袈裟な言葉を限られた数の商品に使用できるとするならば）がイスラム諸国との関係のなかで好転したことは大いにありそうなことである。それらはヨーロッパの重量原料（木材・鉄・銅）と奴隷のためにほぼ無尽蔵の市場を提供した一方、西ヨーロッパには少量の香辛料と贅沢品を売却していた。ただし、後進地域が輸出品よりも輸入品によってより多くの利益を得られるものかどうかは疑問であるが。ビザンツはカトリック教ヨーロッパからほとんど何も購入せず、わがままではあるがそれよりも上出来の姉妹としていつも何かをしでかす存在であったが、西ヨーロッパ人が内部で手に入れることができなかった洗練された商品、芸術的手法、経済または政治の模範を探そうとしたとき、最初に目を向けたのがビザンツであった。逆説になるかもしれないが、カロリング時代の人々が蛮族諸国家の大半を統合したあと、コンスタンティノープルに渡っていた古代ローマ帝国の長子としての資格を要求し、ビザンツに匹敵するかそれを凌ぐ西ヨーロッパ帝国を樹立しようとしたとき、模倣は不可欠になっていたのである。シャルルマーニュはゲルマニアの慣習とローマの信仰に深く執着していたが、彼と彼の後継者たちは次第に帝国支配体制の手本を外国に求めるようになっていった。ビザンツ帝国は彼らが探し出した唯一の望ましい手本であった。

経済の分野において、カロリング時代の人々はより強い宗教的動機づけとより弱いか曖昧な実行方法によって、競争相手である東の帝国と同一の目標を達成しようと努力した。地上の力と永遠の救済を少々斜めに眺めながら、彼らはキリスト教徒の奴隷、武器、そしてその他の基本的物資を外国に持ち出すことを禁じ、国内取引のための市場を組織・監督し、高利貸の利子を制限するか完全に違法とし、そして度量衡・貨幣・価格の統一的で安定した体制を構築しようとした。彼らは、重量と貨幣における一リーヴル＝二〇ソリドゥス＝二四〇デナリウスの計算法に反映されている固定した換算率を作り上げることに成功した。この換算率は少なくともイギリスにおいては今日にいたるまで生き残っているが、その主たる目的は貨幣の実質的な重量と含有銀の質の劣化と物価の変動によって実現にはいたらなかった。さらに、カロリング帝国が長持ちしたならば、カトリック教ヨーロッパはビザンツの特徴と蛮族のそれとを結合させた中央集権的で権力主義的で土地に根ざした王国になったことであろう。しかし帝国は九世紀末以前に崩壊し、そして西ヨーロッパに芽生え始めた諸国家は放り出され、それぞれ独自の方法によって試行錯誤しながら前進しなければならなかった。

第二章　自給自足農業の発達

第一節　人口動態の反転

労働力は、古代世界の少ししか機械化されていなかった経済においては必須の資産であり、原動力であった。その希少さと後退した技術力は、蛮族時代に深刻な問題となった。それ故、もし中世後期の復活と上昇が技術力の復活を伴った人口増加の再開と重なっていたとしても、それは驚くべきことではない。

いつ人口動態は反転したのであろうか。その開始は蛮族時代の史料の乏しい数世紀のどこかに隠されている。小さな雪の固まりがかなりの大きさに成長するまでには時間がかかる。カトリック教ヨーロッパの広い地域で低人口・低生産・低消費といった悪循環が断ち切られたのは一〇世紀以前だとすることに十分な自信を持つことができないが、変化がそれよりも多少前に始まった可能性を除外することはできない。カロリング時代に新しい村落が建設された、森林が伐採された、修道院や城やその他の防塞地によって人々が定住のために引き寄せられたといった話を聞いたことがある。しかしながら、このような断片的証拠はただ一つの解釈だけを許すものではない。修道院や城のそばに造られた定住地は防塞が施されていない定住地の犠牲のもとに成長しうるものである。開墾地は余所にあった疲弊した畑を放棄した人々を入植させることができる。入植者たちが定住しおえると、やがて新村は現れなくなるであろう。人口動態に影響する二つの大きな要因、気候と風土病の記録を引き合いに出すことは、他のことをするよりも安全ではなかろうか。ユーラシア大陸全域を最後に襲った壊滅的な伝染病は七四二年から翌年にかけて起きている。その後の史料もいろいろな種類の風土病に言及しているが、一四世紀中葉の黒死病以前に、大規模で悲惨な災難と出会うことはない。しかし、災難に関する情報はあまり当てにならない。それはいくつかのあまり離れていない土地だけに当てはまるに過ぎず、気候の変化はどこでも同じ影響を及ぼすことがないからである。加えて、極北ヨーロッパの寒冷地とそれを取り巻く海に関しては少ししか知られていないが、それらの知見は九世紀ないしその少し前に始まり、そしてそれはスカンディナヴィア人のそれまで氷に閉ざされていた地方への大規模な移住を可能にした温暖化を仄めかしている。九世紀にはまた、土地の肥沃さと一つの大きな都市の存在が好都合な状況を作り出した二つの地域、つまりパリ地方とミラノ周辺における人口増加の最初の明確な証拠と出会う。この早期で局地的な成長はその業績が目を見張るものであったとしても、少数の人間と関係したに過ぎず、経済的な不便さと技術不足の徴候が混在する、いわゆる「カロリング・ルネサンス」とどこかで関係していたのであろうか。

ともあれ、カロリング帝国は後半に登位した国王たちの短命さ、国内体制の脆弱さと蛮族侵攻の急な再開によってやがて瓦解する。この蛮族侵攻の原因を人口増加によって膨張した諸民族の土地への渇望に帰したい気持ちに駆られるが、彼らが大勢で南下してきたことを示す史料はない。この新しい侵攻に、ゲルマン人・フン人・アラブ人による文明世界への早期の移動とは異なる説明を付す積極的な理由は何もない。半遊牧民にとって自分の牧草地を世話するよりも柵の向こう側に広がる防備の悪い草地を手に入れるに際して、特別な人口圧は必要ない。事実、ヨーロッパの西部をくまなく侵略し、ロシアでは目を見張るような活躍をし、アイスランドとグリーンランドに入植し、西暦一〇〇〇年までにアメリカに到達していたスカンディナヴィア人は外縁部に住むゲルマン人であった。絶えず長い前線のまま西進していたスラヴ人はゲルマン人の従兄弟でしかなかったが、彼らの慣習は早期のゴート人とフランク人のそれと大して違わなかった。ドナウ川流域に定住したマジャール人は、後期ローマ帝国の苦しみの種であったフン人と同じ粗野な系統に属していた。シチリア島からキプロス島にかけての地中海の大きな島嶼を征服し、奴隷やその他の戦利品を求めて襲撃を北上させていった出身地を異にするイスラム教徒たちは、イスラム帝国を樹立した非常に大きくて勇敢な軍勢の子孫（彼らの仲間の市民の一部は彼らを「人間の屑」と言っていたが）であった。この新しい侵攻者に関して、他と異なっていたのは彼らの人口・経済水準ではなくて、侵攻を受けた側の状況であった。それらはローマ・ビザンツ・ペルシアのような威厳のある――頽廃してはいたが――帝国ではもはやなく、各地の代表者を一堂に集めたり、人が疎《まば》らにしか住んでいない国境地域の隙間を埋めることがほとんどできない半蛮族的帝国（またはそれと共存していたか、その分裂から生まれた同様に野蛮な王国）でしかなかった。攻撃も防御も連続しておらず、いつでも融通のきくものであった。倒壊してしまうと、ある決然とした敵の手に一国全体を引き渡してしまう、中心となる大きな兵器庫もなかった。あったのは小さな城と修道院と自衛された定住地の数珠繋ぎのようなものであった。これらすべては人の出入りを容易にし、征服を不確かなものにした。それはまた、蛮族が最終的に追い払われようが吸収されようが、はたまた主人として迎え入れられようが、再建に必要な時間を短縮させた。

侵攻と政治的混乱は、人口動態の流れにとって大きな阻害となることはなかった。一〇世紀までにすべての徴候は明確で誤解を生むようなものではなくなっていた。人口は増加していたのである。加えて、人々は孤立した場所を出て、より大きな村落や都市へと移る傾向を示していた。これは、初期においては、農業が都市的で非農業的な職業にこれまで以上に席を譲っている証拠というよりも、平野部における危険への対応法であったとする場合のほうが非常に多かった。しかし、結果的に、商業と工業はこの過程から利益を得るようになっていた。どんなに気前のよい定住基準によってであれ、耕作のための無人の空間が不足することはなかった。持続した人口増加が、伝達を困難にし、組織を孤立させ、食糧供給を不十分にさせてきた広大な無住地をなくすに必要な労働力を提供するまでには何世代も必要であった。そして、ある地域における過剰人口と過剰収穫を伝える史料が遅かれ早かれ出てくるとしても、それ以外では、長期間の人口増加が完全に停止した一四世紀においても人口過疎の地域や未開墾——決して開墾不能ではなかった——の地区が存在していたのである。字義どおりに解釈して、中世を通じて狼が近寄ってこなかった家はなかった。農村における人口過疎は不動の要因ではない。最適の密度は土地の性質、道具と技術の質、非農業人口を支えるために割り当てられた余剰物の量によって違ってくる。しかし、これらの変数自身も固定したものではない。集約性の高い労働力は、土地を改善し、道具を増やし、技術を改良し、農業以外の活動を活発化させる。今日、イスラエル人は、知的で意志の固い人々の移住によって、いかに砂漠が大都市を養う繁栄した空間に変えられうるかを示してきた。中世の作家たちがよく農村における人口の密集を全体的繁栄の主要な指標と見なしていることは、理由のないことではない。カトリック教ヨーロッパの非常に広い地域において、経済成長への最初の一歩は、自分たちの景観を作り替えようと決心した人々によって踏み出されたのである。

第二節　農業発展の諸類型

自分の裏庭――より広い空間については何も言わないとして――を耕作しようとした者はこの狭い区画のなかで無限に多様な挑戦と応戦を経験する。これをヨーロッパ全体に拡大し、数世紀の長期間、不完全な伝達の時代における諸個人と国民のあいだの相違を考慮してみよう。つまり、記録の大半が失われていること（実際に、想像をこえて出来事が記録されることはなかった）と辛うじて伝存するものも研究され始めたに過ぎないことを思い起こそう。そうすれば、一〇世紀から一四世紀にかけての農業発展の地域的特徴を叙述することの不可能さが理解されるであろう。大きな流れは推量できるが、一二世紀後半以前ではそれを測定する数値がほとんどない。数値が現れ始めても、時代的にも空間的にもばらついているため、それらの平均値は研究者を誤った方向へと必ず導いてしまう。これらのことを常に念頭に置くだけでは十分でなく、避けられない単純化された輪郭図のなかにいくつかの細部を慎重に書き込むことがさらに必要となってくる。

事実、すべての行為が、それが経済的・知的・軍事的のどれであれ、不連続かつ制約されたうえに不均一で、そして他の行為と目的を異にすることが頻発していた一〇世紀と一一世紀の大半において、細部こそが現実の核心をなしている。カトリック教ヨーロッパ全体を聖俗一体の指導のもとに統御しようとしたカロリング諸王の試みの失敗は、西ヨーロッパにおいて復活したローマ帝国の下支えの脆弱さを露呈させた。その土地、またはせいぜい地方レベルをこえた解決方法は見つからなかった。この後、混乱と闘争の時期が長々と続いた。すべての社会的集団・村落・家族が所有・自由・生存をかけて外部の侵略者のみならず近くの隣人と何度も戦わねばならなかった。我々のもとに届いているこの時代の人々の声は悲惨と失望でみちみちている。それもそのはず、それらの声の大半が、その財産が新しくきた蛮族たちの略奪行為、無慈悲な領主と無法者たちの簒奪、不満を持つ保有農と隷農の蜂起の優先標的となった修道院、教会、国王役人、そして旧体制のその他の受益者から届いているのである。後世の歴史家たちは決してこれらの史料を無批判に受け入れたのではなかったが、偉大な復活の困難ではあるが成功を約束された開始である一〇世紀と一一世紀前半を、地方と変革の時代と描いてきた。たぶん、法と秩序は一定の明瞭な有利さを持つかもしれない。しかし、蛮族時代の法制度は粗雑で効力のないものであったし、カロリング時代の秩序は、その高邁すぎる宗教的理想のために、少数の特権階級の固定した支配のもとで最大多数の人々を身動きできなくさせていたに違いない。カロリング時代の頽廃期に活躍した教会作家ラヴェンナのアグネッルスによって陰鬱に描かれた預言のなかでは、少し異なった状況が見いだされる。「奴隷は領主の娘たちと結婚し、下層の者たちは貴族と結婚し、不純な関係から生まれた者たちから裁判官や公爵が輩出され、そして彼らが地球を破滅させるであろう」と。この預言が真実である限りにおいて、それはカトリック教ヨーロッパが停滞のどん底を脱し、危険にみちていたが、希望にも開かれた、社会・経済的に流動する段階へと移ったことを意味している。

当初、危険が希望を見劣りさせているように思われた。溢れ出た人々がすべて新しくて有望な土地に出ていって活力を復活させたわけではなかった。彼らの一部は攫《さら》われるか奴隷として外国に売られたし、他は新開地を辛抱強く改善する前に戦争や飢饉によって殺され、また多くは放置されて荒れてしまった土地への入植者として必要とされた。しかし、奴隷への転落、戦争、飢餓は新しいことではまったくなく、すでにそうでなければ人口が密集していたであろう、カロリング時代の大所領の真只中に無人の保有地（mansi absi）が存在していた。違っていたことは、農業発展が所有地に隷農を配置している修道院、征服した城塞の周辺に支配を拡大しようとする戦士、領主直領地を侵害する農村共同体、未開地に足を踏み入れる辺境住民によって促進されようとも、一〇世紀からずっと純利益が支出を上まわり、その状態が続こうとしていたことである。初期においては、何が最も実行力のある推進者であったかの解答は得られないであろう。出来事を記す習慣を有した教会組織の活動を追跡することは比較的簡単であるが、権利主張が妨害されたときにやっと声を出して抗議する入植者たちの業績を評価するとなると非常に難しくなる。入植者がいたと思われるが、放棄され、また再び入植者を迎え入れた土地があるとしても、それぞれの間隔が入植活動の失敗、半遊牧生活を送る耕作者の予測可能な行動、肥沃さを維持する方法をまだ知らない人々によって土地に与えられた長めの休養の、三つのどれに照応しているか判断することがいつも可能だとは限らない。ある区域が先に開発された地域に永遠に併合されたことを確証するには数十年を要することもある。

定住の形式はその要因の数ほど多様であるが、通常は要因の組み合わせ――自然環境、住民の伝統、歴史環境――によって決定される、地域に特有の傾向を摘出することは可能である。もちろん、ここでの「特有の」は「遍在する」ことを意味しない。ここでも、単純化の手法が用いられているのである。

住民の粗野な個人主義、土地と気候の基本的厳しさ、そして九世紀後半から一一世紀後半にかけての気候の突然の緩和はスカンディナヴィア人の拡散を、彼らの本質的な性格の大幅な変更を迫ることなく加速させた。当初、農業そのものと村落定住は、デーン人が住む島嶼と今日南スウェーデンと呼ばれる地域の一部においてはささやかではあるが、意義深い役割を果たした。それ以外のスカンディナヴィアにおいては、疎《まば》らにしか住んでいなかった人々は、漁労、狩猟、そしてとくに牧畜によって生計を立てていた。白海を探検し、アルフレッド大王に力を貸した北ノルウェー人オッタールは牛二〇頭、豚二〇頭、羊二〇頭、そして六〇〇頭を下らないトナカイを所有していた。彼の田舎に住む仲間の一部は襲撃・交易・征服と、ロシア・北西ヨーロッパ・地中海沿岸の一部での定住によって栄光・黄金・権力を獲得していた。しかし、彼らの経済上の貢献は、良し悪しの両面とも、やがてその地で前から住んで暮らしていた非常に多くの人々のものと、区別がつかなくなった。スカンディナヴィア人の特性は彼らが八七四年から九三〇年にかけて入植したアイスランド、そして彼らの次の飛躍台となったグリーンランドでとくに深く刻み込まれた。しかし、ニューファンドランドではそうではなかった。アイスランドは彼らが到着するまで「大洋の砂漠」として知られていて、グリーンランドはほとんど無人であったが、「ヴィンランド」（ニューファンドランドのことか）ではノルマン人を追っ払い、再発見の機会をコロンブスに残してアメリカを去った原住民が疎《まば》らに住んでいるに過ぎなかった。一握りの先駆者たちが航海機具を持たず、幼稚な道具だけであれほど遠くまで出かけていくことができたことは驚異に値する。さらに驚かされるのは、スカンディナヴィアにまだ土地が残っていたし、より南に位置するやさしい地域が多くの彼らの兄弟たちを歓迎していたにも拘わらず、彼らはこのように非情な土地に定住し農業を始めることを選択したことである。漁労と製材業は大きな助けになったし、それは故国にいたとき以上でさえあったことは確かである。しかし、共通の規律に服すのが嫌いな人たちにとっての広大な空き地の魅力を過小評価してはならない。そして、アイルランドの緩やかに組織された共和制は実際には成功しなかったが、素晴らしい文学を育んだ。故国に戻ったスカンディナヴィア人はカトリック教ヨーロッパの古くなった政体を徐々に作り上げていったが、冒険の時代は経済的にも文化的にも色褪せていった。

比較対照のために、太陽の降り注ぐ地中海沿岸地域へ移動することにしよう。イタリア北部と中部の広い地域では、古代ローマの農学者の創意にみちた作品と古代ローマの測量士によって描かれた碁盤模様の畑は完全にはなくなっていなかった。古典農法の技術も完全に捨て去られてはいなかった。数世紀の放棄と放置は、疲弊した土地がその肥沃さを回復し、伐採された山々が再びその緑の覆いを取り戻した事実のなかに償いの証を見せていた。それでも、一〇世紀以降（そして一部においてはすでに八世紀から始まっていたが）のイタリア人にとって、土地を開墾し、沼沢地の水を抜き、灌漑施設を再建し、見知らぬ侵略者やあらゆる階層・身分の土地略奪者たち——このほうが圧倒的に多かったのであるが——を撃退するのに多くの勇気と努力が必要であった。この結果として、再開された農業発展は単に古代の農業景観を復活させただけではなくて、多くの点でそれを変更し、古代ローマ人にはあまりにも湿潤であるとか急勾配であると見られた土地の多くを耕地に変えた。再入植を促進し、改良を促すために、土地を所有した者は誰でも途中で農民と折衝しなければならなかった。葡萄・オリーブ・栗の木を植えることになる者のために、長期の貸与、収穫物の折半契約、あらゆる種類の割増し制度があった。農民共同体は、司教・修道院長・伯と彼らの権利、義務、共同放牧地の使用、農地の境界について絶え間なく議論した。しかし、多くの場合、論拠は探しても見つかるものではなかった。農民はいかなる証書も手に持っていなかったのである。文字に長けているとは言わないにしても、読み書き能力は別の面で復興に貢献した。ラテン語で書かれた農業書は修道院で筆写され、本来そのために書かれていた所領経営の手引きとして利用された。自由の度合いはスカンディナヴィア人が移住した前哨地ほどには十分ではなかったが、より明確に規定されていた。そして農民は孤独のなかで自活する必要はなかったし、もし自分の農地が気に入らなければ、別の領主や自分の労働力を快く使ってくれる都市を探すことができたことを誰も忘れてはいなかった。実際、農村の発達と都市の発達はいつの時代も緊密に関連し合っていたのである。

スカンディナヴィア方式は処女地への農業拡大の特殊例であり、イタリア方式は長い冬眠によって活力を取り戻した土地での農業回帰の特殊な事例である。両極端のあいだには、無限の差異が入り込む余地があった。イベリア半島におけるキリスト教徒による再征服の初期の段階は、イタリアの農民よりもより大きな自由を当初は享受していた農夫による入植と開墾へと移っていった。しかし、労働力と技術の新たな注入は、それまで自身の土地の開墾を行ったイスラム教農民の大量逃亡を埋め合わすことなど到底できなかった。南フランスは全体的にイタリアやスペインと似ていたが、北上するにつれて何ごとも急速に変化していった。古代ローマの植民活動の副産物の一部は、メロヴィング時代のフランスとそれを継承したより広大なカロリング帝国においても愛顧を失わなかった——例えば、葡萄酒は一〇世紀以前と同様、それ以降も人気を保った――が、復興の形式は蛮族的、または少なくとも中世的な慣行によって大きく規定された。大所領は通常、新しく手に入れた土地に、以前と同じ集約的農業と広大な村域（もちろん、それらは技術を改良し、空間を少なくしていったが）を適用し、残存する独立した小土地経営をできる限り吸収しようとした。他方、小規模な保有農と隷農は主として原始的な開墾法、つまり領主が見ていないあいだに隅っこの林を切り開いて下生えを焼き払い、自分たちの権利主張が認められるとの望みを抱いて耕作を始めることによって少しずつ前進した。まったく同様のことが、イギリスに関しても言える。しかしここでは、表面的にローマ化された原住民がアングロ・サクソン人、その後デーン人によって多数追い出されただけだとしても、蛮族的色彩が一層濃かった。農夫は土地を獲得したが、同じくこの国の特殊な資産であった羊も手に入れ、そして狩猟は領主と同様、農民にとっても重要な食糧源であり続けた。

同じ頃、カトリック教ヨーロッパの外縁部は、新しい異教徒の侵略者たちが定住し組織化された社会の仲間入りをすることで、拡大していった。見習い期間は比較的短かったが、それは彼らとカロリング時代後のヨーロッパの蛮族段階を半分脱した人々との文化的相違が、最初の蛮族とローマ帝国後期の住民のあいだのそれよりも小さかったからである。フリースランド人とザクセン人は、すでにカロリング帝国内に編入させられていた。旧ローマ帝国の属州からくる宣教師・兵士・支配者の絡み合った影響下で、彼らは自分たちの粗野で秩序を乱す性向を捨て、北部フランスの農業に関する慣行と制度をほとんどそのまま受け継いだ。一〇世紀後半までにフリースランド人はライン河口からロワール河口にかけての沿岸地域に広がっていた沼沢地の干拓に積極的に参加していた一方、ザクセン人は西スラヴ人に、彼らがカロリング時代の人々から強制的に習わされた智恵を押しつけていた。（ゲルマン農業のさらなる発展は後述されるであろう。）他方、スラヴ人はというと、彼らは長いあいだ村落に住み、ザクセン人よりもほんの少し劣る程度で農業を営んでいた。彼らの道具や苗の一部は改良されていて、西ヨーロッパの農業の発展に貢献した。マジャール人は彼らの遊牧習慣を容易に捨て去ろうとはしなかった――一二世紀の遅くまで、彼らは多くの時間をテントの下で過ごしたことが知られている――が、彼らは外国からの影響を歓迎した。彼らの初期の書物の一つは「移住者たちは様々な言語・慣習・道具・武器を持ち込んでいる。この雑多性は王国にとっては勲章、宮廷にとっては飾り、そして我々の敵にとっては恐怖の的である」と述べている。ただアイルランド人のみは、カロリング時代より前のキリスト教の早期受容と目覚ましい芸術発展にも拘わらず、外国の慣習にほとんど染まることがなかった。説明がつかない、たぶん社会慣習に根を持っていたと思われる理由から、彼らは散在形式の保有地を守り続け、互いの家畜を襲ったりしていた。こうして、彼らはヨーロッパの他の地域で起きていた経済発展に完全に乗り遅れてしまい、そして最終的には、彼らの荒削りの独立さえも失ってしまったのである。

第三節　食と作物の変化

人口増加と耕地面積の拡大はカトリック教ヨーロッパに、だらだらと無限にとどまり続けたかもしれない窮屈な安定から抜け出すことを強いた。しかし、それらは経済発展を無条件で保証することができなかった。非常に多くの人々の生存は、それに比例した一人当たりの生産量の増加を伴わない場合、文明を後退させるかもしれない。エジプト・インド・ジャワ・中国が近代における好例であるのに対して、日本と西ヨーロッパ世界の多くは人口と耕作地を可能な限り速やかに増やすことによって、それらとは反対に生産性の向上を実現していった。要するに、空間は融通性を欠いているというのは本当である。今日我々は、新しい脅威、つまり身体的快適さの限界をこえて地球を人口過密にするという脅威に直面している。しかし、この問題は中世の人々にとっては緊急性を要する問題ではなかった。村落の囲いのなかや都市の城壁のなかで空気は悪臭にみち、水は不潔で隣家はあまりにも近くに迫り、生活空間は狭苦しかった。移動の意志は法律によって制限されるか、危険によって阻止された。しかし、人口過密な惑星に住んでいたのではなかった。食糧生産が基本問題であったことは確かである。ただし、飢えがアメリカ合衆国で知られていなくはなく、そして飢えや栄養不良で毎年何千もの人々がその他の国々で死んでいるとはいえ、今日の物が溢れる社会においてはこの事実を認識することは容易でないが。

飢饉、つまり飢餓の広範囲における爆発的発生は、慢性的な栄養不良の社会の資料のなかでは、通常の栄養失調よりも持続的に記録されている。住民の数と伝存する史料の数が着実に増加しているにも拘わらず、その言及回数が一〇世紀と一一世紀前半の記録においてあまり増えていない事実は、農業の成功と同じく、最も被害を被った区域までもの食糧と人間の出入りを助成する伝達手段の改善の間接的証拠になる。一三世紀前期までに、大規模な飢饉は非常に稀になった。しかし、それは栄養失調が克服されたことを意味しない。障害は量的なものと同時に質的なものと関連する。バランスのとれた食事に含まれる栄養素に関する明確な知識が欠如していて、あったのは経験、そしてとくに入手の可能性に基づく本能的選択だけであった。領主が入手できるものが農奴にも入手できていたとは限らないことは言うまでもない。一つの事実は確かである。古典古代と同様中世においても、パンやオートミールの粥《かゆ》または小麦の粥と形態は異なっても、穀類がほとんどどこでも人間の食事の基本であったことである。中世ラテン語と民衆語の一部において、それ以外のものはすべてコンパナティクム（companaticum）、つまり「パンの添え物」と呼ばれていたほどである。これによって炭水化物が確保されていたことになる。蛋白質とビタミンの摂取ははるかに少なかった。ミルクは、幸いにも、その副産物とともにカトリック教ヨーロッパのどこでも手に入ったが、牧畜業者のあいだでとくに重要であった。新鮮な果物は南で大きな役割を演じ、北において肉はあまり気にせず消費されていた。魚は海や川がそう遠く離れていない場合とても役立ち、卵はどこにでもあった。蛮族時代の移住はオリーブ油圏と獣脂またはバター圏、葡萄酒圏とビール圏の区別をなくしはしなかったが、曖昧にさせた。葡萄酒もビールも水が安全でないところではほぼ必需品に近かった。野菜と豆類は食事の有益な補完物であった。根菜類は必要に迫られたときに食べられたが、それらは通常普通の草よりはましなもの、飢饉に際しての最後の手段としか考えられていなかった。根菜類しか食べないことは、貞節とともに、隠修士や聖者の最高の徳目であった。

この大雑把で平板な食糧図にいくつかの細かな点を書き加え、中世における諸変化の背景にある詳細な部分を見ることにしよう。穀類は先頭を走っていた。収穫物の種類に急激な革新はなかったが、ある物から別の物への優先順位の変更は嗜好・技術・生活水準における意義深い変化を反映していた。ローマ人は、最高の白パンを作り出す歯触りのよい小麦（それは最高級の穀物に不釣り合いな科学名であるが、「平民の小麦 triticum vulgare」と呼ばれていた）を最上位に持ってきていた。スペルト小麦や他の殻つき小麦のような粒の粗い穀物、黍《きび》、大麦は奴隷と田舎の貧しい人々も食べていたが、主として家畜用に栽培されていた。ライ麦とオート麦は雑草、またはせいぜい飼料としか見なされていなかった。ライ麦もオート麦も柔らかい小麦よりも寒冷気候に強く、そんなに手間暇を必要としなかった。蛮族はそれらの栽培を拡大し、それらに人間の食糧としての優先席を用意した一方、大麦とスペルト小麦は家畜と共有し、大麦とオート麦はスープのように濃いビールを醸造するために使用した。ビールは蛮族の食事に著しく貢献していたことも記しておかねばならない。次に、一〇世紀以降、柔らかい小麦が最初は金持ち、続いて中間層、最後により下位の人々へと、次第に首位の座を取り返していった。しかしそれは、ありきたりの料理や飼料にはまだ十分使えた、柔らかい小麦がうまく育たない季節や土壌に植えられたその他の穀類に取って代わることはなかった。西ヨーロッパで収穫された穀類に中世になって新たに加わった重要な米に関しては、それはアラブ人によってスペインとシチリア島に持ち込まれたが、その他の地域では前期ルネサンス以前においては大した役割を果たさなかった。これは残念なことであった。というのも、その食糧としての価値が小麦よりも高いからである。

しかし、穀類の質は量ほど重要でなかった。全般的な数値はないが、全生産量は増加し続け、一〇世紀から一三世紀にかけて急増したことは確実なこととして知られている。一人当たりの生産量も同じであったが、人口も同様に膨らんでいたため、増加の速度はかなり落ちた。この増加は三つの要因、つまり耕地面積・収穫高・輪作制と結びついていたであろう。耕作地の増加は測量を許さないが、過大視することは控えねばならない。空き地の縮小と境界線の前進（これは一一世紀以後、その規模を拡大した）は耕作面積を何倍も拡大したに違いない。収穫高は、このあとで考察される技術革新にも拘わらず、今日我々が十分と見なす水準に近づくことはどこでもなかった。土壌や収穫年や穀物の種類によって大きな差異が観察されうるが、播種量の四倍にのぼる収穫が中世後半を通じての平均的期待量であったと思われる。しかし、カロリング時代の三、四倍の収穫と一・五ないし二倍の収穫との違いは生存の可能性から飢えのそれを分かつものである。とくに一度収穫に失敗すると、収穫がいかに不作であっても領主には十分な食糧が用意されねばならなかったし、教会も取り分を要求したため、カロリング時代の平年収穫の余剰分を食いつぶすのみならず、翌年のために保存していた種子をも激減させた。反対に、四倍収穫の基準はある年の不作の短・長期的影響を相当程度軽減させた。

それにも拘わらず、入口としての播種量と出口としての収穫高のあいだの格差はあまりにも小さく、耕作周期を速めることによって大胆な実験を促すにはいたっていなかった。イギリスのある農業書が一三世紀後半においても警告しているごとく、三年に二回の不作よりも二年に一回の豊作のほうが良かったのである。たぶんこれが、九世紀にはじめて記録され、農業発展の時代にゆっくりと普及した二圃制から三圃制への移行に際しての努力が気候と土壌がとくに適していて、収穫が肥料の豊富な供給によって維持されえた特殊な地域に限定されていた主要な理由であろう。耕作周期のこのような局地的加速化による収穫高の全般的増加は、平均収穫量の軽微ではあるがより広い地域での増加よりは小さかった。そして、この早い時期に、速い周期の「進歩的」地域と遅い周期の「停滞」地域との明白な区別を指摘することは早計の誹りを免れないであろう。事実、穀物生産の増加における最高の要因は耕作面積の拡大で、カロリング時代以降の最大の革新は半遊牧的農業の最終的排除であった。このことはまた、諸部族の定住化の輪を閉じさせることによって、農民に別の配当金、つまり野蛮な戦争の終焉とまでは言わないにしても、蛮族の侵攻の終焉をもたらしたのである。

パン（やオートミールの粥）から副食（companaticum）に目を向けてみよう。これもまた農耕体制全体が依拠していた均衡状態における変移を理解するのに役立つであろう。野菜優先の食事で村落が密集していた地中海農法と、肉を大量消費し村落が散在していた大陸型農法とのあいだの距離は中世前期を通じて狭まったが、なくなることはなかった。次の農業発展の時代にそれは一層狭まった。しかし、一部においては一層顕現した。ビタミンの一大供給源でローマ式農法の特徴の一つであった園芸農法はスペインとシチリア島のイスラム教徒のもとでさらに発達した。農業発展の時代にイベリア半島とイタリアの農夫たちは都市の需要増が引き金となってそれをより高い水準にまで引き上げた。彼らはまた、食糧と肥料の両面から大豆や小豆やその他の野菜にも特別な注意を払った。事実、これらの野菜は土壌からではなくて大気から直に窒素を吸収していた。それらが地中に埋められると、土壌に窒素を返すことになる（ローマの手引書によって、その後一三世紀のイタリアの手引書で推奨されている有機肥料である）。それらが食用に供されると、人間や動物のすぐれた蛋白質供給源となる。こうして、それらは家畜に十分な土地を割くことができない地方における肥料と肉の不足を一部ではあるが補うことができた。イタリアは古代においてあらゆる種類の作物輪作を経験し、中世に入ってもそれを継続した。最近の研究は三年輪作を含む多種多様な輪作法を明らかにした。見る限りでは、各農夫は畑が生み出せる限りにおいて収穫を行うよう努力した。一部では年に二回以上の収穫が行われた。危険は多作しすぎることである。なぜなら、休作はいつも必要で、土壌に湿り気を戻してやるためだけでもそうであったし、注水だけでは乾燥した天候を埋め合わすには不十分であったであろう。フランスの地中海沿岸地方とイベリア半島についてはは少ししか知られていない。灌漑は広く普及していたが、二年輪作が支配的であったと思われる。

三年輪作へと繋がる、冬播きと春播きのより規則的な繰り返しは北部フランス・イギリス・ドイツの湿った気候と重い土壌で可能であった。一三世紀のイギリスの手引書は周期を速めることを熱心に奨励しているが、その農法が普及したことを示す史料はどこにもない。しかし、一八世紀の農業革命において標準的輪作となる農法――一年目の冬小麦またはライ麦、二年目の春穀と野菜類、三年目の休耕――の最初にして最も信頼できる事例と出会うのはイギリス、そしてさらにはフランスにおいてである。この順序は休耕が各圃で二年に一回の割合で行われていた(つまり、耕作と休耕の二年輪作に三番目の末決定の期間が付け加えられねばならなかった)ところでも守られることが多かった。基本的な理由は周期を速めたいとの願望ではなくて、季節の気まぐれと上手に付き合おうとの意図にあったとの考えに大勢は傾いている。春穀は飼料の追加分を供給する手段であると同時に、前年の冬いつも最も多く播かれた作物に起こりうる不作の保障でもあった。たぶん、ヨーロッパの北部は南部よりも広大で良質の牧草地を持っていたであろうが、同時にそこでは肉と乳製品に依存する度合いが非常に高かった。そこでは副食として貧弱にしか供給されない緑色野菜、新鮮な果物、またはオリーブ油に頼ることができなかった。冬穀が豊作であれば、春の飼料は主として家畜を太らせ、優良な種の数を増やすことに役立った。不作の場合、より多くの家畜を殺し、春穀の収穫物を食べるか種子用に保存しておかねばならなかった。

副食のその他の構成要素をいちいち取り上げることは退屈を強いることになるであろう。金持ちと貧者の食事におけるあまりにも大きな相違について考察することで、この節を閉じることにしよう。肉の大半と高級野菜と果物の大半は、通常、領主と富裕な農夫の食卓を飾っていた。しかし、いくつかの例外があって、冬の到来と飼料用作物の不作によって金持ちが消費または塩漬けする肉の相当な量をこえた畜殺が押し進められたときとか、大豊作または気候の悪化が野菜類をだめにしてしまう恐れがあるときがそうであった。狩猟とときどきの漁労（迷子の鯨を捕獲するときさえあった）は特別の楽しみを提供していたかもしれないが、自由な狩猟と漁労は、村落の規律が厳しくなるにつれて領主特権によってますます制限されていった。一匹の野兎を追い回すことはもはや賢明なことではなくなったし、中世になってはじめて家畜の仲間入りをした家兎は野兎ほど食されてもいなかった。香辛料とその他の輸入された珍味は、少なくとも一三世紀までは、低所得者層にとっては総じて高嶺の花でしかなかった。ただ豚肉だけはすべての農村住民にとって比較的容易に手に入っていた。豚はどんな残り物でも食べたし、自身の群れと一緒に一人一匹の割合で保有農にドングリを食べさせることを許していた大昔からの慣習に逆らう領主はどこにもいなかった。当然のことながら、中世の絵画や版画に登場する「月々の労働」は例外なく、そのなかの三、四枚を非常に多くの人々に喜びを与えていた家畜の短い寿命に捧げている。葡萄酒醸造もまた一、二枚の絵に描かれるのに相応しいものであったが、ビール醸造はとくに注目されることはなかったようで、穀物生産に関する一連の絵のなかに取り込まれていた。

第四節　役畜と機具

気候や土壌が違えば農法も違っていた点を除けば、中世の農業は古典古代の農学の最高の方法を大きく改良することはできなかった。後者はほとんどすべての分野で最高傑作を生み出していた文化の成果であった。一一、一二世紀の最も教養のある貴顕農業家であっても、古代ギリシアやローマの同業者たちが自分たち以上に豊富な知識を有していたことについてほとんど何も知らなかったのではなかろうか。しかし、古典古代の農業は人間の労働を節約することにあまり気を遣わなかった。これは農法において中世の人々が最も意義のある貢献をした分野であるが、それは科学的知識が増したとか、主人がより慈悲深くなったというよりも、労働の供給が減少したためである。改良農具と役畜の広範な使用によって、それまでと同じ面積をより少ない人数で耕作し、新しい技術なくしては使用不能であった土地の一部を含む新しい土地へと広範に進出することができるようになった。

個々の革新はいつ、どこで、どのようにして広く採用されたのか。簡単にそれらに回答することはできない。考古学や記述史料からの証拠が乏しい。さらに悪いことには、それらは当てにならないことが非常に多い。重要ではあるが非常に地味な考案に関する史料での初見はその登場から数世紀後であるかもしれない。その考案が活気にみちた環境のなかで広範に採用されるまでには、それ以上の世紀が経過するかもしれない。そして、それがすべての場所で認知されるか、その応用品が考案され使用されるまでにはどれだけの期間が経過したことだろうか。伝達手段が改良されても、今日とのあいだには驚くべき格差が存在する。木製の鉤《かぎ》がついた棍棒は最初古代エジプト王の絵画に描かれて登場しているが、今日エジプトでも鍬《くわ》として使用されている。アメリカのレストラン経営者はコーヒーのエスプレッソ装置の実用的利点をいまだに認識していないのである。

労働力の不足は古代ローマ帝国の後期において最初に顕現したが、長いあいだうまくやってきた伝統を打ち壊すことは困難であった。この不足は蛮族時代も続いたが、技術革新が弱くて動きがなく、会話の少ない社会で花開くことなどありえなかった。一〇世紀までに伝統は忘れ去られてしまい、閑暇が打ちのめされ、その結果労働力不足はそれほど深刻ではなくなっていた。カロリング時代以後のヨーロッパにおいて奴隷労働は広い範囲で過去のものとなっていた。今や労働力の屋台骨を形成していた農奴労働は思ったほど急速には増大せず、そのためそれは無慈悲に酷使されるか無思慮に乱費されたりした。発明の母である必要はある都合の良い繁殖環境を見いだしていた。もちろん、これはすべての中世の技術革新が同時に生まれたことを意味するものではない。その一部は、労働力に恵まれた古代社会においては大して有益ではなかったと思われる、ローマやギリシアの考案の持ち越しに過ぎなかった。ごく少数は、異なる気候と文化水準のもとで生活することによって、それぞれにとって有益な解決策を見いだしていた蛮族のなかから生み出されたものであった。しかし大半の場合、それぞれのものがローマ帝国の外縁部を構成する属州ですでに使用されていたのか、または蛮族と同時に使用されるようになったのか、あとからスラヴ人や外縁部の他の部族から教えてもらったのかを判定することは難しい。

中世で最も広く普及したギリシア人の考案、水車から始めることにしよう。それは古代においては穀物を挽くために使用されたが、高額な設置・維持費がその普及を妨げた。金持ちは奴隷を石臼につかせ、貧しい家の妻たちは手で粉挽きを行っていた。比較的大きな都市と途方もなく広い所領においてのみ、水車の費用は穀物の着実で豊富な供給によって賄われていた。あるアイルランドの韻文で書かれた伝承によると、三世紀のある王様は子供を身ごもっている奴隷の女に休息を与えるために「海の向こうから」水車職人を連れてこさせようとしたようである。しかし、詩人は最良の経済分析家ではない。中世を通じて水車が普及した要因として、二つのものが結びついていた。奴隷がほとんど消滅してしまい、領主は従属民全員に穀物を領主の水車に運ぶことを強制した。カロリング時代に書かれたサン・ジェルマン・デ・プレ修道院の土地台帳に記載された所領の三分の一に水車があって、そのうちの一部は在職中の修道院長によって設置されている。一〇八六年までにイングランドで算出された水車約五〇〇〇基の相当数が無数の河川の水を利用していた。こうして、水力は人間のために利用される第二の自然動力源となった。第一の動力源である火は、すでに石器時代から使用されていた。水車自体は、徐々に多様な工業目的に応用されながら、中世後期において、近代における蒸気・電気・内燃機関のごとく、ほぼ全域に行き渡ることになった。

農業の分野で、水車の登場は水流を所有していないか、利用できる川が他者の所有地を流れていた領主と農民に対して、挽臼人夫を役畜と交代させることを余儀なくさせた。しかし、役畜は他の農作業にとってもなくてはならない存在であった。一つの良い解決法は風車によってもたらされることになった。風車は水車ほど強力ではなく、工業の多様な分野への応用には向いていない。しかし、それはほどほどの経費でほとんどどこでも建てられ、風は私有財産の対象にはならなかった。このことは、風車の起源と初期の普及が水車のように簡単には追跡できないことを説明してくれている。風車が古代にあったことは知られていないが、一二世紀前半までにイランやイングランドでも建設されていたことが確認されていて、その特徴は地方によって大きく異なっていた。最も無難な推測によると、風車は中世前半、イスラム世界またはキリスト教（ギリシア正教またはカトリック教）が支配する南部の乾燥して風の強い地域のどこかで生まれ、一〇世紀から急速に普及したことになる。しかし、この問題に関して結論はまだ出されていない。形の異なる風車は異なる場所で固有に考案されたかもしれない。

地中海地方の軽量犂《すき》aratrumよりもヨーロッパ大陸の重い土壌に適していた重量犂の起源と普及を辿ることは一層困難である。ローマ人の考案でなかったことは確かであるが、それをゴール人、ゲルマン人、スラヴ人、または中央アジアの民族のどれに帰すべきかとなると結論は出ない。そしてたぶん、これらの民族の各々が、連続して登場する徐々に改良された犂のどれかを考案したのではなかろうか。ローマの軽量犂は本当に軽量で安価で作られ、車輪を持たない、通常細長い鉄の板で補強され、土壌を深く切り込むことができない刃が装着された木製の機具であった。乾燥農法の必要のために考案されたものので、農夫はせいぜい一組みの牛または驢馬《ろば》によって畑を交差犂耕することができるようになっていたが、人手を出す余裕がなかったり、犂を受けつけないような土地を耕す場合は、耕作班を組織することができなかった。しかし、この場合、手鍬や鍬を使うので余計手間暇がかかった。このような欠点があるにも拘わらず、低費用と簡単な操作はそのローマ帝国全域への導入を保証した。例えば、フランスとイングランドにおいて、それは中世末期でも広く使用されていた。とはいえ、深い畝を掘ることができる、より強力な道具がヨーロッパ大陸に豊富に存在した湿潤で重厚な土壌の肥沃度を高めるのに望ましかったし、実際上軽量犂では歯が立たなかった開放耕地地帯には不可欠であった。また、それは手鍬による仕事の大半を節約させていた。

解決は犂刃と耕作班のあいだに車輪を挿入することによって実現された。犂人にとって犂刃により重く体重をかけるための支柱の役割を果たした車輪には、非常に大きくて重たい犂が装備されていて、それまでそれがないため扱いにくかった機具に可動性を与えた。我々は大プリニウス（西暦一世紀）のはっきりしない文章のなかに重量犂に関する最初のおぼろげな言及を見つけることができる。そこでは八頭の牛に牽かれた、一部のゴール人――たぶん、大プリニウスの出身地であったポー川流域に住む人々であったであろうが――によって使用されていた有輪の plaumaratum（または ploum aratrum?――この言葉は写字生たちによって誤記されてきたかもしれない）が問題になっている。もしこの機具がカロリング時代の史料で言及されている carruca（「車」を意味するラテン語で、ここからフランス語の charrue〔「犂」の意〕が派生している）と同じとするならば、水車の場合と同様に、その発展過程を次のように要約することができよう。有益ではあったが費用がかかった考案は、労働力が深刻に不足し、大土地所有者たちが犂耕を命じたときに普及したと。しかし、有輪犂は形式が多様でいろいろな時代に登場してきているので、話はそう簡単ではなかったであろう。それでもほぼ間違いなく、最初の実験はユーラシアのステップ地帯で行われ、移動してきた蛮族によって西へと運ばれたと推定される。

犂とほとんどすべての農機具の挿絵で確認されるその他の改良に関する叙述を割愛しても差し支えなかろう。なぜなら、これらの詳細はそれらがいかに重要であっても、読者が中世の農法にあまり詳しくない場合、徒労に終わるであろうから。それよりもこれらの他の分野への影響について少し述べる必要がある。改良された道具のほとんどすべては鉄または鋼鉄の広範な使用を必要とした。蛮族は中央アジアにおいて、ローマ人の同等品よりも強くて柔軟であった剣と留め金を鋼を含ませて製造するための高度に発達した技術をすでに学んでいたが、こういった高度な技法を通常の農具に応用することはしなかった。カロリング時代の資材帳は鉄と鋼製品に驚くほど少ししか言及していないうえ、その大半は製材と建設用のものであった。蛮族時代、鍛冶は一般の職人とは違い、金細工師とほとんど対等の存在であった。農機具の改良は続く数世紀の鍛冶屋の増加と相関関係にあった。鍛冶屋が長いあいだ北部ヨーロッパ諸国よりもイタリアでその数が多かった事実は、より有効な道具がそれらを最も必要としたヨーロッパ諸地方において普及したその速度を測定するに際して十分注意するよう警告している。また、それは技術発展がいつも個々の農夫の、単独で高額な装備を用意できた強力な人間またはよく組織された村落共同体への一層の依存を必然化していたとの推量に説得力を持たせてもいる。これに関しては、後述されるであろう。

道具の改良と家畜の飼育と運送における発達とのあいだには、想像する以上に緊密な相関関係が存在していた。犂が重くなればなるほど、本体装備もそれだけ大きくなった。この観点から、北部諸地方と蛮族全体は地中海の諸地方と住民よりも有利なスタートを持つことができた。彼らはより広い放牧地とより多くの家畜を有していた。牛は長いあいだ牽引用として好んで使用された。牛は驢馬《ろば》より力が強く、騾馬《らば》より辛抱強く、馬より病気に強く、飼料代も馬より三、四倍も安かった。それでも、ヨーロッパの南部において一、二頭の驢馬が一人の農夫が所有することができる限界であった（そしてモロッコでは、今日でも一頭の駱駝《らくだ》と一頭の驢馬からなる奇妙な犂隊を見ることができる）。ヨーロッパの中部と北部において驢馬がときどき使用されていたが、牛を使った大きな犂隊を確保するのが問題であったのではない。そして一二世紀に牛は徐々に馬に取って代わられ始めた。これらの変化はすべて役畜の繋駕・飼育・繁殖における改良と関係しており、そのため鶏が先か卵が先かの問題を解決することができないと同様、最初の閃光がどこから発したのかを決めることはできない。

ローマ人は牽引用の役畜を横並びに繋ぐ習慣があった。これは一組みの牛または馬が繋がれる場合のみ有効であったが、サーカス競技のように横一列に繋がれた八頭の馬から良い結果を引き出すためには、

資料1　新旧の繋駕法

【出典】「古典的」繋駕装置（11世紀）．フランス国立図書館，ラテン語写本8318から．「近代的」繋駕装置（10世紀前半）．フランス国立図書館，ラテン語写本8085から．両方とも Robert S. Lopez, *The Birth of Europe*（London: J. M. Dent & Sons, Ltd., 1966; New York: M. Evans & Co., Inc., 1967）, p. 133に掲載．

熟練した舵取りと広い土地空間が必要であったに違いない。さらに、八頭の牛が横一線に並んで一台の犂に繋がれていたとした場合、実際にどうやっていたのであろうか。縦列繋駕法が確かにこれを解決した。ここでもローマ人は、牛の鬐甲《きこう》〔肩胛骨間の隆起〕に頸木《くびき》を正しく固定するために、首の周りに簡単な革紐を装着することで十分と考えていた。馬の首の回りに装着された類似のものは、その部位の構造が牛と異なるため、自由に呼吸することを不可能にさせた。馬の両肩に付けられた堅い首当てがその困難を取り去った。馬の蹄はローマ人によって使用された「サンダル」によって十分には保護されていなかった。釘で装着された金具が蹄を比較にならないほど保護した。これらの発明のすべてはアジアのそれぞれの場所から、そしてその多くは重量犂の場合と同じ道を通って、ヨーロッパにやってきたと考えられる。首当てと蹄鉄は馬が牛の重大な競争相手となることを助けた。牛を援護するためにどのようなことがなされたのか。イタリアではときどき牛に蹄鉄が装着されていた。フランスとスペインでは牛の頸木は肩から角へと持ち上げられていた。その利点は、もし何かあるとしても、他の地方がそれを導入するほどには大きくはなかった。

中世と近代における馬の支持者たちは、一二世紀以降のその普及をより高い効率への衝動と結びつけようとする。彼らが言うには、その速さは、とくに雨と寒さが犂耕に適した日数を少なくしていた地方においては、牛の鈍重な力よりも高い価値を有していた。しかし、現実においては、この勝負は民族の方針に従って決着がつけられた。フランスは馬（そして一部では騾馬《らば》）に鞍替えし、イタリアは牛（軽量犂を動かすには一組みの牛で十分であった）への忠誠を維持した。イングランドは混成隊を頻繁に使用したため、馬は牛の歩調に合わせなければならなかった。中世の農夫が近代の農学者のような学識を持ち合わせていなかったとしても、彼らは役畜の選択において、新しい道具の試験でみせた洞察力を用いていたに違いない。中世前半において、運送に従事する人々を除いて、馬の使用が常識によって禁じられていた。良い馬は一人の奴隷よりも高価であった。一〇世紀から物価が下がり、細心の繁殖と行き届いた飼育によって、より安価で強力な（しかし、速さを犠牲にしたことは否めないが）農耕馬が作られた。しかし、考慮しなければならない別の優先事項が存在していた。人間のために小麦を育てることができた土地で、馬のためにオート麦を栽培することにどのような利点があったのだろうか。生産周期において、オート麦は豆類よりも適した作物であったのだろうか。馬の排泄物は牛糞や、これとの関連で、羊や鳩の糞よりも価値の高い副産物であったのか。これらの問題やその他の問題への回答は場所によって違っていた。ここでも我々は、中世人が試しや失敗によって学ぼうと努力していた、そして近代の科学者たちが僅かな成功でも教えようと意気込んでいる——なぜなら今日、中世におけると同様に、食糧生産は他の経済活動のための余地を用意しなければならないので——あの生態学的均衡の問題へと連れ戻される。長期的展望に立った利害は目先の利益と対立する。まったくの愚行は天然資源を大いに損なうだけである。

第五節　共同体と個人

経済的必要は人間を、その個人的な好みがどうであれ、社会的存在にしてしまった。中世前期のヨーロッパの無人地帯は少数の粗野な個人主義者たちに危険な一人暮らしの一時的機会を与えていた。早晩、苦行者たちは修練の場から逃げ出し、境界は人でみち溢れ、孤立した農地は村落のなかに吸収されていった。他方、緊密に統合された共同体のなかで生活することは大半の個人に、生き残りそのものが脅威に晒《さら》されていたときには生存のためのより有利な機会と、物事が向上し始めたときには前進へのより大きなチャンスを拡大した。政治的環境も同じ方向に進んだ。十分な自由と独立は最も強力な人々を除いたすべてと、武装能力を有する保有農と勤勉な農奴の支援に支えられた有力者にとって、自分の責任で享受することには困難があった。蛮族時代は中央権力の衰退をはじめて体験し、続いてそれを再建しようとしてカロリング諸王の努力は失敗に終わった。続く数世紀は強力な人々（もっと正確に言うならば、封建領主）による地方権力の成長、そして少し遅れて、封建諸侯と競合する都市権力の台頭を経験した。都市は共同体ではあったが、個人的自由の見込みを可能な限り広げた。しかし、封建制度は一〇世紀から一二世紀にかけてのヨーロッパの農村部の非常に広い範囲において際立った影響力を発揮し、中世の残りの部分においても大きな役割を演じ続けた。

封建制度は統治形態のことで、農業の経営形態ではない。しかし、その二つの特徴は農村共同体の成立と直に関係していたので、まずそのことから話す必要がある。一方において、封建制度は多くの土地所有者に統治権を与え、中央権力の役人を彼らの土地に入らせないようにすることによって、彼らの支配を強化した。他方それは、人々は神の土地を所有しているのではなくて、一時的な委託として単に保有しているに過ぎず、また主人であれ従者であれ、誰も他の人に対する権利を、その人への責任を引き受けることなくして要求することはできないとの考えを支持することによって、共同体の連帯を強めた。これによって封建時代における社会関係が不当に理想化されることを避けるために、今ここで現実において非常に多くの領主は彼らの責任を回避する一方、彼らの二重の政治・経済的権利を情け容赦なく押しつけていたことを付記しておこう。さらに、共同体の成員すべての経済的相互依存は単なる政治理論ではなくて、動かし難い事実であった。村落の限られた領域内では、農奴と領主（または、大半の場合、不在または移動する領主の代理人）はぎこちない親密さによって結ばれていた。その関係は昔のアメリカ南部の黒人奴隷と主人のあいだのそれと似ていたが、中世の農奴のほうが領主への協力を控えたり、荘園から逃げ出したりするよい方法を持っていたので、それほど専横的ではなかったであろう。

荘園 manor（とその派生語である「荘園制度 manorialism」）はイギリスの歴史家が封建時代のヨーロッパの非常に広い地域において支配的であった均質・自立・内向的村落共同体を指すために用いている言葉である。mansus〔保有地単位〕や mansion〔領主館〕と同様に、この言葉はラテン語 manere、つまり「とどまる」または「居住する」から派生している。この中立的であるが、時代毎に規定された表現は荘園制度の一側面しか指していない、そして政治的封建主義と性格を共有する「経済的封建主義」よりも好ましいように思われる。実際、荘園を特殊なものにしているのは荘園に及ぶ領主権力のみならず、個人的企てと外部世界との接触を犠牲にしてまで集団的生存を保証しようとすることを目的とした、緊密な協力体制を備えた農業組織であったことである。このような組織は領主の監督のもとで機能していたが、領主よりも古くから存在していた。それは協力を必要とする新しい方法と道具の導入によってその価値を高めたが、野蛮で有史以前でさえあった田園生活の流れのなかにどっぷりと浸かっていた。原始の村落においては、ほとんどすべての活動は食糧と他の基本的必需品の生産に当てられねばならなかった。少量の余剰生産物は将来の緊急時、宗教と軍事の指導者の支援のために取っておかれたかもしれないが、都市への搬送は、都市が存在していなかったため、まだ行われていなかった。

中世の荘園は、たぶん、この原始の状態から相当遠くへ進んでいたであろう。統治能力を有した集団は「戦う人」と「祈る人」の二つの階層に発展し、周知のごとく、「働く人」からなる下層大衆と好対照をなしていた。市場目当ての生産は農業努力の、取るに足りない量であっても、不可欠な部分であった。それにも拘わらず、早期の独特な原則はまだ健在であった。連帯と共同作業が何よりも優先され、現金支払いは物々交換を廃《すた》れさせはしなかった。荘園制度を徐々に解体させたのは封建制度の衰退ではなくて（なぜなら、領主を欠いた自由農民や封としての土地よりも、貨幣に生活基盤を持つ保有農からなる荘園組織が存在しえたので）、市場中心の開放経済の発達であった。荘園が今日国民総生産と呼ばれるものに貢献すればするほど、それは自立的で自給自足の経済単位としての独特な性格を維持することができなくなった。

「貨幣経済の興隆」とか「荘園の解体」とか呼ばれる特有の時代が存在していたとはもはや誰も信じ

ていない。貨幣経済はヨーロッパの地平線から消えてなくなることは決してなかったし、個々の荘園もいつも解体中であって、外部の世界に門戸を開き続けていた。しかし長いあいだ、そしてヨーロッパの広い地域で自己保存のために集まっていた共同体の求心力は、一部の意志強固な人を除いて、自己貫徹のために外に出て行こうとする個人の遠心力よりも強かった。農業復興の時代は次第にこの均衡を崩していったが、針は都市と交易の復活がそのほうへより重くのしかかった時と場所においてしか動かなかった。ヨーロッパ農業の初期の拡大が新しい土地でより大きな自由を求める農民に抜け道を用意している一方で、自由人が農奴として諸侯や修道院長に託身したり、自由村落が宗主として領主を招き入れたりするのをよく見かける。そしてこれらの行為は、保証のない自由はまだ十分な贈り物とはいえなかったことから、どうも強制的に行われたものではなかったようである。これらのことは一〇世紀から一四世紀にかけて、いつの時代でも起こりえた。ただし、事例は一二世紀初頭から少なくなり、そしてそう多くはなかったが、九世紀までに荘園がその影響力を失った地方も存在した。それ故、多様さが農業史の本質であることを忘れることなく、人口動態の転換後の二〇〇年間をヨーロッパの非常に広い地域における際立って荘園的な、つまり自立的な農業の時代と位置づけることに間違いはないと、筆者は今でも思っている。

あらゆる種類の荘園に合致する定義を選び出すことほど難しいことはない。たぶん、最も適しているのは、経済史家の注意を最初に引いたイングランドのいくつかの所領から派生していると思われる。荘園は村落共同体をなし、そこでは非自由な農民が領主の直領地（demesne または domain）を耕作する代償として、領地のその他の部分の使用が許されていた。しかし、土地のかなりの部分は放牧、木材採集、そして可能な場合には罠による捕獲や狩猟のために、程度の差はあるにしても、すべての構成員が使えるようになっていた。しかし、一三世紀中葉までに、イングランドで最も荘園が発達した地方においてさえ、せいぜい村落の半分しかこの定義にぴったりと合致していなかった。一部の荘園では直領地がなかったし、一部の荘園は農民保有地を欠いていたし、一部の荘園では非自由身分の保有農がいなかったし、他の一部では領主さえもいなかった。英仏海峡を渡るか、ウェールズ地方を歩くだけで、定義の拡大が必要となってくる。しかし、かつて「典型的な」荘園と見なされたものが極端な例または理想型であるとなったとしても、この定義はこれほど多くの中世村落を近代の村落や古代ギリシア・ローマ世界の「典型的な」村落から異なるものにしている特別な構成を最も明確に取り出している。

耕作地の二つの部分、つまり領主直領地と農民保有地との分割は中世人の純然たる発明でなかったとしても、主流の一つであったと言えよう。それは封建王国のいくつかの公領または伯領への政治的分割と似ていて、それらの一つないし二つは国王によって雇用された役人の手を借りて直接統治された王領地であった。その他は、特殊な奉仕の代償として自立した封臣に委ねられていた。伝達が困難で、ただ土地と身分の結合が封臣の忠誠を確かにしていたため、自分の領地すべてを手中に置いておくことは国王にはできなかったが、それをすべて他人の世話に委ねることも危険であった。ある伯領の伯は資産を減らすことで障害を少なくし、類似の方法でそれらに対処しようとした。自分の身分と経済的拘束下にある荘園の数がどうであれ、荘園領主はほとんど同じ問題に直面した。土地を耕作していた「農民 vileins」は貴族の封臣よりも身分ははるかに低かったが、奴隷ではなかった。彼らから自分のものと思っていた家と畑を奪い取ることは、領主の屋敷内の安全な場所を提供すること以外に、不可能であった。

さらに、領主は安心して彼らに領地のすべてを委託することも彼らの善意にすがることもできなかった。領主は仕事を役人に委ねていても、荘園全体を手中にとどめておくことは容易でなかった。領主にとって最善の妥協策は耕地の一部だけを保持し（通常、それは農民保有地の総面積よりも狭かった）、不可欠な執事や家令のほかに、途切れることのない世話を保証する最小限の農業労働班を自分の直接管理下に置いておくことであった。その他の農民にとっては、通常は自分たちの保有地の世話をすることは自由で、現物か貨幣による種々の税を納め、週または年に数日間直領地の現地作業班を交代で支援した。税と奉仕は荘園毎に異なっていたが、各荘園内では身分に対応していた。なぜなら、自由農民については何も言わないとして、隷属には無数の差異が存在していたので。共同使用の牧草地・荒蕪地・森林もまた荘園経済において重要な役割を果たしていた。領主と農民はいくつかの取り決めに従ってそれらを共有していた。例えば、通常、領主だけが木を切ることができたが、領民は暖炉用の枯れ木と道具用の生木を採取していた。領主は狩猟と漁猟の不当に大きな分け前を、それが娯楽のためだけとしても、要求したのに対して、農民もその他の権利に負けじとしがみついた。

農民が納めた税の額と内容、共有地の使用、国王と教会に納める税の責任、そして領主の富裕さと領民の安寧を作ったり壊したりする他の細かなことに関して、絶え間ない争いが起きていたことは驚くに値しない。これらの争いは、最初に受ける印象のように、まったく一方的であったのではなかった。領主は共同体で最も強力な構成員にして総支配人、主たる法的権威、そして（もし教会人か教会組織であった場合）神の代理人、または（もし俗人の場合）その代理人の雇い主であった。それに対して農民には、数、受動的抵抗、正面切って反対しない代わりに、少しずつ削り取るか逃れる術、または合法・非合法的協約があった。とりわけ、共同体全体は領主と農民が等しく依存していた経済的均衡を維持するために、踏み越えてはならない限界があることを認識していた。この集団的認識は荘園の大昔からの慣習のなかに表現され、詳細な規則や作業日程を提案し、全員にそれぞれの義務・権利・土地を付与していた。領主は剣による世俗的保護、祭壇による霊的保護、役人の技術・法的経験、非常に高額な基本設備——水車・井戸・納屋・修理作業場——を提供しなければならなかった。農民は、労働奉仕に加えて、荷車や持ち運びのできる農機具を持ち出していた。領主は城と保護された禁猟区では何をしても構わなかった。農民は彼らの家と菜園において好きなことをすることができた。開放耕地では非常に多くの農作業が共同で行われることになっていて、もし新しいことをする場合には、全体の同意が必要であった。

古代ローマ時代の碁盤模様は今日でもヨーロッパの地中海沿岸とアフリカで見ることができると同様に、開放耕地の特殊な形状は荘園制よりもずっと以前、たぶん最初の農業定住の時代、それとも有史以前の民族移動のすぐあとにそれが始まったドイツ・イングランド・フランスの多くの地方において、その後の囲い込み耕地によって消し去られることはなかった。また、土地への刻印を浮き上がらせるのにすぐれた航空写真はポー川流域を含むいくつかの地域で荘園農業によるローマ式農業への侵害を明らかにしてくれている。ウェルギリウス〔ローマの作家。前七〇—前一九年〕の同時代人が手鍬と犂で耕していた、生垣と石壁によって作られた私有地の長方形状畑はシャルルマーニュの同時代人が集団農業を行っていた地条の下に埋もれていた。事実、領主の直領地も農民保有地もいくつかの密集したまとまりを形成していたが、それらは荘園全体に分散された数多くの細長い地条からなっていた。これらの帯状の地片は固定された囲いによってではなく、一時的な柵によって切り離されていたに過ぎない。この配列

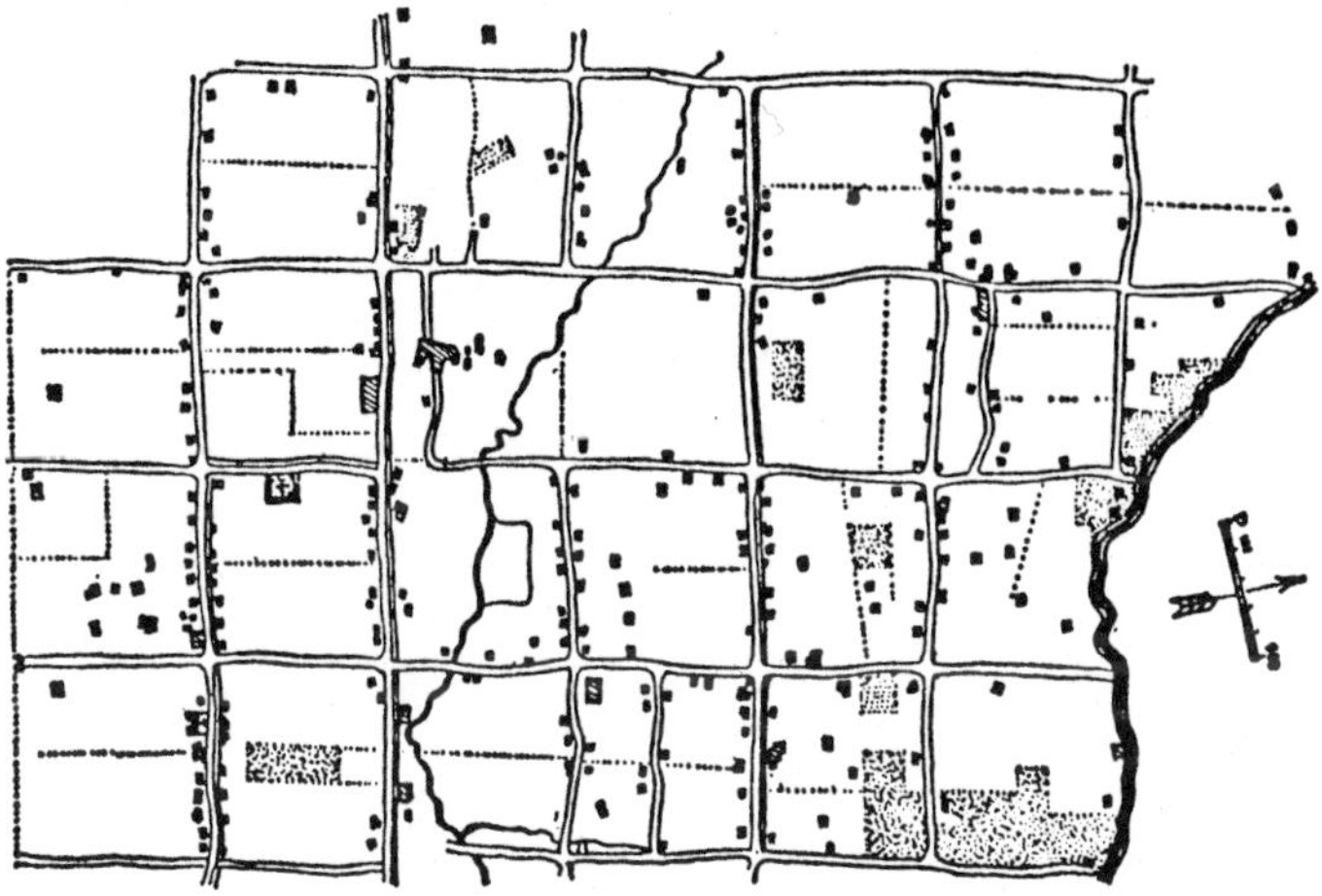

資料2　イタリアにおける古代ローマ時代のケントゥリア法土地分割の遺構

【出典】 パドヴァ近郊の碁盤模様の畑（マイツェンに拠る）．*The Cambridge Economic History of Europe*（New York: Cambridge University Press, 1959）から．これはR. S. Lopez, *The Birth of Europe,* p. 54に掲載．本書にはCambridge University Pressの許可を得て再録されている〔ケントゥリア法によって農地が約50 ha毎に区画された〕．

は現実的な理由によって規定されていたようである。地片は、牛が収穫の前後に入ってきて刈り株を食べ、糞で畑を肥沃にすることができるように開放されていた。それらは分散されていたが、それは共同体の各成員が良い土地と悪い土地を均等に保有し、そして荘園で収穫されたすべての作物、冬穀と春穀、つまり小麦とオート麦や豆類、そしてもちろん休閑下にあった土地の草を享有するためであった。それらは細長かったが、重量犂が頻繁に向きを変えなくて済むようにするためであった。さらに、各農家は犂班に役畜を供出しなければならなかったが、一日中他人の土地で働くことを望む者は誰もいなかった。少なくとも以上が、研究者たちが主として一九世紀に、近代人に奇妙に見える土地配分を理解するために提起した説明である。重量犂が細長い地条

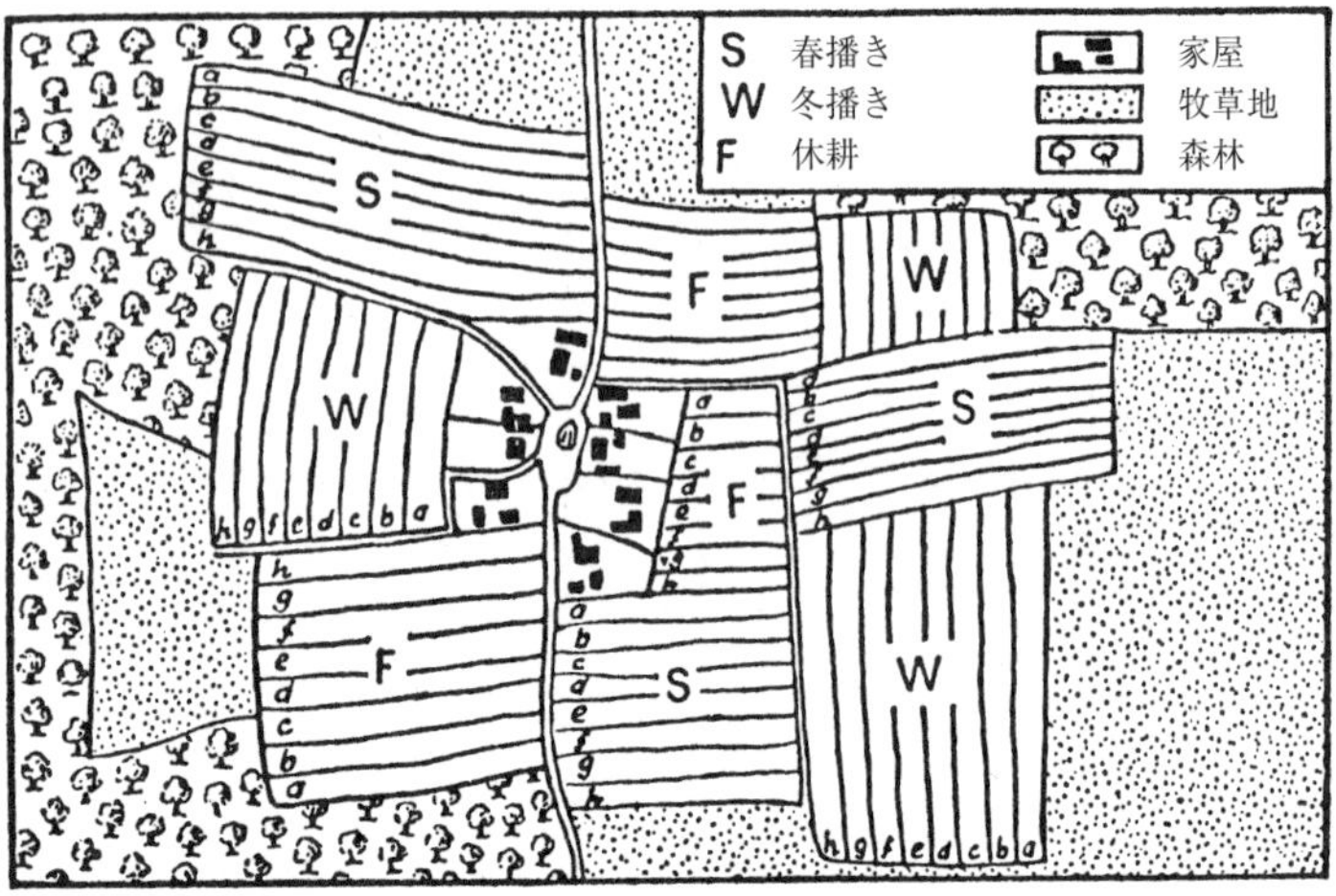

資料 3　中世荘園の典型的耕地形態

【出典】 開放耕地によって囲まれた村域図．アルファベットの a, b, c, d.....は各耕圃で一つの地条を有する保有者を指す．Gordon East, *An Historical Geography of Europe* (London: Methuen & Co., Ltd., 1943) から．Robert S. Lopez, *The Birth of Europe,* p. 176 に掲載．本書には Methuen & Co., Ltd. の許可を得て再録されている．

よりも遅れて登場したのかとか、個々の農家が保有する地条の数の大きなばらつきはそれらが分散していることで提供された平等性を無効にしてしまわなかったかといった疑問が出されるであろう。しかし、このような説明はそれなりに説得力を持っているが、自分たちの土地と領主の土地の両方を耕作することで、最大の利害関係者であった農家が無言の集団であったことから、それを実証することは困難であると同時に、領主・家令・荘園役人が農家の考えをいつも正しく解釈していたと信じることもできない。

カトリック教ヨーロッパの各地における荘園の多種多様な差異と変更を概観することはしない。簡略に叙述するとしても多くの頁が必要であるし、それによって古典的な学説が大きく変更されることもない。しかし、封建制度が弱く、都市が強く、法律が慣習法よりも成文法であったり、農家の非常に多くが自由身分に属し、そして何よりも自然と伝統が開放耕地と重量犂を受けつけなかった時代と場所において、荘園はその特徴の多くを失ってしまったことを記しておかねばならない。これらの状況のすべては南フランス、イベリア半島、さらに度を増してイタリアの一部の地域において、農業復興の開始以降もずっと存在していた。このことは、荘園経済のすべての側面が欠如していたことを意味するものではない。農奴制度は中世前半に広く普及していたし、強力な領主に支配された大所領はローマ帝国滅亡前の数世紀から見慣れた光景の一つで、共有の牧草地と森林はその起源を古代ローマ以前に遡る。しかし、領主を欠いた村落、直領地を持たない領主、そして単独所有の――つまり、成員であるべき共同体の言及のない――畑を耕作する農民とはどこででも出会った。人口増加と耕地占有の過密化は土地の極度の細分化をよく引き起こしたが、細分化した地片を緊密な保有地に再編する努力は常に繰り返されていた。役畜を収穫の前後に畑に入れる必要性は農家に恒常的な柵を作ることを妨げた。共同連帯は存在したが、それはほとんどの場合、灌漑設備の共同管理、道路の共同保全、貪欲な領主やその借地人たちが導入しようとした「不正な課税」と「悪しき慣習」に対する共同抵抗といった特殊な分野に特化していた。

イタリアは農業技術の一部の部門では北部フランスやイングランドより進んでいなかったが、商業革命への衝動を感じることでは先頭を切っていた。しかし、交易の前線での最初で影響力のある変化を考察するまでは、我々の関心を自足的農業から商業化された農業へと移すことはできない。

第三章　商業革命の離陸

第一節　余剰農産物の利用

人口増加が農業発展の主要な動力源の一つであったと同様に、農業発展は商業革命の本質的前提であった。農民たちが自身の生計と領主の生計をどうにか保証することができた限りにおいて、その他すべての活動は最低であったに違いない。食糧余剰が増加すると、より多くの人々を政治・宗教・文化的職業に向かわせることが可能になった。都市は長引く不振から立ち直った。商人と手工業者は金持ちに一握りの贅沢品、そして農村共同体全体に非常に限定された必需品を供給すること以上のことができるようになった。この観点から、革命は荘園から出発したと言うのが正しい。

しかし、社会を農業的均衡から商業的躍動へ向かわせるには食糧余剰だけでは不十分である。古代ローマの奴隷を酷使していた土地所有者は、農業余剰の非常に多くの部分を自由にしていたが、積極的に商業に参画していなかった。商業と工業はある水準まで達していたが、「黄金の中庸」で落ち着いてしまっていた。中世の領主は、全体的に、交易をより一層蔑視していた。彼らに期待できる最高のことは、商・工業的中庸のほんの少し改善された水準を支援する程度に過ぎなかった。この形態は、細部では大きく違っているかもしれないが、中国の長い歴史のなかで確認されることである。古代中国の経済と社会は多くの点で古代ローマのそれと共通していた。農業が他の産業を圧倒していて、商業と工業は十分ではあったが周縁的で、成長よりも安全と安定が支配者階級の最高の理想であった。中世前期、人口減少と蛮族の侵攻はこの均衡を壊したが、中国は西ヨーロッパよりも速やかで完全な回復を経験した。ここでは国境の拡大は猛スピードで進んだのに対して、カロリング時代の人々はまだまごついていたし、中国では早生《わせ》の米が収穫を増大させたのに対して、フランスは三圃制への切り替えを始めたばかりであり、中国の都市の規模と富はマルコ・ポーロ時代のヴェネツィアのそれをはるかに凌いでいた。それにも拘わらず、中国は商業革命を経験しなかった。規模の拡大はあったが、性質の変更はなかった。農業は依然として他の産業を圧倒し、商業と工業は十分ではあるが周縁的であり続け、安全と安定が一段と強化されたが、この二つが依然として大きく変化しない社会の理想であった。

西欧世界と極東世界の中間で、イスラム勢力が中世前期の不振の只中に現れたとき、より鮮明な変化が生まれようとしていたように見えた。社会の農業依存が揺さぶられたのである。誠実な商人は、ムハンマドの教えに従うと、殉教者や預言者と一緒に天国で自分の場所を確保することができた。別の作家は地球上の異なる民族は最終的には相互理解へ到達してきたと指摘している。事実、イスラム勢力が拡大した初期の数世紀は、商人と交易人に大きな展望を開いてくれた。しかし、彼らは都市にその発展に不可欠な自由と権力をもたらすことに失敗した。軍事と土地所有に依拠した貴族の厳しい取り締まりのもとで、一〇世紀にすぐ近くまで来ていた革命は勢いをなくし失敗した。このような比較をこれ以上続けることはしないが、ヨーロッパの商業革命は希有の現象であったこと、イタリアの辺境のいくつかの都市でまったく偶然に始まった一連の対応の予期せぬ結果であったと言うことができるのではなかろうか。

再び、余剰の意味について考えてみよう。最低生活水準はすべての人々にとって同じことを意味するものではなく、一人の人間を生存させるに必要な食糧の最少摂取と同義であることはほとんどない。とくに、一人当たりの初期消費がその限度をあまり上まわっていないとき、増加食糧の相当部分が生活水準を高めるためだけに使用されることになる。残念ながら、我々はこの数値にこだわりすぎてはならない。最近、中世を通じてのヨーロッパ人の食事の改善をカロリーに換算するために試みられた入念な実験は希少で疑わしい材料に依拠していて、まったく信頼を勝ちえていない。違った時代と場所において貧者に供された食物を比較するという印象的方法ではあるが、これによって恐らく良い成果を得ることができるのではなかろうか。例えば、七六五年、トスカーナ地方のある貧救院の被収容者たちに一定量のパン、葡萄酒二杯、濃厚な豆スープ二杯、オリーブ油か動物性油に漬けた粟が出されていた。しかし一三二五年、シャンパーニュの別の貧救院の被収容者たちにはパン・油・塩・玉葱《たまねぎ》以外に週に三回の肉と卵または鰊《にしん》が出されていた。富裕階層は彼らの食糧消費量をそれぞれの身分に応じてどんどん増加させていった。すべてを考慮に入れると、北フランスの農村部、南イングランド、そして西ドイツの一部がどこよりも食糧を多く生産し消費していたようである。これらの地域は大量の物資を輸出していなかったし、商業革命でも指導的役割を果たさなかった。「黄金の中庸」がそこでの最終目標であった。そこに住む人々が成長の側面で失ったものを幸福の側面で獲得したかどうかは経済学の問題ではなくて、心理学の問題である。

アキテーヌ女公アリエノールの最初の夫で、イングランド王ヘンリ二世の敵対者であったフランス王ルイ七世（在位一一三七年―一一八〇年）自身に帰せられる次の言葉のなかには注意を引くものがある。「イングランド王は兵員、馬、金、絹、宝石、果物、野生動物、その他何でも所有している。フランスでは我々は自分たちのパン、葡萄酒、安っぽい娯楽しか持っていない」。ヘンリ二世は、彼の領地がフランスの半分を含んでいたため、非常に富裕であったが、彼は臣民から金銭を巻き上げ、名声を高め、領地を拡大し、頻繁に発生する反乱を鎮圧するために敵対者たちを叩き潰した。伝統的に見て、イングランドの徴税官の手柄は国王の手柄と肩を並べるほどであった。ルイ七世は王ヘンリ二世ほど戦争好きでも狡猾でもなく、そのため無能な統治者として知られている。彼は自分の臣民を苦しめたりはしなかったかもしれないが、それは単に彼が極端なまでに敬虔で、不成功に終わった十字軍に大金を費やしたという事実から出ているに過ぎない。彼の治世、王領地は狭く、フランスは全体として国王予算（因みに、この「予算 budget」は中世フランス語で「小さな袋」を意味する bougette から派生している）に何ら寄与していなかった。

国王の封臣たちは、教会人であれ俗人であれ、彼らの宗主が止まったところからあとを引き継いだ。城と教会は王国のいたるところに現れ、食糧と労働力に関して、それらの利用可能な余剰分の相当な量を吸収した。ボルドー地方における葡萄畑の造成と教会の建立の同時的発展の推移は、酒 spirits と魂 spirit の競争を最もよく物語っている。計り知れない精神・芸術的富を生み出した後者よりも前者を称讃することは我々にはできないことかもしれないが、前者だって後者よりも強力な直接的影響を国民総生産に及ぼしていたのである。そして城は大聖堂ほど高くつかなかったし、戦争もすべて明らかに防衛のためのものであったが、現地で食糧を調達し、道中のすべての小屋と納屋を無差別に焼き払った軍隊の頻繁な通過は大量の資産を濫費させた。これらおよびその他の偶発的負担の各国における経済成長への影響をこれ以上追跡する必要はなかろう。ましてや、それを正確に数値化することなどできもしないことである。しかしながら、影響度は国によって大きく異なっていて、経済投資として実際に利用できた資産を計算する際は、次のことを念頭に置かねばならない。たぶん、教会や城の建築は（少なくとも、建築者にとっては）まったく利益を生まなかったわけではなかろうし、共同体にとっても物質・精神的満足の手で触れることのできない利益を生んでいたのである。戦争でさえごく限られた人々にではあるが、多数者から奪い取っていたものの一部を返還していた。さらに、きわめて破壊的な行動と建設的な行動を同一基準の上に置くことはできない。さもなければ、新しい水車からと同様の結果を新しい時計台に期待することになるから。何よりも、中世ヨーロッパは生命維持をこえた投資をする余裕をほとんど持っていなかった。戦争は今日と比較してそう大して費用がかからなかったとしても、また教会はあらゆる種類の教育や娯楽に関するサービスを余所で受けられないようにしていたとしても、統治が住民に今日の国家よりも非常に少しのことしか要求しなかったとしても、犠牲は中世の人々にとっては相当に重たかったであろう。

以上、いろいろと述べたが、それでも商業革命を起こさせるに十分な余剰物が残っていたのである。しかし、その動きを始めさせるのに誰がいたのであろうか。利益を渇望するとの考えそのものが封建時代に馴染まないとの主張はたぶん行き過ぎであると思われる。獲得本能は世界共通である。シャルルマーニュは征服戦争と同様に、荘園経営のなかでもそれを露わにしている。クリュニの歴代修道院長は敬虔な魂を引きつけることと同じように、動・不動産を集めることに長けていた。しかし、彼らは商業に不安を持っていた。高位高官は信頼のおける仲介者を介してちょっとした売買を行っていたであろうが、市場開設地で自分の名前を公にすることを躊躇《ためら》っていた。封建社会の理論的構造のなかには、上層の聖俗領主と代わりのいない下層の人々とのあいだの中間層のための場所はほとんどなかった。貧者のほうが商人よりも受け入れられていた。彼らは天の王国を嗣いでいたし、施しをする金持ちがそこへの入場権を獲得できるよう手助けしていた。商人はお金に飢えていたと、ベルギー出身のヴェローナ司教ラティエ〔九七四年没〕は言っている。彼らは住民全員を食わせている農民よりも役に立たなかったと、イングランドのアインシャム修道院長エルフリックは述べている。彼らは名誉が何であるかを知らないと、カタロニアの放浪騎士ラモン・マンタナーは言っている。「気前のよさ」、つまり富を贈り物や派手な消費に注ぎ込むことはスカンディナヴィアのサガやロマンス語で書かれた騎士物語では最も名誉ある美徳の一つであった。すべての規範には例外があるが、一〇世紀において、アウグストゥスの時代、ゲルマニア、中国においてと同様に、偏見は存在していた。今日でも、それが完全に取り払われてはいない。その魔法を解き、商業を中世西ヨーロッパの国境までとは言わないまでも、可能な限り速やかに拡大させるためには、例外的な人間と例外的な状況が必要であった。

第二節　ユダヤ人

中世の開始期は幸先の良い状態から遠く隔たっていた。地域の交易で残されていたものは特徴のない在地の商人（negociatores）の手に握られていて、社会的地位はそれほどではなかったとしても、相当な利益をもたらしていた唯一の商業である地中海を介した遠隔地交易は、東方商人――シリア人・ユダヤ人・ギリシア人――によって実質的に統括されていた。アラブ人の侵略は東方と西方の関係をすべて終わらせたわけではなく、シリア商人にははるかに広大なアジアの市場を開いてやり、彼らもそちらへ向かうことになる。ロンバルド人もカロリング諸王の征服もイタリア内の細っていくビザンツの足場を完全に取り去ることはできなかったが、ギリシア商人は政府によって故郷で顧客を待ち受けるという方針転換を促されていた。こうしてユダヤ人のみがカトリック教ヨーロッパとその向こうに広がるより進んだ国々――イスラム世界、ビザンツ帝国、そしてインドや中国でさえ――との繋ぎ役を、いかに細いとはいえ、果たすために残った。同時に、九世紀から一一世紀にかけてユダヤ人は、事実上、彼らが取引の機会を見いだしたヨーロッパのあらゆる場所で自分たちの立場を強化した。彼らは塩、葡萄酒、穀物、衣服、奴隷、そして陸地に囲まれた田舎びた土地が売ったり買ったりしなければならなかった品物を商っていた。一部の村落にとって、居住するか立ち寄ったりするユダヤ人が世界に開かれた唯一の窓となっていた。

一〇世紀と一一世紀前半に、キリスト教諸国のみならず、イスラム世界の非常に広い地域での遠隔地交易におけるユダヤ人の優位が頂点を画した。彼らの取引の絶対量はもちろんその時代の限られた機会によって制約されていたが、彼らの全体からの取り分は相当なもので、フランク王国やビザンツの外国交易に関する規約は、あたかも異教徒は得体の知れない少数者であるかのごとく、非常に頻繁に「ユダヤ人とその他の商人」に言及している。西ヨーロッパに住むユダヤ人律法学者の商業関係の発言とエジプトにいたユダヤ人商人の書簡は、彼らの仲間たちが遠隔の地で起きていることに神経をとがらせ、彼らの商慣行は非ユダヤ人からなる同時代人のそれよりもはるか先を行き、そしてある側面では古代ギリシア・ローマのものよりもすぐれていた相互に結ばれた共同体からなる広くて緊密なネットワークの姿を浮き上がらせている。金貸しは彼らの活動の一つであったが、まだ中心的役割を演じてはいなかった。

このユダヤ人の特殊な経済的位置は、ある程度までは、彼らの宗教的自己認識と社会構造の副産物の一つであった。特権に浴していない外国人のあいだでは、無為の軍事貴族は存在しえなかった。聖職は正規の職業にはなりえなかった。ユダヤ人の律法学者でも聖典を学び、それを神への愛のために説明することを求められたが、通常の職業で生活費を稼ぐことも求められていたのである。一一世紀の偉大な学者、トロワのラシは葡萄酒商であった。ユダヤ人以外の大多数の主な職業であった農業はユダヤ人に完全に禁止されてはいなかったが、突然の追放の可能性とキリスト教徒から支援を受けることの困難さがそれを魅力のないものにしていた。それ故、ユダヤ人は彼らの努力とお金を交易に集中させるほうへと向かった。商売を行ううえでの財産の一つである読み書き能力は、宗教知識を得るために必要な道具として奨励された。もう一つの財産である、外国にいる宗教上の同胞たちとの情報交換は異郷の地における孤立化に対する不可欠の防御手段であった。ユダヤ教の儀式上の義務と禁止は経済活動を阻害したことは確かであるが、見事なまでに入念に作られた決疑論は、どんな困難をも回避できる方法をいつも見つけだしていた。

他方、反ユダヤ主義が十字軍以前では激しい敵意に変わることはなかったが、ユダヤ人はイスラム社会に完全に受け入れられることはなかったこと、キリスト教世界ではさらにひどかったことは依然として真実である。彼らはせいぜいいやいやながら受け入れられていたに過ぎず、安全な場所はどこにもなかった。この暗くて重く立ちこめた雲には薄い銀色の裏当てが施されていた。ユダヤ人はどのような状態にあれ完全な市民ではなかったが故に、彼らはどこに行っても、完全な外国人でもなかった。彼らはその土地の宗教共同体から排除されていたため、共同体規制のすべてを守ることは求められなかった。戦争や異なる信条、忠誠、文化水準によって分離された人々のあいだにおける中立的仲介の役割は彼らにぴったり合っていた。しかし、彼らはもう一つ別の好ましくない役割も担わされていた。つまり、神に見捨てられ、革鞣《かわなめ》しから徴税、そして奴隷の運搬から高い危険に相応しい利子での貸付に及ぶ、悪臭にみちてはいるが儲かる仕事のために選ばれた少数者としての役割。このように一部は好んで、また一部は必要からユダヤ人はありとあらゆる大きな取引において、先駆者にして専門家として何度も登場した。しかし、ほとんど例外なく、彼らの成功そのものが彼らの不人気を増幅させた。早晩、困窮した君公または飢えた暴徒が彼らの財産を強奪し、彼らの一部を殺すか追い出し、そして彼らの敵が没収財産を緊急の消費か戦争で浪費する一方、彼らのなかで生き残った者たちに対して始めから再出発することを余儀なくさせる口実を見つけだすときが来ることになる。

ユダヤ人が自分たちの利益を確保し、それらをある程度自分たちの望みどおりに投資することを許された限りにおいて、彼らは彼らが住むすべての国々で経済発展を速めたことになる。イベリア半島、ライン・ムーズ川間地域、そして彼らの数がとくに多かったプロヴァンスは彼らの存在から相当な利益を引き出していた。リューベックの町はその絶頂期においてユダヤ人の手を借りなくても何でもできると豪語していたが、ヨーロッパの中部と東部においてはこのような主張を公言できる都市は他になかった。

しかし、結局のところ、ユダヤ人のなかで最も幸運な者たちは企業精神の低い異教徒のあいだで首位を獲得した者たちではなくて、在地の商人たちがユダヤ人に依存していなかったより活気にみちた国々の一つにおいてどうにか商売を周縁的に営んでいた者たちであった。そして、イタリアが最も顕著な事例であった。

第三節　イタリア人

完全な市民でないほうが得であるかもしれないが、二つ以上の国で市民であることのほうがより有利である。ほとんどすべての封臣が二人以上の宗主に忠誠を負い、すべての土地が複数の領主に帰属していた封建時代において、複数忠誠は特別なこととも不名誉なこととも見られていなかった。この時のみならずその他いずれの時でも、二重忠誠は二人の交戦中の敵対者のあいだで狙われていた、そして同時に双方に服従の証拠を差し出さねばならなかった都市や地域にとって不可避の策であった。これは、後背地がロンバルド人かフランク人による征服に屈したあとも、ビザンツ帝国との紐帯を維持した多くのイタリア（より正確に言うならば、イタリア・ビザンツ）の海港都市の場合であった。その一部は古代にすでに傑出していたが、頂点に躍り出た二つの海港都市、ヴェネツィアとアマルフィは、異常なことに、古代ローマの過去を持っていなかった。それらの初期史は伝説のなかに隠れているが、両方とも一つの異常な状態が一〇世紀以前に非常にはっきりと出てくる。それは上層階級が土地を所有していたうえに、海上交易に積極的に乗り出していたことである。

八二九年早くも、ヴェネツィア総督ジュスティニアーノ・パルテチパッツィオの遺言書のなかで、彼の資産として海外の商業投機に注ぎ込んだ相当な金額（一二〇〇銀ポンド）が言及されている。ヴェネツィアはその頃事実上独立していたが、船舶支援の提供によってビザンツへ忠誠を捧げ、西ローマ帝国への扉を開くために東側との関係を利用していた。この町はまたイスラム支配下のアフリカやレヴァントとも、冷たい戦争から熱い戦争への急転回によって許されたような良好な関係を維持していた。こうしてヴェネツィアは東方の奢侈品（主として、香辛料・絹・象牙）と西方の重量品（鉄・木材・船舶用品・奴隷）の交換に基づく活気にみちた三角貿易を徐々に築き上げていった。さらに、ヴェネツィア人は二つの独自の重要な商品、礁湖の塩とガラス製品を持っていた。一〇世紀までに数名のガラス職人が上層階級へ上昇しており、こうしてこの階級はさらにもう一つの別の珍しい構成員である手工業の親方たちを獲得した。ポー川流域の中央に位置する、イタリアの行政中枢であったパヴィーアのある作家は、ヴェネツィア人の生き方の風変わりさを「これらの人々は耕したり播種したり収穫物を集めたりはしない。……彼らは彼らの商品を持ってやってきて、あらゆる市場で穀物と葡萄酒を購入する」と強調する。一一世紀初期ヴェネツィア人は北部アドリア海の数多くの海港都市に保護関係を強制したが、彼らの利害を海上交易から農業へ転換させたであろう領域的支配圏の構築を試みることは決してなかった。

アマルフィは同じ主題の一つの変奏曲のように見える。この町の自治はヴェネツィアとほぼ同時に始まった。その繁栄も西側の商品と、在地の技術によって織られていた異常に長い丈の布が加わった東側の商品との交換に基礎を置いていた。しかしながら、大きな相違があった。たぶん、その狭い領域は礁湖によって安全に囲まれてはいなかったし、山々によっても不完全にしか守られていなかったであろう。

アマルフィは後背地の領主からの独立を主張するのにより大きな困難があったし、ナポリやガエタやサレルノや近隣の他の海港との競争を排除することに失敗した。その結果、一〇七三年、アマルフィは周辺の競争都市と同じように、征服者のノルマン人に屈服しなければならなかった。加えて、海上への関心はヴェネツィアに比べて驚くほど低かった。アマルフィは海塩ではなくてオリーブ油を輸出していて、その支配階級には多くの土地所有者が含まれていた。最後に、ヴェネツィアの三角交易ではイスラム勢力が最も弱かったのに対して、アマルフィはコンスタンティノープルで強かったが、エジプトにおいて最高の報酬を得ていた。もちろん、それは危険を伴うものであった。九九六年、切迫したビザンツによる攻撃と旧カイロの兵器庫での偶発的火災の噂が、暴徒を町に住むすべてのキリスト教徒に対して向かわせた。アマルフィからの一〇〇名をこす商人が虐殺され、彼らの住宅は略奪され、金銭的損害は九万ディナール（金貨で八四ポンド）にのぼったと伝えられているが、これは当時としては驚異的な数字である。ビザンツ帝国においてさえ、ビザンツ在のイタリア商人は外国人で富裕であったことから、反感を買っていた。しかし、ユダヤ人とは異なって、彼らは自身の政府と船団によって支援されていた。彼らは自身の法律と信仰に従って、睡眠や保管や祈りや洗面の便宜を伴った相対的安全のなかで生活することができる特別な区画を要求し獲得していた。一一世紀を通じてレヴァントとアフリカにおける彼らの交易の絶え間ない成長は、領域外の飛び地や植民地のネットワークの緩やかな形成を伴ったと同時に、それによって促進されてもいたのであるが、そのネットワークの重要性は飛び地や植民地があった狭い地域のみならず、彼らに承認された関税の割引と周辺地域によって提供された機会に依拠していた。

ヴェネツィアとアマルフィの発展によって経済と海運力の中心がビザンツおよびイスラムからカトリ

ック世界の地中海沿岸地方に移ったとき、イタリアの蛮族に支配された地域に属する二つの海港都市が競争に加わった。ピサとジェノヴァも独自の障害によって著しく商業的な生活方法へと飲み込まれていった。一〇世紀、二つの領域は奴隷とその他の戦利品を探し求めるイスラムの侵略者たちによって頻繁に荒廃させられた。都市でさえもそれを免れていなかった。ピサ人とジェノヴァ人は都市貴族層によって指導されて反撃し、イスラム勢力をコルシカ島とサルデーニャ島から追い出し、彼らをスペインとアフリカにある彼らの軍事基地まで追跡した。戦闘が継続されるなかで都市の経済構造は変化した。彼らは船舶を建造し略奪品を獲得し、それらを交易に使っていた船舶の増強のために投資した。ピサ・ジェノヴァ・アマルフィの連合艦隊が「アフリカ」――マハディヤのこと。今日のチュニジアに相当する国の当時の首都――を略奪し、商業特権を獲得してから引き上げた一〇八八年に、形勢は一変した。その六年前に、ヴェネツィアと東ローマ皇帝アレクシオス・コムネノスとのあいだの協定も大きな画期となっていた。東からトルコ人、西からノルマン人によって同時に圧迫されていたビザンツ帝国はヴェネツィアから大規模な海軍支援を、地中海の海港すべてで帝国の臣民が負い続けていたすべての税からヴェネツィア商人を免除するとの大きな犠牲と交換に獲得した。ローマ教皇ヴィクトル三世によって祝福され、異教徒に対するキリスト教連合軍によって遂行されたマハディヤ遠征は（一〇九五年に勧説された）第一回十字軍の小規模な予行演習のようなものであった。ただ、そこには封建的主人公が欠けていた。ヴェネツィアとアレクシオス・コムネノスとのあいだの協定はビザンツ生まれの商人を帝国内で不利な立場に追い込んでしまったのであるが、それは第四回十字軍におけるヴェネツィア人と諸侯によるコンスタンティノープルの陥落の遠い予兆であった。

あとでこの問題に戻ることになるが、その前に休憩を入れ、ある逸話を挟むことにしよう。八二九年、ヴェネツィアがまだ大きな村落に過ぎず、総督が商業投機に自分の金を賭けていたとき、皇帝テオフィロスは、当時キリスト教世界で最も大きく富裕であった都市コンスタンティノープルでその見事な統治を始めたばかりであった。ある日、皇帝が大宮殿から海を眺めていたとき、港に入る美しい商船が目に入った。その船が妻の所有であると告げられると、彼は怒って妻を叱りとばし、「神が我を皇帝にしたのだ。おまえは我を船長にするつもりか」と言い、船と積荷を焼却するよう命じた。皇帝は学識があり、「平民と商人がより自由に商売ができるため」、貴顕者に交易を禁じているローマ法——後のビザンツ法典に継承されることになる——をはっきりと覚えていたのである。（しかし、ローマ法は商業利益の分け前に与ることを最高権力者には禁じていなかった。ギリシアの船舶所有者は伝統的に重い税が課せられていて、そのため運転資金を増やすことがほとんどできなかった。）その後長いあいだビザンツの歴史家たちは皇帝テオフィロスの「正義の行為」を称讃をこめて語ってきた。この称讃を最後に行ったのが、担保としてビザンツ商業の将来をヴェネツィアの船舶所有者たちに差し出さねばならなかった皇帝アレクシオス・コムネノスの秘書官である。彼にはテオフィロスの正義とアレクシオスの不義とのあいだの関連がわからなかった。もちろん、我々にはわかっているが。一〇八二年コンスタンティノープルはキリスト教世界で依然として最も大きく富裕な都市であったが、商売で儲けることを悪く思う者などどこにもいなくなっていたその旧封臣の都市国家にはかなわなくなっていたのである。

さらに、いくつかの活気にみちた海港都市の台頭は、その後背地がそれに応えることができない場合、革命的効果をあげることはできなかったであろう。古代アテネは商業帝国を作り上げ、工業もそれなりに成功していたが、ギリシアは全体としては躊躇《ためら》っていた。ごく最近のこととして、シンガポールと香港《ホンコン》は近代企業の島であったが、動きは鈍かった。しかし一〇世紀のイタリアは用意万端で、それは古代ローマ帝国の最盛期をこえていた。たぶん、イタリアの都市はより小さくて貧しくなっていたかもしれないが、それらを古代に押しとどめてきた農業事情の束縛を脱していたに違いない。その大半は司教やその他の領主——彼らは都市域全体の統治権を有してはいなかったが——によって支配されていた。大土地所有者は都市から城や荘園館に居を移してしまっていた。都市に住みながらその近郊に土地を所有する小貴族がまだかなり多く残っていたが、彼らには商業と工業に従事する大多数の人々の立場を相殺するような重圧感はもはや残っていなかった。住民のほとんどすべては自由人で、いかに小さいとはいえ、都市集会と下級行政に参画していた。七五〇年すでに商人は同一収入の土地所有者と軍隊で同等の立場で奉仕していたし、市民は全員都市壁の防衛責任を負っていた。これらの特殊な政治・社会的環境によって、イタリアの諸都市は、残余のヨーロッパで見られたよりも速やかに人口増加と農業復活の刺激に対応することができたのである。一〇世紀すでに、「戦う人」または「祈る人」と「働く人」との対立は農村部の人々に対する都市住民の連帯ほどには意味を持たなくなっていた。もし企業熱が発生したならば、それに冒されなかった者を残していくようなことはほとんどなかったであろう。

最も効果的な変化は、たぶん、あまりにも大人数になりすぎて、世襲財産だけで快適に暮らすことができなくなった都市在住の小貴族家系のあいだで起きたのではなかろうか。イタリア以外では、余分な子供たちは教会職や貴族女性との結婚や誰かに雇われての軍役奉仕を通して、貧困と閑暇を脱出しようとしていた。イタリアの諸都市においてこの種の子供たちはより頻繁に、途中で海賊、盗賊、敵意のある領主、そしてありうることだが異教徒と出くわす機会を含む商業投機のために、資本を共同出資することで同様の機会と興奮を見いだしていた。それに対して、商売で成功した平民は政治活動へ参画するのにいかなる障害も見いださなかった。ローマ教皇と皇帝が叙任権闘争に釘づけになっていたあいだ、ローマの支配権を争っていた二つの指導的家門（ピエールレオニ家とフランジパーネ家）はそれぞれユダヤ人の金貸しと異教徒の工人を祖先に持っていた。実際、史料の乏しい一〇世紀と一一世紀において、商業利益で不動産を購入し、自身の不動産を売却した貴族から「名誉ある honorable」とか「高貴な noble」と呼ばれ、収益を交易に投資し、商人の娘と結婚した商人を拾い集めることはいつも困難を伴う。一二世紀までに彼らのすべては全部「有力者 magnates」（文字どおり、「大物」big shots）と見なされ、残余の人々は「民衆 populars」と呼ばれていた。しかしながら、この区別は身分よりも富に基づいていて、イタリア以外の荘園や都市における貴族と農奴のあいだにおけるよりもより緊密な経済・政治的協力関係を妨げるものではなかった。それ故、都市住民全体にとって都市を直接支配する領主を打倒したり買収したりし、有力者の指揮のもとではあるが、全市民のある程度の参加を得て自身の自治政府を樹立したりすることは比較的簡単であった。商業と工業は共同体の指導者を含め、ほとんどすべての成員の主たる関心であった。こうして出現した小国家（communes）はその内政と外政を何よりも産業の保護と奨励に向けた。

　地域自治は最初の目標に過ぎなかった。それは市民を、その関心が彼らのものとほとんど合致せず、市壁内とその周辺という狭い領域を越えて拡大する余地を持たなかった領主の不具合な統治から解放した。農業復興と同様に、都市の隆盛は連続した人口増加によって促進され、それは人々を新しい販路を探すよう仕向け、そしてその販路を加速した人口増加の跳躍台にした。それは農業の場合よりも素早い連鎖反応であった。なぜなら、成功した都市は農村からの移住者を引きつけたし、加えて、都市住民はより良い食事をとり、その地の飢饉からの影響が小さかったことが原因していると思われるが、平均余命がより高かったようであるから。イングランドの全人口は（誤差の範囲は大きいが）一〇八六年の一一〇万人から一三四六年の三七〇万人に増加したと計算されてきた。それに対して、ミラノとヴェネツィアの人口は同時期に双方とも二万人弱から一〇万人強へ増えていたに違いない。

領主と農民は長期にわたって荘園内の余分な土地を開墾することによって、再び空間を広げることができた。都市住民は当初から手近に余分な建宅地を通常以上に必要とした。彼らは飢餓から自分たちを守ってくれる農業資源の管理権、自分たちの企業のために外部の労働力源を自由に調達する権限、無税の公道と商品が通過するところでの軽微な税、そして可能な限り多くの外部市場への自由な参加を欲していた。また、彼らは上位の宗主による彼らのお金・奉仕・忠誠に対する要求権のすべてを排除することで、彼らの自治を完全なものにしようとした。これらの目的すべてを完全に達成することは、すべての都市にとって明らかに不可能であった。誰もが口を揃えて空まで境界はないのに、周りのどの都市もほとんどの目標を達成するには他の都市と競争しなければならないと言ったことであろう。それにも拘わらず、イタリアの諸都市は、経済・外交的圧力によってのみならず、都市が発達し同じ目標を目指していたヨーロッパの他の地域とは比較にならない程度に戦争に訴えることによって、すべての前線で全体的に大きく発展した。そして、これらの戦争は経済的生産から多くの財貨を逸らすことになったが、それらが征服者としての自治都市に相当な規模の経済的利益をもたらしたことは否定できない。

我々は政治・軍事史の錯綜した細部をゆっくり見ることはできないが、イタリアにおける商業革命の初期における大成功はその一部を、実力によって説得力と企業精神を強化した市民の陸海軍力の成功に負っていた。イタリアの大きな海港都市にとって、衰退するイスラムとビザンツの艦隊に対して地中海の覇権を獲得し、海上支援を必要とする内陸の領主に対して要求したいものを獲得するための取引手段として彼らの海軍力を活用することは、途方もなく困難なことではなかった。十字軍と地中海横断を必要とするその他の機会を通じて、ヴェネツィアやジェノヴァやピサは従属都市としてではなくて、完全に独立した国家として諸侯・国王・皇帝を支援した。ただ南イタリアとシチリアの海港都市だけはノルマン諸王に服従しなければならず、その後衰退を辿った。内陸部の都市にとって、その重装騎兵が当初は市民の大規模な大弓隊と槍隊を力で凌いでいた領主を撃破することははるかに困難であった。さらに辛抱することで、数が次第に力を発揮するようになった。各都市は地域の封建領主を苦しめ、雇用と保護を提供することで彼らの農奴を引き寄せ、彼らの城の周囲の土地を蚕食し、最後には完全な破滅を避ける唯一の方法として自治都市の成員になることを彼らに迫った。結局、ロンバルディア都市同盟は一一七六年、レニャーノの戦いでイタリアの最高君主——皇帝フリードリヒ・バルバロッサ——を打ち負かし、彼の理論的宗主権の空虚な承認を除いて、完全な独立を手に入れた。そのすぐあとで、トスカーナの諸都市は再度戦争することなく、同様の身分を獲得した。

これはイタリアに平和をもたらしはしなかった。都市間で常に衝突が起き、そしてそれは各都市内の有力家系と平民とのあいだでも起きていた。しかし、衝突は都市世界に特有のものではなかった。全体的に見て、農村部を支配し、半自治的な都市に対する拘束力を確保しておこうとしていたアルプス以北の封建世界は、平和であることから遠く隔たっていた。恐怖と称讃が混ぜ合わさった感情で、司教で皇帝フリードリヒ・バルバロッサの親戚であったドイツの年代記作家〔フライジンク司教オットー〕はイタリアの北部と中部をいかなる領主にも服さず、「余所の国々では疫病のように拒絶されていた工業の労働者」を高級官職に就けていた都市国家の集まりと記している。明らかに、彼は新しい国家の基本的特徴を強調しすぎている。「工業の労働者」、つまり工人たちは貨幣が権力の主たる源であったところではまだ小さな役割しか果たしていなかった。一二世紀にイタリアの自治都市は本質的には商人の、商人による、商人のための——これが商業革命の理想的綱領であったが——統治であった。

第四節　貨幣と信用

貨幣は、史料のなかで表現され、実際に収集箱のなかで保存されているごとく、その初期の段階において、商業革命の経済的躍動を感じる最も使いやすくて、ひょっとすると最も敏感な手段であるかもしれない。ここでも、総合的な数値を欠いているが、概容ははっきりしている。カトリック教ヨーロッパを通じて、そしてイタリアにおいてはより明瞭に、中世前期の長期のデフレ傾向は、人口推移とほぼ同時に、反転する。変化の最初の徴候はイタリアにおける後期ロンバルド時代（八世紀）に遡り、そしてカロリング帝国の他の地域においてはこれより少し遅れた。しかし、本当の転機は一〇世紀に現れた。現物支払いが著しく減少する一方、通貨の量が非常に速いスピードで増加した。貨幣は質においても変わった。とくに大口の支払いや退蔵には便利であった金貨はもはや造られなくなった。通常の取引と、多くの銅と混ぜ合わされ少額貨幣として発行された場合は最小の取引に便利であった銀貨は、それが硬貨としては放棄されてしまっていたところで復活し、いたるところで唯一の高価な造幣金属となった。しかし、純銀の状態は長く続かなかった。貨幣は銅の含有量が多くなるにつれて価値を下げていき、それらの重さも軽くなっていった。一二世紀末までにイタリア内の各自治都市は外観がみすぼらしく茶色がかって小さく、その銀含有量がシャルルマーニュのデナリウス銀貨のほんの欠片《かけら》ほどでしかなかった、ドゥニエ貨以外は発行しなくなった。イタリアの商人が少額貨幣の山を運ぶことなく、大金を現金で支払おうとしたとき、イングランドのペニー銀貨（これは、カトリック教ヨーロッパでほとんど唯一その価値を落とさなかった）からビザンツとイスラムの金貨にいたる、いろいろな外国の硬貨を使用しなければならなかった。さもなければ、彼らは純金属の地金か、ここでもまた腐ることのない香辛料や貴金属と等価のその他の品物を使用することができた。

このような発展は、経済成長の見地に立つと、何を意味していたのであろうか。通貨は政府の命令で造られているので、最も単純な答えは、国王や諸侯や自治都市が自ら提供できるもの以上に支出し、質を落としていく金属に同一額面価値を不正に与えることで、自分たちの罪を覆い隠そうとしたということになる。これはかなりの程度で当たっているが、十分ではない。長期的に見た場合、――そして、商業が発達した社会においては短期的に見ても――いかなる政府も経済の原則を、それらを知っているいないに関係なく、無効にすることはできない。人々は貨幣がそれまでのものではなくなっていること――それが重量・成分・色で識別されうる硬貨である場合は、非常に簡単にそれができるが――を認識する方法を持っていて、価格を上げることで価値の低下に対応する。価格が上昇すると、価格統制が確立されていない場合、政府はより多くの貨幣を造ることを余儀なくされる。価格を安定させようと腐心した最後の人がシャルルマーニュであったが、彼はそれに失敗する。これまで主張されてきた別の解釈も事実関係は正確であるとしても、同様に不十分である。貨幣のために役立つ商品とサービスの急激な増加は、造幣所にとって必要とされている量の良質の貨幣を発行することを不可能にさせた。一部の貴金属は金細工の溶解術によって、より多くは鉱山の運営を強化することによって、測定不能の量をビザンツとイスラム世界から戦争行為や交易収支の利益によってそれぞれ得られていたが、供給は需要に追いつくことは決してなかった。これもたぶん間違っていないであろうが、もし貨幣の量が慢性的に不足していた場合、貨幣の額面価値ではないとしても、貴金属の価値として価格の低下が予測される。反対に、現実の価格は、二、三の例外を除いて、上昇したことが知られている。イングランドにおける生活費が一一五〇年から一三二五年にかけて四倍に上がったと計算されてきた。それゆえ、流通の速度も上がったと結論づけねばならないであろう。

これは交換の全般的加速の原因というよりも結果に過ぎなかったが、政府はこの推移に無意識のうちに貢献していた。政府が貨幣の価値を低下させればさせるほど、貨幣は非常に安価でこれまで小売りの規格で得ることが困難であった商品やサービスのための毎日の支払いで、より速く持ち手を換えていた。パン屋はこれまでパンを自宅で作るか、従属民に無給で作らせるか、貯蔵のために間隔をおいて大量に購入するかしてきた消費者に一個一個売るようになった。石工は日給で働き、寝食を条件に一人の雇い主に自分を託す代わりに、消費者のためのちょっとした仕事をときどき引き受けていた。価値が低下した大量の貨幣、高い価値の外国貨幣、または地金が大きな取引に、現金がどうしても要求された場合、使用された。しかし、取引はますます信用によって遂行されるようになり、そしてそれらが流通のスピードをさらに加速させた。

出し惜しみをしない信用は商業革命の大きな潤滑剤であった。それはまったく新しい現象であった。古代ギリシア・ローマ人の経済はあらゆる種類の現金で十分に満たされていたが、大規模な商業信用にはうまく適応していなかったこと、そして蛮族時代の経済が現金と信用の両方で不足していたこと、そのため経済が決して離陸できなかったことを見てきた。続く時代の離陸は現金の大量投入によってではなくて、信用を利用する人々との緊密な協力関係によって促進された。それは新しい銀鉱山が一〇世紀から一二世紀にかけて活動を開始したドイツでは起きず、起きたのは農業資本家と商人とのあいだの溝が狭まっていたイタリアで起きた。下層貴族の一部は貴金属を放出し、一部の造幣役人は延べ棒を貨幣に換え、一部の船乗りと兵士は戦利品を手にした。既存の資本へのこれらの小さな貢献は、信用が二箇所以上で同時に仕事を行うために現金の小規模投資を可能にしたため、大いに役立った。

この発展は、一〇世紀と一一世紀の史料における希少な言及に基づいて立証されるというよりも、推量される必要がある。その結果は、資本の動きがいくつかの中心的な都市の量を増した史料のなかで追跡が可能になる一二世紀までに明らかになる。恐らく、高利子の間違いのない貸付を十分な数だけ見ることができるであろう。ただし、その大半は商業投資よりも消費用の高利貸的信用のように見える。しかし、非常に多くの契約は新しい形式の共同経営と、危険と利益を共有するためのその他の取り決めを探求している。貸付は「無報酬と神の愛のため」、つまり慈善の精神から無利子で貸与されない限り、罪になるとの強い主張によって、教会はこれに貢献したと言えるであろう。しかし、独立した自治政府の出現に繋がることになる政治的闘争に見られ、あらゆる階層の人々の協力体制のなかに含まれる同様の協力姿勢に由来する変化をただ単に宗教的影響に帰すことは間違っている。

第五節　契　約

交易史において商業契約の発達は、農業史における道具と技術の発達と同じほど、決定的である。古代ギリシア・ローマ時代と結びつけられる契約は非常に少ない。その他はほとんど間違いなく中世の考案であるが、伝存史料の不均等な分布と交易路に沿って急速に広まろうとする商業慣行の性向はいつどこで新しい形式の契約が発生したかを確定することを困難にしている。七世紀のビザンツ世界の聖者文学から八世紀のアラブ人の法史料、一一世紀前半のユダヤ人の商業書簡、それよりも少し遅い時期のヴェネツィアの数少ない契約書、そして最後に一二世紀のジェノヴァの公証人記録へと進んでいく場合、これらの年代順の史料は論理基準に従って並べ替えなければならないし、一三世紀に同じ基本的契約が地中海世界を通じて通用するようになるまでは、いかなる結論も安全でありえない。

さらに、同胞商人のあいだで最も緊密な協力関係を示していた契約はイスラムの法律で最初に言及され、最初期のヴェネツィアの史料でときどき「ロガディア rogadia」（「祈りによって」の意）の名称で見いだされるものであるが、それがとくにアフリカに住む、そしてその結束が少数者としての身分の特殊な危険によって強化されたユダヤ人のあいだで普及していたことは意義深いことである。「ロガディア」の名称のもとに、商人は別の人の商品を運搬し、そしてたぶん好意的態度として報酬を伴うことなくそれらを商うことを誓約していたのであろう。もし契約が高利貸に対する宗教的罰則を回避するために（なぜなら、利子を取ることはイスラム教徒やキリスト教徒のあいだでと同様に、ユダヤ人同士のあいだでも禁じられていたので）言及されていない手数料を隠していないとするならば、共同運営に参加していなくても、商人たちは交代交代で無償の援助を提供し合っていたと推測する必要があろう。しかしながら、この家父長的契約はヴェネツィアではすぐに廃《すた》れてしまうし、西ヨーロッパの他の都市においては知られていなかったと考えられる。これは後に「委託 commission」契約によって取って代わられるが、それによって商人は別な人の取引を比例した手数料または固定料金で引き受けた。しかし、これは取引に伴う危険が小さい時と場所ででしか流行《はや》らなかった。

もっと割がいいが関わりが深くなる連帯が、中世法に生き残った古代ギリシア・ローマの契約、共同出資（societas）によって結成された。共同出資者は資本と労働を出し合い、利益と危険を共有した。各出資者は、不運にも、他人の負債に共同で無制限の責任を負っていた。つまり、短期に少額を投資するつもりであった商人は、もし共同出資者の一人が他の出資者が支払うことができない責務に陥った場合、所有していたものすべてを失う羽目になってしまっていた。大きな資本も信用も必要としなかったし求めもしなかった小さな経営者の工場や小売店の運営のための共同出資であれば、危険はより小さかったが、大規模な取引となると、重大な脅威となった。後者の場合、通常の共同出資関係をより信頼できる紐帯、つまり家族に接ぎ木することが好ましかったと思われる。ヴェネツィアの最初期の史料は古代ローマ形式の共同出資というよりも家父長的商行為の改良型といえる「兄弟衆 fraterna」の人気を証言している。つまり、これは二人またはそれ以上の兄弟によって相続され、交易に投資された財貨の共同運営である。一二世紀までにより柔軟な契約、「仲間衆 compagnia」(cumpanis または仲間、つまり「同じパンを分け合う」から派生している)がよい解決法を提供した。それは兄弟だけではなくてあまり近くない親戚――大半は従兄弟であったが、最も利発な使用人のなかから選ばれた養子も含まれていた――も結び合わせ、限られた期間で限られた金額の投資だけを要求した。しかし、責任は依然として共同で、出資者全員が無制限で負っていた。

通常の共同出資と家族共同出資は不動産取引では優位を保ち続けた。前者は数では成長したが、中庸が無限責任に対する裁量の防御であったが故に、規模では大きくならなかった。ある小商店主に対して不満を抱える債権者でも、その債務者に共同出資者がいるなど疑うことさえしなかったであろう。他方、「仲間衆」はピアツェンツァやアスティからルッカやシエーナにかけて並んでいる内陸諸都市の多くで拡大の兆しを見せていた。共同出資者は家族と投資の両方を提供した。彼らは最初の期限が切れると契約を更新し、そしてしばしば外部者の「社会資本以上の」貢献、つまり近代的債券に似た利子付き預金を歓迎した。しかし、成功は常に自信過剰に繋がるものである。早晩、共同出資者の一人が「悪しき負債」を抱え、その返済不能は他の共同出資者を破産に追い込んだ。それにも拘わらず、共同出資制によって提供された取引と信用は、それが続く限り、必ずしも失敗に巻き込まれることのなかった独立した活動を促進した。一三世紀中葉以前においていかなる「仲間衆」もその破綻によって都市全体の経済を破産させるほど大きくなったものはない。経済的循環が一九世紀の長期経済成長を阻害しなかったごとく、中世の「仲間衆」の好・不況型も土地取引の主たる上昇傾向を中断させることはなかった。

他方、海上交易はこのような形式を持ち出す必要もなかったし、そうすることもできなかった。「兄弟衆」はヴェネツィアではすぐに廃《すた》れ、ジェノヴァではたぶん現れなかったであろう。「仲間衆」は主として、海港都市に派遣されていた、その本拠地が内陸都市にあった共同出資者の代理人によって代表されていた。合同で無制限の責任は、最高の慎重さと誠実さによっても遭難や海賊行為による全損失を防ぐことができない場合、耐えきれない危険であった。幸運にも、契約は片道、またはせいぜい往復の期間をこえてはいけなかった。それはすべての取引が商品の到着（または到着の不成功）とともに、その当然の終了を迎えており、その後は新しい契約が白紙の状態から結ばれることになっていた。家族の結束は同じ船に乗っている人々のそれよりも重大ではなかった。すでに古代ギリシア・ローマ時代から、ローマ人は各旅行者が、もし必要な場合、投げ捨てなければならなかった商品と同等分を分担するための同意書の存在を示唆していた（いわゆるロードス海事法）。ビザンツの初期慣習（「海事法 Nomos Nautikos」）は同じ考えに立って、危険と利益の共有のための条項を付加していた。アマルフィや南部のイタリア・ビザンツ海港都市と同様、ダルマティアの都市ラグサ〔現在のドゥブロヴニク〕（しかし、ヴェネツィアではなかったように思われる）において広く利用されていた「コロン column」契約はたぶんこれに由来していると思われる。船で旅する者たち——船長・水夫・商人——による資本と労働力の提供はすべてその船の航海日誌にまとめて表記されていた。危険と利益はそれぞれの出資に帰せられる価値に応じて配分されていた。その家父長的性格のお陰で、その契約がアドリア海の小さな漁業会社のなかで今日まで生き残ってきた。しかし、それは資本主義的な取引形態には適合していなかった。一二世紀以降「コロン」は記録から消えてしまう。

ギリシア・ローマ法は別の契約、海上貸付を広く普及させた。これは次第にその優位を失っていくのであるが、中世を通じて愛好された。通常の貸付と同様に、それは利子配当を伴ったが、貸し手を借り手との共同出資関係のなかに組み入れなかった。しかし、航海の片道または往復の期間に限定して有効であった貸付の返済は、遭難や敵対攻撃による全損失の場合には放棄された。この条項は関係者に配当金が「高利貸的行為」ではなくて、今日でいう保険料であると主張することを可能にした。海上貸付はキリスト教世界のすべての海港都市の記録のなかで頻繁に出会うが、ローマ教皇がその保険料は実際の高利貸的行為であると断定し、そして保険が独立した業務形態としてゆっくりと発達し始めたため、その人気は一三世紀中葉に低下した。さらに、海上交易は、陸上交易と同様に、貸付そのものよりもより緊密に組み合わさったものを求めるようになった。この要求は海上貸付の長所（一航海の期間のみで、第三者に対する貸し手の責任はない）を共同出資制の主たる長所（危険と利益を貸し手と借り手で共有するため、「高利貸的行為」の疑いはない）と組み合わせた別の契約、「同僚衆 collegantia」（「同僚同士の同意」）または「コメンダ commenda」（「推薦」）によって叶えられた。

一部の近代の研究者が間違って「眠っている共同出資制」と呼んでいる「コメンダ」は中世における最高に重要な考案であり、陸上交易における資本主義的形態のゆっくりとした発達と比べて、海上交易の急速な発達に貢献した。その発祥地は今も議論されている。イスラム世界とビザンツ世界が最高の主張権を持っているように思われるが、西ヨーロッパの「コメンダ」は東方の類似物とは細部において違っていて、異なる場所での類似の契約の独立した発生を排除することはできない。その最も単純なイタリア形式において、居残り組は資本を、それを往復期間内に商行為に投資することが期待されていた出発組に貸し付けた。貸し手は資本に関するすべての危険を負い、利益の分け前（大半は四分の三）に与る資格を確保していた。資金を管理する借り手は労働に関するすべての危険を負い、利益の残りを自分のために取っておいた。第三者は彼とだけ接触し、貸し手の存在を知っていたとしても、その人にはいかなる要求もできなかった。

貸し手が表向きは個人的努力なしに利益の非常に多くを受け取っていた、（そして、最初期の契約のほとんどにおいて資金管理者に旅行先や購入すべき商品の種類に関する特別な指示を与えていた）限りにおいて、誰もが最初、富裕な資本家と貧乏な使用人との不平等な提携を思い浮かべるであろう。しかし、これは最も頻繁に起きていた事例では決してない。同一人物はある契約では貸し手、そして別の契約では借り手に同時になることができた。つまり、その人物は仲間の資金を道中で獲得した自分自身の資金に加えたり、自分の資金の残りを別の海港都市へ向かう仲間に預けたりして、自身の危険を拡大すると同時に自身の利益を増やしていた。加えて、資金のない男は自身の稼働資金へのいかに小さな出資も拒絶しなかった大商人に少額の資金を預けることによって、大きな取引に参画する機会を持った。利益の不均等な分配に関して、恐らくそれはどれだけの利益が集められたかを実際に知っていたのは資金管理者だけだったという事実によって大きく相殺されたであろう。初期の契約において資金管理者は自分の経理をある種の証拠で保証することを要求されたが、後の時代では貸し手が彼の言葉を「誓いと証人なしで」信用することを誓った。要するに、「コメンダ」はあらゆる種類の人々からあらゆる規模の投資を引き出し、責任も有限で、債券保有者に詳細な収支計算を提出することが義務づけられていない、今日の株式会社に最も近接した、中世における先行形態であった。たぶん、「コメンダ」は一つの旅行期間中だけ継続したと思われるが、満足した貸し手が自分の資本を同じ管理者に何度も預けることを妨げるものは何もなかった。

これまで言及されたすべての契約と、割愛することを余儀なくされたその他の契約は信用を含んでいた。これは専門化した信用制度に対する商人たちの要望を小さくする方向に作用した。銀行業とでも呼べるものは三つの独立した分野でゆっくりと発達した。つまり、それらは異なる社会階層に帰属し、各種の信用に特化した質屋・預金銀行家・商人銀行家であったが、副業として互いの事業に手を出すか、自身の領域から別の領域に移ることもできた。イタリアのユダヤ人質屋は貧者、先見の明のない不運な貿易商、信用のよくないその他の人々への担保を取っての貸付というよろしくないが不可欠な仕事において、「ロンバルディア人」（チエリとその他北西イタリア諸都市に生まれたキリスト教徒）に力と数で凌駕されていた。質屋は売春宿と同じ不承不承で承認された職業に入れられていた。その所有者はいやがらせを受けることは滅多になかったが、悔い改めて、「不正に得た」利益を貧者の世話係である教会に返さない限り、永遠の断罪へと突き進んでいることを知っていた。利息はもちろん高利であったが、この世とあの世で比較にならないほど小さな危険としか向き合っていない、今日の小さな貸金業者によって差し引かれているものをこえることはなかった。

預金銀行は、教会の厳密な定義では「高利貸業」と位置づけられていたが、それなりに立派な職業であった。それは両替業からのほとんど自然発生的な分枝であった。昼間両替商は公衆の面前に置かれた「バンカ banca」、つまり長いすの上に硬貨の山を置いた。夜になると、彼はそれを厳重な装備の金庫に保管した。彼にとって両替業で集めた余剰金を貸し付けることは簡単なことであったし、他の人々にとっても当座は必要としないお金を預けるために彼の金庫を利用することは簡単であった。これは両替商が信頼できる顧客に質屋よりもずっと低い利息で信用を与え、預けられたお金を使わせてくれている人々にそれよりもさらに低い利息で返済する方向へと向かわせた。両替商に対して、都市当局は流通に目を光らせ、偽金を告発し、ときどき現金を公庫に融資することを求めた。都市当局は両替商に自身の突出した債務を賄いうるような予備金を準備することを要求し、それと交換に、彼の帳簿への記入を支払いの合法的証拠と認めた。銀行家と一緒に帳簿をつけ、現金の受け渡しを伴うことなく、銀行家の帳簿での単なる移動によってその土地での取引を完了させる慣習は次第にほとんどの商人に受け入れられていった。反対に、両替商は通常は顧客に当座借り越しをするのを許すことで信用を与えていった。しかし彼は、自分の資金への借り手の殺到によって予備金を使い果たし、財産のすべてを失ってしまわないためには、自分の事業を広げすぎないよう注意しなければならなかった。預金銀行は取引のための共同出資制度、「仲間衆」よりもゆっくりとしか普及しなかった。しかし、ほとんど例外なく、それらは最後には同一の好・不況形態のなかへ引き込まれていった。

遠隔地交易のための大規模な信用は商人間の契約の要諦であった。それが主として大規模な商事会社によって取り決められた交換契約を通して、独立した事業形態になるには長い時間がかかった。一二世紀後半まではまだ発展の途上であったが、商人銀行業が十分成熟したそれに続く時代において、完成した姿を描くことができるようになる。

第六節　輸　送

農業収入を商業投資に当てることによって、そして信用業務をより柔軟にすることによって、商業革命は古代において経済成長を押しとどめていた主要な障害物の二つを取り除いた。もう一つの障害物である、不適合な体系に手をつけることにはあまり成功しなかった。少しの費用または無料で改良できる契約やその他の手続き上の技術とは異なって、道具は相当の投資を必要とするうえ、その報酬の支払いは遅らされる。進展はあったが、革命的な変化はなかった。我々はすでに農業分野におけるいくつかの考案と出会ってきたし、これからの数章では産業界における多くの新機軸を取り上げることにする。商業にとっては通貨と同様に基本となる輸送を、ここで簡潔に論述しなければならない。

陸上輸送は、今日でも水上輸送よりもお金がかかっているが、道路事情のなかに最も重大な制約を見いだしていた。古代ローマのバラスを敷いた公道は欠点を持っていたが、皇帝権力によって統合されたヨーロッパのその部分にとっては相当な遺産であった。しかしそれらの保全は奴隷と徴用された労働者からなる大集団を指揮する強力な中央権力を必要とした。それらは何世紀もの放置を通して徐々に壊れていき、中世前期に残った遠隔地交易はほとんどすべて内陸の水運に頼らねばならなかった。その間より柔軟で複雑な、それでいて非常に弱い新しい道路網が姿を見せ始めた。都市は互いに一つの主要道路によってでなくて、踏み固められた土と配置の悪い石からなる、そしてところどころ木の厚板によって補強された数本の曲がりくねった道によって結ばれていた。これらの道はそれぞれ戦争、耐えられない通過税、悪天候によって別のルートが通れないとき、代わりの接続を提供していた。公共施設とサービスが持つ他の側面のほとんどと同じように、道路は造られたあとは主として私的な組織によって最小限の資金と労働力で維持された（半商業・半宗教的組織がその先頭に位置していた）。当時の経済が交通量の増加に伴う障害の増大によって損するよりも、出費の減少によって儲かったのかどうかを判断することは困難である。恐らく、縦列繋駕法や馬の堅い首当てや蹄鉄の普及は役畜による牽引に力強さを加えたであろう。方向を変える度毎に横一列を乱しがちな独立した車輪に代わる、心棒の両端に付けられた荷車の車輪の導入も同様であっただろう。（独立した車輪は、さらに、通常は心棒が使われていない乳母車や紅茶運搬車が楽に方向転換するのを困難にしていた。）しかし重量のある荷車は乾燥して平坦な土地を除いて、バラスを敷いていない道路上では使用することができなかった。

中世後期の輸送の相当な部分は、一層幸運なことに、岩だらけの山道越えにより適していた駄獣、とくに騾馬《らば》に託されていた。この分野での発達は鞍や包みの改良よりも、より安価で頑丈な駄獣を商人たちの手の近くに置くことを可能にした、飼育や餌のやり方の改善とそれに次いで蹄鉄に負うところ大である。九世紀から一二世紀にかけて騾馬の価格が急落することによって、その数が急増した。もはや、農奴制度によって強制された、運搬人の肩の上に押し潰すような荷物を一杯載せたり、高い丘を越えて荷物を運んだりする必要はなくなった。しかし、騾馬曳きと荷車曳きは強力な会社を組織するほどには繁盛しなかった。陸上輸送は資本家的商人よりも小規模企業家や手工業者の仕事であり続けた。

海上輸送はより広い展望を切り開いた。小さな船は一組みの騾馬と同じ値段であったし、ちょっとした荷物を運ぶことができる。しかし、大きな船は資本財の最上部にランクされていた――従って、それらの建造・所有権・貸切・操縦は商業そのものと同じように複雑な信用取決や投資積立や危険と利益を共有する契約を生み出した――。実際、比較的大きな都市に住む遠隔地交易商・船主・船長はしばしば同一の社会集団に所属し、簡単にいくつかの役割を交換したり結合したりしていた。古代ローマや初期ビザンツの政府が行ったように彼らを無惨に搾取する代わりに、船主の協力を必要としていた中世後半の西ヨーロッパの支配者たちは彼らを、信用貸しをしてくれ軍事支援を提供できる人々を扱っていたと同じ、あまり慇懃ではないが用心深い方法で扱っていた。彼ら自身の統治は、もちろん、必要な時には、海軍奉仕を要求したが、公正な報酬なくしては決して実現されなかったし、通常は船主の福利と直接関連した目的に限られていた。船主と船長は彼らの船を使って成就された取引の唯一の受益者ではなかった。水夫も、一般に、自身の品物を持っていくこと、そして給料に取引の利益を加えることを許されていた。ガレー船奴隷の広まったイメージは古代後期と近代初期のそれと合致しているとしても、労働力が乏しく、漕ぎ手が誇り高くて自由な市民と頑強な闘士であった中世のそれとは一致しない。当初、一般漕ぎ手の身分における変化は、たぶん、中世前期の人口停滞の多くの結果の一つであったであろう。しかし、彼らのその後のより高い所得層への上昇は、海運業界に大量の資金が流れ込んだ事実に負っている。

造船は多くの部分で建築と共通している。それは中世の大きな聖堂や城の造営と同じ技術・想像力・大胆さを必要とした。いろいろな種類の船とそれらの内部構造や装備を詳述するには時間がかかりすぎることになる。ここでは、多種多様な目的に適した船舶を供給する必要と、程度の差はあるとしても、帆の長所と櫂の長所を結合させようとの願望が絶え間ない実りの多い実験に繋がったことを指摘しておこう。その他すべてが同じだとして、櫂による推進力がより高い平均速度ととくに甲板が十分に長くて細い場合、天候の変化からのより大きな独立を保証した。しかしそれは料金支払い名簿を膨らませ、食糧を消費し、使用空間を積荷と取り合う大規模な乗組員を必要とした。帆による推進力は時間以外のすべてを（そして、もし風が順風に変わった場合、時間さえも）節約させたが、嵐や敵の襲撃――これは中世の状況では遍在的な危険であったが――に対して船を弱くしてしまった。軍事的防衛の強化は戦士を水夫に加えることによって対処することができたが、戦士は高くついたし、漕ぎ手以上の戦闘家ではなかった。最も成功した船舶は櫂式と帆式の妥協作で、後者の特徴は高価でないが嵩張った積荷を運ぶ場合は大いに役立ったが、スピードと安全性が危険にみちた海上での高級品の輸送にとって必須となった場合、あまり歓迎すべきものでなくなった。

二つの基本的な伝統が併存していて、相互に影響を及ぼし合っていた。つまり、くり抜かれた木の幹を浮かせるという有史以前からの伝統に接ぎ木された北部の海の伝統と、古代ギリシア・ローマ時代に途方もない改良が重ねられたあとも進化の歩みを止めなかった地中海の伝統。中世前期くり抜かれた木の幹（ビザンツの住民が呼んでいたところによると、「モノクシロン monoxylon」）でさえも大いに役立っていた。積荷は通常は小さく、ヴァイキングの軽走船は内陸のどんなに狭い水路にも簡単に入っていき、ちょっとした浅瀬は人間の肩に担がれて運ばれた。斜めに組み合わされた厚板を木の幹に装着すること――こうして竜骨の機能を手に入れたのであるが――によって、北方の船はより多くの荷物を積めるようになった。しかし、厚板を付け足すことによって、帆を張った状態で船を水平に保つことは一層困難になった。竜骨の機能に関しては、北部ヨーロッパが自身を先進地域の南部から分かっていた経済格差を縮め始めた中世の最後の二、三世紀より前では、十分に認識されていなかった。

イタリアと西ヨーロッパの地中海沿岸地域の商業革命はしなやかで小さな漕ぎ船から幅広く容量の大きな帆船にいたる、あらゆる種類の船を運航させた。しかし、その運命はとくにガレー船とその多くの

資料4　15世紀のヴェネツィアのガレー船

【出典】 パドヴァ，コンタリニ家の墓石の浅浮彫り．Robert S. Lopez, *The Birth of Europe*, p. 139に掲載．

同族船とに結びついていた。古代ローマの標準船とビザンツ後期の船の繰り返し改良された子孫であるガレー船は櫂と帆による航行、交易と戦闘の両方に対応した装備が施されていて、その名称「メカジキ」または「ホシザメ」（ビザンツ時代のギリシア語で galaia または galea）の由来を十分に証明していた。その尖った船首から延びた木製の槍は、長く延びた船体が波を切り裂くように簡単に敵船を破壊することができた。マストと帆――一部大三角帆を含む――の複合的仕組みは、幾分平たい竜骨の欠点にも拘わらず、船がどのような風も最大限に利用することを可能にさせた。多種多様なガレー船があって、大きさは求められる積荷と速さによって異なっていたが、常に幅より長さが強調されていた。船が大きくなれば、大勢の乗組員の総費用を賄うことがそれだけ容易になった。実際、船の容量は確実に大きくなっていったが、同時代の建築家によって建てられた教会や城塞ほどまではいかなかった。造船業者はその報酬が天国に用意されていた大聖堂の建築者以上に経済的配慮に注意しなければならなかったが、彼らは船の大きさを拡大することよりも数を増やすことによって、容量の問題を乗り切ろうとした。費用の問題は通常、船毎に十分な量の軽量で高価な積荷を、細長い船を安定させる付加的利点を持っていた十分な嵩《かさ》の重量のある積荷と組み合わすことで解決されていた。

中世の船大工は後の時代に大型武装商船や漁船や大航海時代の軽快帆船を生み出したような技術と勇気を欠いていたと拙速に結論しないようにしよう。経済発展は全ヨーロッパにおける生産と消費の拡大よりも速く進むことはできなかった。二、三の主要な海港都市に寄港してしか数隻の大きな船を積荷で素早く一杯にすることができなかった限りにおいて、ガレー船はたくさんの小さな港に入り、そして場合によっては港外岸辺に投錨できるほどの大きさでなければならなかったのである。近距離航海の必要性は、一二、一三世紀前期までの航海機具がルネサンス時代とほぼ同様の発展を見せていたことから、技術上の欠陥に起因していたのではない。それよりも、内陸部および沿岸部における良い道路の欠如のため、最終目的地に可能な限り近いところに船荷を下ろすことが絶対条件になっていたからである。反対に、道路は経済発展がそれらを利用することになる人々に十分な圧力をかけない限り、改善されることはなかった。そして経済成長は一部を良い道路と大きな船に負っていたため、輸送は閉鎖循環のなかに巻き込まれてしまった。この循環をこじ開けるためには、商人が花火を提供し、社会全体が燃料をというように、商業革命は各地における生産者と消費者の協力関係を必要とした。それは長い過程で、それについては続く諸章で叙述されるであろう。

第四章　商業化の不均等発展

第一節　革命の神経中枢

経済革命は政治革命のように明確に定義することができない。アメリカ独立宣言もアダム・スミスの『国富論』の出版も一七七六年の出来事である。しかし、アメリカ革命が一七七六年に勃発し、一七八三年までに目的を達成したことを疑う者は誰もいないのに対して、産業革命の開始期と終了期を確定することは不可能であり、それが一〇年足らずで重大な変化をもたらしうると思うことは非常識である。同じことは、商業革命に関しても言える。それは産業革命ほど広く認知されてはいない概念であるが、その主たる理由は非常に多くの経済史家が近代以前の歴史に関してほとんど訓練を受けていないか、信頼できる統計資料の欠如によって数量的研究の機会が大幅に制限されているところで根本的変化を探そうとする気持ちをほとんど持っていないためである。

しかし、数量は歴史の一つの側面でしかなく、一〇〇〇年の持続的な成長のなかで明確な時代区分を提供するものではない。ほぼ二世紀（一四世紀中葉から一六世紀中葉まで。ただし、この期間はヨーロッパ全域を通じてまったく同一であったのではないが）の例外を除いて、ヨーロッパの経済は一〇世紀から常に拡大を遂げていた。当然、今日の数値は産業革命のそれを小さく見せている。反対に、後者は商業革命の数値よりもはるかに大きい。しかし、相互に強め合う要因の連鎖反応は、ある時代と別の時代とでは大して変わらないものである。人口は増加する。一人当たりの生産量も上昇する。技術は進歩する。支払いと輸送の手段は一層速くなる。資本と消費は、両方とも限られた支配者の手中への集中と、それまで恵まれていなかった人々への分配との対立する両立しないことはない刺激に反応する。後進地域は全体的な動きのなかに巻き込まれる。経済の全体的進行は社会構造や文化の形態や生き方全体により一層深く影響を及ぼす。

商業革命をその後に続く経済成長の局面と著しく異なるものと定義するためには、量の格差よりも質の変化を考慮しなければならない。工業化が工業家に指導的役割を与えたごとく、商業化は経済の指導権を土地所有者から商人へ移動させた。しかしこれは、商人がヨーロッパを通じて最も富裕で有力で多数で（最後にくるが）高名な社会階層になったことを意味するものではない。事実、商業革命を通じて農業が圧倒的多数の職業または生計の手段としての地位を失うことはなかった。実際、それはヨーロッパの広大な領域を通して産業革命の開始から相当の年月を経ても優越していた。しかし、一〇世紀から一四世紀にかけて商業は世紀を重ねる毎に経済のなかで最も活動的な部門になり、商人は変革の中心的推進者となった。その後の工業化と同様、商業化は均等な発展を見せなかった。ユダヤ人とイタリア人が初期の開始者として取り上げられた。商業革命を通して他のいかなる社会集団もユダヤ人ほどには交易に努力を集中しなかったし、イタリア人の活力に匹敵するものはどこにもなかったことを付言しておこう。しかし、いくつかの国の人々はイタリアに追いつくことになるが、少数の研究者によると彼らが成し遂げた躍進はその土地の先導ではなくて、彼らの市場を訪れるか、彼らの町にやってくる外国商人に多くを負っていたとのことである。

都市は商業革命の神経中枢であった。それは驚くに値しない。というのも、いかなる状況においても人口の集中が分散の場合よりも経済的刺激に素早く反応するからである。中世の都市化と商業化とは互助関係にある現象であった。しかし、都市の発達は工業や農業以上に商業と関連させる必要がないことを想起しなければならない。古代都市の中心は土地所有者たちが政治と農業経営を議論していた公共広場であったことを我々はこれまで見てきた。彼らの相当な量の多様な消費、そして地方行政官・軍人・宗教役人は大勢の商人と手工業者を支えていたが、彼らを対等の相手とは見ていなかった。多くの手工業者は奴隷であった。多くの商人は市民権を持っていなかった。そして無数のローマ都市の多くで農業経営者と役人は商人層よりも富裕で影響力を持っていたのみならず、数も多かった。商業革命は中世都市に対して、産業革命がヨーロッパ全域に及ぼすことになるのと同様のことはしなかった。それがしたのは土地所有者と役人の数・経済・政治における優勢を徐々に揺るがしていき、市場を公共広場や大聖堂広場の代わりに都市生活の主たる核に据えたことである。

名称としての「市場 market」（ラテン語の mercatum から派生）は商人の集まりと同時に彼らが集まる場所を意味している。後者の意味において、ローマ人はもっと一般的に forum の語を使用していて、彼らは通常商人を negociator、つまり取引をする人と呼んでいた。中世後半「市場」と「商人 mercator」は次第にこれらの旧い言葉を締め出していったが、それはたぶん蛮族時代に都市生活が衰退して、市場開設地が恒設的なものになり、定住する取引人が二、三の都市を除くすべてにおいて過剰になってしまったからであろう。毎日同じ場所に顧客を集めるにしろ、店のなかで顧客を待つにしろ、取引人にできることは限られていた。しかしながら、連続した取引が崩壊したことで、定期的集会の意義が強調され、そしてそれらは経済活動が回復したところであればいつでも、数量・規模・構成においてその度合いを増していった。それらは都市住民と都市周辺に住む人々が数時間かけて持参した地場商品を交換する週一回または月一回の集会から、より遠くから来た顧客が一年分の食糧を購入し、生産した余剰品を売却し、そして二、三の外来品を手に入れていた通常数日間続く年一回の集会にいたる幅広いものであった。最も下に位置づけられる、毎週開かれる市場は自給自足の壁に風穴を開けたに過ぎない。多くの取引は直接生産者と消費者とのあいだで行われていたが、物々交換されることもあった。しかし、誰も取引のために夜帰ってこないことはなかった。年市は、それらと結びついていた feria（祭日または祝日）になぞって fairs と呼ばれていたが、より複雑な構成を求めていた。専業商人にとって、空き地があればどこでも、売り台を組み立てテント（tienda は近代スペイン語でも「商店」を意味している）を張ることができたが、自由で簡単な接近や滞在期間中の特典と便宜、そしてもちろん利益を得るそれなりの機会の保証がない限り、彼らは遠方からはやってこなかった。

都市の発達は通常、市壁の外に限定されるか、教会や城の前庭に隔離されていた一時的な市場を破壊はしなかったが、結果的には取引の主要な部分を我々が町の商店街と商業地区と呼んでいるところへ移すことになる。部門別または専門別の取引のための堂々とした会館、屋根付きの広場とアーケード式路地、通りに面した店を持つ手工業者たちの列をなして連なる家々は、産業汚染がまだ前産業革命期の埃に取って代わる前の、マラケシからイスタンブールにかけてのいくつかのイスラムの都市のスークやバザールと呼ばれる市場を訪れたときに思いをはせることが可能な、活気にみちた混雑のなかで今もなお生き続けている。卸売りや奢侈品の取引の非常に多くは、公証人やギルドの事務所や商人宅の奥まった部屋や船長の個室や商人銀行の構内でもっと密かに行われていた。明らかに、すべての都市が同じ規模と複雑な構成に達していたのではなく、それらの多くは一二世紀後半のフランスの有名な作家クレティアン・ド・トロワの「都市では市が毎日開かれていると思ってよいであろう」といった言葉と一致していた。一四世紀前半のフィレンツェ出身の年代記作家はもっと誇らしげに、「自分の町は特別な週市や年市は必要でない。何でも好きなだけいつでも売り買いできる」と語っている。さらに、少しだけ誇張して、次のように続ける。フィレンツェはその中世の最盛期に一〇万人以上の人口を擁し、貨幣発行高は年間五〇万フィレンツェ金貨をこえ、毛織物生産は八万反、肉の消費量は四〇〇〇頭の牛、八万頭の子羊、三万頭の豚を数え、葡萄酒消費量は二五〇万クォートに達し、独立自治政府によって統治された肥沃な管区とキリスト教世界で最大の商事会社を持ち、定期的に開かれる市場の刺激はほとんど必要なかったと。

しかし、二、三の都市中心を除くすべてにおいて、週市と年市は重要な役割を果たし続けた。いくつかの経済活動は基本的には季節単位であった。一部の作物の収穫、雪や氷で凍結した道路の開通、大きな積荷を運ぶ船の出航日、羊の毛を刈り取ったりチーズを製造したり布を卸屋に持ち込んだりするための伝統的な時期は、最も効果的に年市へと導かれる流れを決定していた。旅行は長い時間がかかっていたため、商人は途方もなく大勢の仲間たちと異常なほど多種多様な商品よりも先に着かねばならないと悟ると、特別なルートを通ることを選んだ。さらに、週市と年市の命運は通常その場では利用できない特別な便宜や特権と結びつけていた。イタリア北部と中部を除くと、完全な独立を享受していた都市は多くなく、周辺の農村部を支配していた都市はさらに少なかった。それゆえ、通常の取引は封建領主や農業社会の非友好的な状況のなかで、あらゆる種類の障害に対処しなければならなかった。たぶん、領主と農夫の利害は何ごとに関しても都市や商売人のそれと違ってはいなかったろうし、ほとんどの都市の理想も制約なく取引できる自由ではなかったであろうから。妥協はいつでも可能であったが、年間を通じてよりも年市の開催期間のほうが特別な支障なく成立したであろう。領主も都市もその期間いかなる戦争も中断し、いかなる通過税やその他の税を下げ、外部者の居住と活動に関する通常の規制を停止し、国際商業法に則って速やかで臨時の判決を下し、良質で画一的な貨幣を十分すぎるほど発行し、文書や口頭による義務を承認したり施行したり、外国人遺産没収権 aubaine（死去した外部者の財産の没収）、難船法 ius naufragii（財産の押収。遺物や難破船の押収も含まれた）、そして報復的没収（ある債務不履行の商人のすべての仲間たちの商品の没収）のような、誰にもいやがられた慣習を放棄する気であった。どんなに貪欲な君公であれ、どんなに保護交易を主張する都市であれば、少なくとも市場を成功させるのには一時的譲歩が必要であること、そして市場が成功すれば、通常の負担の停止期間を過ぎてもお金と必需品をもたらしてくれることを認識していた。

さらに、週市と年市における取引の絶対量は、商業革命の進行とともに増え続けていたのであるが、交易全体に占めるそれらの割合は小さくなる運命にあった。季節的要因は完全には排除されえないが、より堅実な需要はより平均した供給を引き出すであろう。水夫と驢馬《ろば》曳きは、最悪の天候を除いたその他すべての場合、彼らの作業を延長するであろう。そして手工業者は一年を通じて仕事ができるよう在庫していた材料を使用するであろう。一三世紀後半までにピサのある仕事のための手引書は一二カ月のうち暇な月を一カ月しか見越していないし、ジェノヴァの詳細な公証人記録は一年を通じてどこにも重大な変化を見せていない。ヨーロッパの辺鄙な沿岸地域や内陸の農村地帯にあるあまり成功していない都市は季節的変動に一層敏感であったが、長い年月にわたって農民を週市、商人を年市に引きつけてきた都市は例外なく、交易の恒久的な神経中枢になるであろう。

すでに七世紀にパリ近郊のサン・ドゥニの大市は都市の商業的優勢の第一要因であったかもしれないが、一三世紀までにはその集中した活動はパリの一〇〇のギルドの連続した仕事に飾りを添えるに過ぎないまで後退していた。一二世紀後半から一四世紀前半にかけて他のすべての大市を凌いでいたシャンパーニュの大市に関して、その成功はこれまでの伝統的な年市との共通点をますます持たなくなった事実に負っていた。それは同一地域の四つの町で、実際に一年すべてに及んだ切れ目のない輪番によって開催され、主としてヨーロッパのすべての場所から集まってきていて、その土地の取引にほとんど関心を持っていなかった商人たちのためのお金と商品の交換場として機能していた。商品は、もしあれば、見本品で代用され、現金はほとんどが信用形式によって取って代わられていた。シャンパーニュの立地は地中海と北海、英仏海峡とバルト海を結ぶ幹線道路の一部に跨っていて、書簡による取引と信用と負債の埋め合わせによる支払いのために好都合な共通基盤を提供していた。しかし、最も強力な支援者であったイタリア人が北海沿岸に直行するために船を利用し始めてフランドルに恒久的な支店を開設したとき、シャンパーニュの大市は衰退していった。

季節的で間欠的な盛況を別にして、週市と年市に結びついた特別な「自由」は市場の初期の成功を保証していた。しかし、この支えは長く持たなかった。なぜなら、商人は力と自信を獲得すると、どの町をいつ訪れても、同じ自由を要求し獲得していったので。商業は自由で栄え、締め付けを嫌う。通常、最も栄えた都市は最も自由な政策を採用した都市であった。軍事力や経済的優越が自由競争をうまく邪魔することもしばしば起きていたであろう。従って、イングランド諸王は外国の毛織物買付人を指定した港と特定市場に集め続け、ヴェネツィア共和国はドイツの香辛料輸入業者を厳しい統制に従わせた。しかし、これらの場合でも、規制が最上の羊毛を生産していた国や、最上の香辛料を手に入れていた都市の地位を本当に向上させたのかについては疑問である。スペインは、より緩やかな規制によって、大量の羊毛を売却し、ジェノヴァは香辛料市場から相当な分け前を得ていた。しかしここは、保護主義と自由交易の長所を時代を遡って考察する場ではない。中世に関して利用できる資料はあまりにも不完全なため、今日でさえ経済的と同様に政治的配慮によって左右されている、解決をみない議論のなかで総合的な結論を確約することはできない。

第二節　取引の形態と商品

都市による商業発展への少なからぬ貢献は、中産階層の新鮮で持続的で広範囲な需要を二つの十分に自立した階層、つまり余裕があってほとんど買う必要のなかった土地財産を持つ少数の金持ちとほとんど余裕がなくて買うばかりで土地財産を少ししか持たない大勢の貧しい人たちの比較的固定された需要のあいだに押し込んだことである。塩は生存に不可欠であり、そして一部の人々は高価な宝石類なしでは生きていけない。しかし商業革命はその燃料を主として顧客と商品の増加と多様化から得ていた。その成功は、商品の流れと取引の量は全人口よりも速く上昇したが、価格も上昇を続け、政府は供給が需要に追い越されるのではとますます心配するようになったという事実によって示された。生産量の増加と分配の改善によってすべての階層に可能な生活水準が向上することで、一人当たりの消費量は、たぶん、すべての水準で増加したであろう。しかし、都市住民は特殊化した商品を生産し、それ以外はほとんど交易に依存していたことから、都市と同程度にこの増加が商業革命に直接還元されるところは他になかった。商店で展示された、そしてすぐ隣に住む人によって獲得された商品を購入したいと募る誘惑に対して、教会や世俗の道徳家たちの説教と頻繁に制定される奢侈禁止令はほとんど役に立たなかった。必然的に、昨日の贅沢は今日の喜び、そして明日の必要へと繋がっていった。

しかしながら、今日でもすべての人々に同じ強さで発生することのない消費の衝動を過大に評価してはならない。飢餓と貧困はアメリカ合衆国でもいまだになくなっていないし、ミシシッピ州のある小さな町における平均的な生活水準は北部の大都市のそれをはるかに下まわっている。中世ヨーロッパにおける繁栄の拡大は比較にならないほど不均等であった。事実、急速な経済成長は最高水準と最低水準との格差を広げる性質のものである。最高水準において、一三世紀の多くの国王と君侯は九世紀の皇帝シャルルマーニュよりもよい暮らしをしていたが、孤立した城で貧困と隣り合わせに暮らしていた貴族もいた。イタリアやフランドルの大きな都市に住む上層市民層の派手な消費はイングランドやドイツの上層貴族のそれに匹敵していたが、大多数の都市に住む中間層はほんの少しで満足しなければならなかった。最低水準において、下着の普及が経済・社会的格差のテスト・ケースと見なすことが許されるのではなかろうか。厳密に言って、下着は必需品ではない。それは着ている人を寒さから守ることにはほとんど役立たないが、頻繁に洗えることから、着ている人の快適さと健康を増進させる。中世前期の西ヨーロッパにおいて、ほとんど誰も上着の下には何も着けていなかった。カミクシア camixia（ラテン語で「シャツ」の意）という語自体中世後期のものである。しかし、山羊の毛で織られた目の粗いシャツは蛮族時代の末期に裕福で教養のある人々のあいだで愛用されていた。イタリアの農民が広くそれを着用するのに何世紀もかかったうえ、それらがフランスの農夫のあいだに入ってきたのはそれよりもさらに遅く、商業革命はそれをこれらの地方には導入しなかったことになる。他方、イタリアの上層市民とフランスの貴族は下着に気を遣うことに慣れていたため、彼らはこの山羊の毛で織られた目の粗いシャツを苦行の手段と見なすようになった。フランスの文学作品は、それにも拘わらず、下層階級の者たちは柔らかい下着で荒い肌を甘やかすべきでないと言い張っていた。ドイツの史料でも、彼らはあちこちでそうしているとの不満が述べられている。ただイタリアの最も発達した都市ではリンネル〔亜麻〕、または最低で木綿のシャツの着用が農夫と小手工業者のあいだでは当然と見なされていた。

これらの図解的な事例は国毎の格差を示すのに十分であろう。格差を数量的に測定するために正確な数値が欲しいという人がいると思うが、二、三の近似値で満足してもらう以外に方法はない。一三世紀後半までにイングランド（決して、ヨーロッパで最も発達が遅れた国の一つではなかった）からの課税対象製品の輸出額はしばしば毎年二五万ポンド・スターリングに達していた。しかしこれは、イングランドのポンドが最低でも四ジェノヴァ・ポンドに相当していたと仮定したとしても、一二九三年にジェノノヴァ港を輸出入のために通過した課税対象製品の額、約四〇〇万ポンドよりもはるかに少なかった。反対に、このジェノヴァの数値は一三六八年、ドイツ最大の港町リューベックから海上を通って輸出された製品の価値の一〇倍に相当していたと思われる。再び一四世紀前半のイタリアに戻ると、ここには人口が一〇万に達するかこえている都市は四つを数えたが、パリはまだその数値には達していなかったようである。ヘント（高度に発達したフランドルで最大の都市）は五万の人口を擁していたが、リューベックとロンドンはそれよりも少なく、ドイツの「都市」の多くは一〜二〇〇〇の人口しか抱えていなかった。商業革命期におけるテーヴェレ川以北のイタリアとヨーロッパの最も遅れた地方との格差は、産業革命期のイギリスまたはアメリカ合衆国とインドまたは中国のそれに匹敵していたに違いない。このような食い違いは双方の「革命」の衝撃についての一般化を禁じている。成長（成長がまったくなかった場合もあるが）の最高と最低の平均を算定しようとの試みは意義のある結果をもたらしはしない。最も望ましい解決法は大多数の後進地域の存在を心にとめておくこと、さもなければ、その活動が史料によく残されているとの理由から、経済的先進地域に注意を集中させることである。

ざっと見た限り、商業革命の交易の形態と産業革命のそれとを比較する場合、すでに指摘しておいた、規模がすべてにおいて信じられないほど小さかったことを別にして、いくつかの相違点に驚かされるであろう。奢侈品と金持ちの習慣は大量消費のための商品よりも重要な役割を果たすと見られている。すべてではないにしても、大勢の商売人は限られた差額利益に立って販売の数を拡大することよりも、限られた販売数に立って差額利益を拡大することにより大きな関心を示す。どんなに強力で特殊化された会社であっても、うまくいっている取引に関して、関連がないとか取るに足りないとかの理由でそれらを拒否することはない。卸売り取引の相当な部分は仲介人の介在を必要としない。大勢の手工業者は製品の一部を店頭で販売するし、大勢の自由身分の農民は収穫物の一部を毎日または毎週開催される市場に持っていく。こういう特徴のすべては古代と中世前期からの遺産であった。発達は古い形態を一夜にして変えはしなかった。さらに、一二九三年のジェノヴァの海上交易が、フィリップ美男王が貨幣量を多くするにあたって最大の危機に直面した同じ年のフランス王国の全収入の三倍に達していたことを想起するならば、取引量も十分重要となってくる。同様に、近代的な展望に立った場合、商業革命のイメージを小さくしてしまうその他の特徴も、その時代の背景を前にするならば、様相を一変させることになるであろう。

普通サイズや大型の製品の取引を制限していたものは潜在的市場の欠如というよりも、低価格をつけなければならなかった製品の高額な輸送費によっていた。従って、輸送のほとんどはその土地か地域で小規模に、そして資本の軽度の集中を伴いながら遂行されなければならなかった。こういった小取引は伝存史料にはほとんど痕跡を残していない。これは経済史家にとって商業革命期におけるそれらの増加——奢侈品の増加よりも相当程度大きかったにも拘わらずではあるが——を観察することを困難にしている。一四世紀前半までに一〇万バレルの葡萄酒が単年度で、主として小さな貿易商によって小さな船で、ガスコーニュからイングランドに輸出されている。この特別な数値は下方修正されなければならないかもしれないが、塩、穀物、加工魚、傷まない果物、チーズ、木材、安価な金属、羊毛、木綿、そして一般染料が、量の増加と船の大型化を伴いながら、比較的遠方に輸出されていた。水上輸送と大型帆船（または、小さな川や水路を利用しなければならなかったときは川舟）が好んで利用された手段であった。しかし、最重量の製品でも、大至急必要であるとか積荷に含まれた軽くて高価な品物に重量を加える場合など、ガレー船や他の高速船に積まれることがありえた。陸上輸送さえも、道路がヨーロッパ全域を通じて改良されるに従って、一層便利になっていった。地中海とヨーロッパの北部ないし北西部との近道を提供することによって、水上輸送との競争に十分耐えることができたアルプス越えの発達はとくに重要であった。一二三七年のザンクト・ゴットハルト峠の駄獣のための新しい道路と橋による開通と一三三八年の小型の荷車に適したセプティマー峠の拡幅は最高に意義のある突破工事であった。それらは西寄りの峠を通ってシャンパーニュを目指していた人と物の一部をドイツに向かわせると同時に、フランスの輸送機関に対してサービスの改善を突きつけた。

陸上ルートは北ヨーロッパでは重要な役割を果たさなかったが、船を大きくすることによって（通常、それによって速さが犠牲になったが）、「北の地中海」と呼ばれる北海とバルト海の商人たちは基本的原料と他の嵩《かさ》高い品物――それらの生産は木材・穀物・塩漬け魚といった比較的小規模な労働力を必要としたに過ぎなかった――に大きく依存していた交易を押し進めた。これに対して、本来の地中海の商人たちははるかに広い選択幅で加工品を取り扱っていたが、全体的に高い生活水準と稠密な人口を利用して、あらゆる港に立ち寄り、商売になるものは何でも選び取っていった（これは、偶然ではあるが、彼らの専門性の欠如としばしば軽蔑をもって呼ばれているもののよい側面であった）。例えば、ヴェネツィアは最初期の切り札であった、塩市場に対する統制力を増す努力を決して緩めなかったし、労働力を注ぎ込んではじめて作られ、お金で購入される最高級の贅沢品に加えて、大量の穀物、油、葡萄酒、鉄、銅、錫、水銀、木材、果物、石鹸、家畜と食肉、通常の皮革製品、目の粗い織物を海・河川・陸上ルート経由で取り扱っていた。

しかし、儲けの最高の機会を提供し、資本の最大の集積を作り出すと同時に、それを必要としていたのは贅沢品のほうであった。加えて、通常、中世の遠隔地交易と結びつけられ、鰊《にしん》やビールの通俗的な匂いをシナモンやナツメグの誘惑的な香りでほとんど中和してしまう威厳に包まれた商品、香辛料について考えてみよう。しかし、中世を通じて「香辛料」の一般名のもとに括られたものはすべてが威厳に包まれ芳香のある高価なものであったのではない。一四世紀前半の、フランチェスコ・ディ・バルドゥチオ・ペゴロッティの手になる商慣行のこの上なく詳細な手引書は、香辛料の項目のもとに、ほぼ等しく「大物」と「小物」とに分けて、アルファベット順に二八八品目も列記している。調味料・香水・薬のこじんまりとしたまとまりに続いて、銅・木綿・蠟・紙・膠《にかわ》といった相互に関連のない商品と出会う。さらに、ペゴロッティの多くの「香辛料」がイスラム世界とビザンツ世界、そしてさらに遠方のアジアとアフリカから入ってきているが、大半はイタリアとヨーロッパのその他の国々の製品である。このリストには含まれていないか軽く触れられているに過ぎないが、この書の別の箇所で形・価格・生産地を異にするその他多くの商品が主要な食料品、毛皮（ほとんどが北ヨーロッパ産であるが）、二三品目の絹（大半が中東と極東産であるが）と、広範囲でほとんどどこにでも見られる布製品がふんだんに記されている。鉄・木・ガラスから作られたほとんどどの製品の完全に近い削除は別として、この手引書は商業革命の最盛期における国際貿易で取り扱われていた商品の驚くほどの多様さを正確に映し出しているが、重要度に応じてそれらを分類したり上から順に並べたりすることには役立たない。

この全景を手直ししたり完成させようとする代わりに、国際貿易の主軸、つまりイタリアを支点とした、そして北西ヨーロッパをレヴァントと結びつけていた軸を構成する主要な要素を摘出してみよう。商業革命を通して、レヴァント地方の最強の資源は二つのグループの高価な原料に分けられていた。つまり、それらは香りを加えたり、冷蔵庫が知られていないあいだ食料を保存するために塩とほとんど同じくらい大切であった胡椒を筆頭とする香辛料そのもの（すなわち、調味料・薬草・染料）と、宝石や象牙から原料としての絹に及ぶ奢侈品である。工業製品もまた初期において重要な役割を果たしていたが、イタリアは次第に商売で東洋人を打ち負かし、輸入から輸出へ転換した。ヨーロッパは、当初、主としてレヴァント地方へ廉価な金属と木材を大量に輸出することによって清算していたが、やがて多様化する工業製品、つまりガラス製品、武器、その他の鉄製品、そしてとくに毛織と亜麻織の布地をリストに加えるようになった。輸出入の不均衡は金と銀の換算レートが主軸の両端で異なっている場合、偶発的利益を生むことになることから、これら二つの金属の積み込みによって是正することができた。しかし、貴金属の蓄えはすぐに底をついてしまった。最良の解決法は、通常、東方向けの積荷の価値・量・重さの総合計を西方向けの積荷のそれに可能な限り近づけることであった。そうすることで、輸送手段の潜在能力は両方向で十分に発揮され、初期投資の全額は最初から最後まで利益のために機能することができたであろう。

どれくらいの利益を上げていたのか。もちろん、一般に通用する答えは出せない。今日と同様、中世においても平均的利益率は平均的危険率と関連するようになっていたが、個々の事例は成功から失敗にまで及んでいる。高危険と高利益が商業革命の初期段階では支配的であった。それらは資本の初期蓄積を行い、大勢の頭がよくて幸運な商人たちを中世前期の貿易商の全体的中庸から脱出させるのに役立った。一一五六年から一一五八年の連続した「コメンダ」契約は幸運な例の典型で、それによってジェノヴァのある投資家は二〇〇ポンド強の初期投資を三倍に増やし、出発した班も彼らの利益の取り分と同額の一五〇ポンド近くを稼いでいた。その後競争はこの有利な利益を抑えてしまったが、より高い安全と市場の拡大が用意周到な営業者に対して彼らの資産を以前よりも堅実に増やすことを可能にさせた。その頃商業はその冒険的で、ほとんど英雄的でもあった特徴の多くを失っていた。それは商人階層の古きメンバーが、自ら大量の荷物に同行する代わり、机に座って支店の従業員や委託業者を介して指示を出す、型にはまった仕事になろうとしていた。イタリアでは一四世紀前半までに商業貸付の平均利益率は一二パーセントから八パーセントまで落ち込んでいた（同時期のドイツ内陸部の相当に繁栄した都市、ニュルンベルクでの法定利率は四三パーセントであったが、ホルツシュハー社はユダヤ人への貸付に関しては九四パーセントも取っていた）。しかし交易のなかには常に、戦争・海賊行為・嵐・需要供給の激しい変動・遠距離・不慣れな環境が、冒険心にみちた男に高利益と高危険を追求する機会を提供していた分野や種類が存在していた。一三四一年ヴェネツィア商人フランチェスコ・ロレダンは中国に叔父の推薦状を運んでいったのであるが、その一部を紹介すると、「もしこの旅行が成功すれば、私は余生を快適に過ごすことができるだろう。しかし、もしそうでなければ、自分の財産をすべて売り払うことになるだろうが」となる。商業の不均等な発展といろいろな方向を目指した商人たちの簡単な概観だけでも、我々は彼らが出会った好機と、彼らがそれをどのようにして捕まえ、または逃した経緯についてある程度想像することができる。

第三節　地中海圏

十字軍をヨーロッパ経済の惰性から躍動、そして貧困から富裕への主要な転換点と見なす人はもういない。転換はそれよりも早く、主に内的変化を通してやってきていた。人口の増加、農業生産量の増大、自信にみちた商人エリートの出現がそうである。さらに、イスラム勢力（そしてあとから加わる、ビザンツ帝国の「悪しきキリスト教徒」）に対するキリスト教世界の大攻勢は、急速に発展するカトリック教ヨーロッパ社会と、その東と南の境界線に位置する成熟しているが柔軟性を欠く社会との接触面を、格段に拡大したことは否定できない。実際、この種の邂逅は一一世紀にイスラムから完全または部分的に奪還されていた二つの地域、シチリア島とスペインで起きていた。キリスト教世界への復帰の前後とも、この二つの地域は自身の生産物よりも国際交易によって例外的な繁栄を謳歌していた。あるユダヤ人商人はイスラム教アフリカにいる商売仲間たちに「仕事と遊びならパレルモが最高だ」と書き送っている。類似の漲《みなぎ》りは十字軍諸国家、そして少し遅れてビザンツ帝国から奪還されたいろいろな土地でも見られた。詳細は経済史でなくて政治史に属している。しかし、シチリア島もスペインも聖地も、さらにはビザンツの支配地域も重心が完全にイタリア北部と中部の四大都市（ヴェネツィア・ミラノ・ジェノヴァ・フィレンツェ）――ここの強力な商人たちは肥沃で勤勉なヨーロッパの後背地に向かうルートを完全に掌握し、衰退するイスラム勢力の正面玄関を越えてアジアとアフリカのさらに奥まで突き進もうとしていた――に移ってしまう一三世紀までに優位を保つことはなかった。

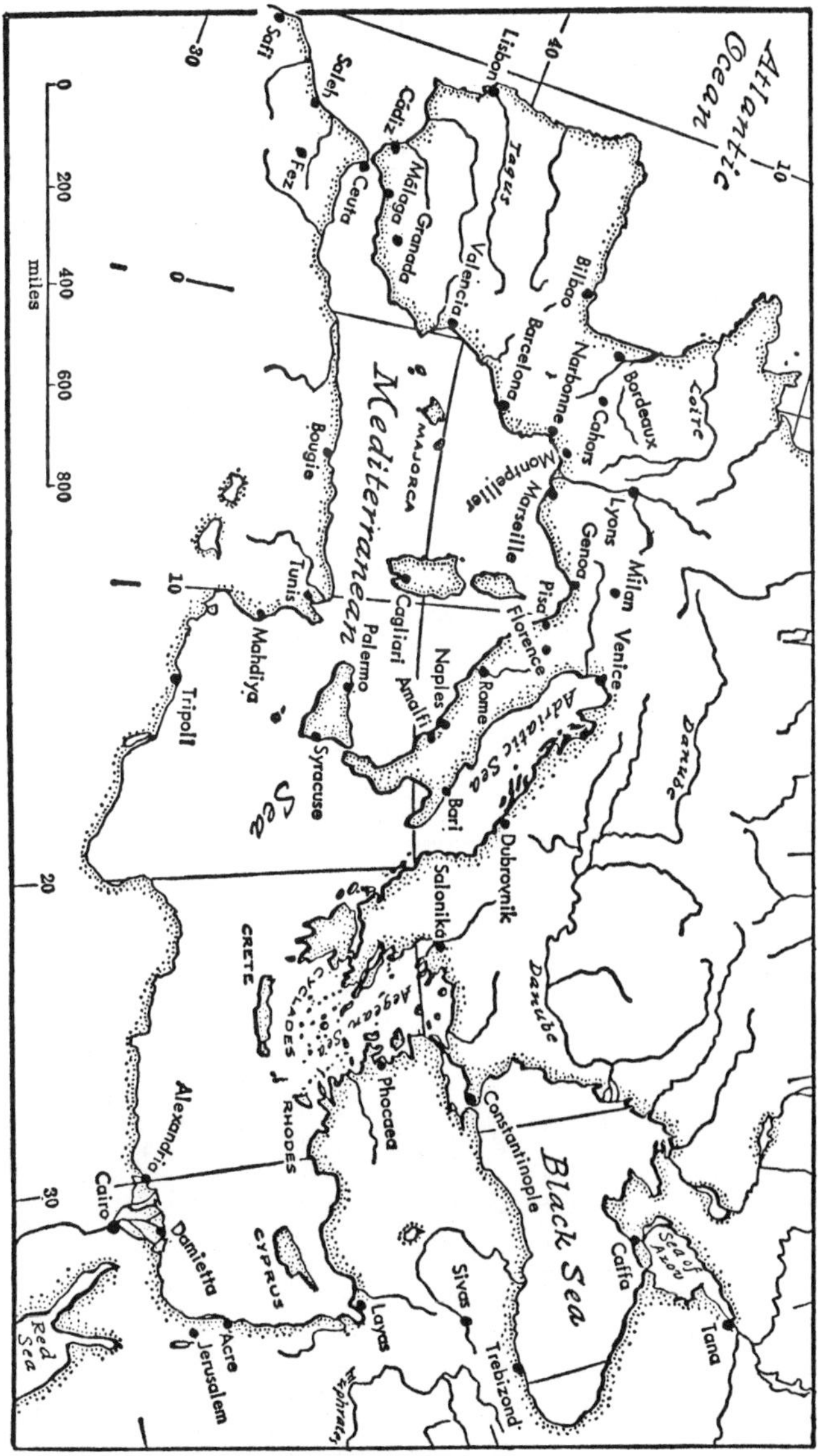

資料5　地中海の主要な海港と植民地

軍事的拡大が持つ持続的な経済的価値は、征服された地域の緩やかな衰退と裏口のまだ征服されていない地域の高ぶった敵意のなかでよく反発を招いていたが、主として外国の商人たちに提供される税の割引と地理的便利さからなっていた。我々はこの種の割引がすでにビザンツとイスラムが支配する少数の港におけるヴェネツィアやイタリアの他の海港都市の市民に認められていたのを見てきた。一二世紀、十字軍士たちはもっと寛大になっていたのであるが、それは免除または（今日でもよく言うような）領域外権が封建制度のもとでよく機能していたことから、彼らが対価として軍事・経済的支援を獲得していたためである。イタリアの多くの自治都市と南フランス、カタロニア、そしてダルマティアのいくつかの海港都市は財政上の特権と、一部においては町のいくつかの区画と郊外の土地を含んでいた自治区を手に入れていた。一三世紀末までにイスラム教徒は十字軍士の保有地全部を奪還したが、それ以外の地域ではばはるかに大きな機会が開けていた。一二〇四年、「フランク」諸侯とヴェネツィアの水兵によるビザンツ帝国の相当な広さの征服はヴェネツィア商人にすべての港における足がかりを与えたうえ、彼らをその当時「帝国の四分の一と半分」と言われていたクレタ島とギリシアのその他の島嶼の唯一の支配者にしてしまっていた。一二六一年、ビザンツ皇帝はジェノヴァ市民に支援されて、コンスタンティノープルを取り戻した。それでも、ヴェネツィア市民は利益の大半を確保していたのに対して、ジェノヴァ市民は同盟者の犠牲のもとに類似の植民地帝国を樹立したに過ぎない。他方、フランク陸軍とイタリア艦隊によって繰り返されたエジプト、またはその一部を征服しようとの企ては失敗した。しかし、これはイタリア・南フランス・カタロニアのいくつかの都市の商人たちがイスラム支配下のアフリカの地中海沿岸とイスラム支配下に残されたスペインに位置する非常に多くの港における関税割引と物的便宜を武力ではなくて、外交手段で獲得するのを妨げなかった。

外国で所有する施設を使用する貿易商からジェノヴァ当局が徴収していた関税の許容される範囲内での概算からはっきりしていることは、政治的統制は市場の自由利用ほど絶対的なものではなかったということである。一四世紀、コンスタンティノープルの郊外、ジェノヴァの統治下にあった壁で囲まれた飛び地を構成していたペラからの収入は、ジェノヴァ当局がイスラム教徒が夜になると閉鎖していた小さな建物群（fondaco または fondoq）を借りていたに過ぎないアレクサンドリアからの収入の二倍をこえていなかった。反対に、この建物群からの収入はジェノヴァでの海上交易からの関税収入の四分の一をこえていた。だからと言って、海軍力と領域の拡大の成果を過小評価してはならない。特権を外国商人に付与する政策はビザンツとイスラムの海港都市においては、西ヨーロッパの封建制下にあった週市と年市におけると同じように歓迎されていたのみならず、西ヨーロッパの海軍力の地中海全域における存在と優越は無視できないものになっていたことから、外交的圧力も大いに役立った。ほとんどの船が商業にも戦争にも使用できたことの事実は、経済力と軍事力の相互作用を一層緊密なものにした。また、領域の拡大も外交では埒があかなかった障壁を打ち破っていた。占領と防衛の費用は高くつくかもしれないが、イタリアの植民都市はいずれも農業や鉱業に関する資源と順調に発展する可能性のある市場とを持っていた。

戦争と交易の組み合わせは、西ヨーロッパの海港都市間での競争においても効果的であった。都市は、まず第一に、自分の商人たちの手腕、資本、組織、港の自然・人為的長所、そしてその場で自由にできる農・工業資源に依存していたであろう。早期のスタートと前章で叙述された、考え抜かれた商慣行はヴェネツィアを先頭に立たせた。ヴェネツィアに追いつくことに成功した唯一の海港都市ジェノヴァは、斬新で大胆な技術を前にしての柔軟性に負うところが大であった。しかし、伝統も革新もこれら二つの都市の排他的な特性を永遠に維持することはできなかった。ヴェネツィアもジェノヴァも自分たちの優勢を維持し強化するために戦うことが必要と判断した。ヴェネツィアは多くの海港を自分の支配に服させ、それ以外の海港に対しても遠隔地交易の制限を承諾するよう迫ることによって、アドリア海に対する覇権要求を成功させた。ジェノヴァは西地中海のより広い海域に自己の首位を樹立することが非常に困難であると悟ったが、リグリア海沿岸全域を征服し、コルシカ島とサルデーニャ島の一部の支配権をめぐる長い戦いでピサを打倒し、ナルボンヌ・マルセイユ・モンプリエの拡大を早期に断ち、発展に異常な才能を発揮していた新参者、バルセローナには最小限の譲歩しかしなかった。独立した自治都市であった北イタリアの海港都市とは異なって、フランスとスペインの海港都市は高額な税を徴収し、自分たちを対立のなかにしばしば巻き込んでいた封建領主や国王ののし掛かるような支配権によって幾分不利な立場に置かれていた。しかしながら、バルセローナは宗主であったアラゴン王がほとんど常に支援してくれるという幸運に恵まれていた。とにかく、戦争の勝者が遠隔地交易から最高の報酬を得たとするなら、敗者は近距離交易の持続的発展のなかで少しの埋め合わせを手にしていた。ただヴェネツィア、ジェノヴァ、そして程度は劣るが、バルセローナだけが敵艦や海賊を迎え撃つに十分な装備が施されていて、自分たちの旗に従うか敬意を払う遠隔の地に散在する港に大船団を直接派遣していた。衛星海港都市は海岸に沿って輸出入品を再配分することに特化することで、経常経費と危険を少なくすることができた。

国内交易は衛星海上交易の特徴の一部を、思ったよりも頻繁に共有していた。自国の港から植民地または特権を付与された寄港地まで行くに際して、厳重な軍事的保護のもとでの長くて妨害のない航行は存在しなかった。そうではなくて、ルートの発達は非常に緩やかで、最初は自国内に限定され、そしてもしあったとするならば、その他のルートは外国政府による関税と小さな妨害に晒《さら》されていた。ただイタリア北部と中部の自治都市は、相当な広さの領域を支配し、さらに闘争を続けながらそれを拡大しようと努力していた。ミラノやフィレンツェ、そして規模ははるかに劣るが、ヴェローナやルッカのような小都市は、他の自治都市をヴェネツィアやジェノヴァが衛星港に課したと同様の規制に服させることに成功した。地中海沿岸のその他の地域に関して、内陸に位置する都市は郊外区を支配するか、強力な領邦君主の庇護に頼ることができた場合、幸運であった。しかしながら、これらの欠点は週市と年市ではほとんど問題にならなかった。市場を訪れていた人々にとって、一連の双方合意や多面的同盟や力の集団的誇示によって、遠隔地交易は十分に安全なものになっていた。ルート沿いのすべての権力は、不満を抱える商人たちが回り道でもより友好的な土地を通っていたため、まったくの私利私欲から法外な関税を課したり、略奪者たちを無罪放免したりして、自分で自分の首を絞めてしまうようなことはしなかった。ポー川流域の二つの都市は双方間の競争を排除しようとしたとき、彼らは川の流れを逸らすための水路に取り組むことになった。

しかし、産業の特殊化は、都市間の競争に際して、より効果的な手段を提供した。各都市はその周辺区域に多種多様な商品を供給することができたが、ルッカは最高の絹を製造し、ブレッシアは武器製造で他を圧し、ボローニャは大量の靴を供給し、クレモーナは安価なファスティアン織（混毛綿織物）で有名であった。ミラノだけは、アメリカ産業革命初期におけるフィラデルフィアのごとく、ほとんどすべてのことに秀でているとの評判を確立した。また、どの都市も自分の技術を他へ持ち出すことを禁じていたのであるが、同時に熟練労働者を他の都市から引き抜こうとした。商業と同様に、工業はイタリア以外の国ではあまり分業化が進んでおらず、それで最高級品の一部は「小間物屋 mercers」のような遍歴商人によって輸入されねばならなかったが、イタリアではどんなに小さな都市でも品揃えの良い店があちこちにあったし、最低でも自身の特産品を持っていた。

第四節　交易の一環としての預金銀行と金融

信用機関は商業競争のもう一つの手段であった。信用は通常どんなに小さなものであっても、すべての取引行為のなかに含まれていたが、専門化した職業としての発達はイタリアでもかなり遅いものであったことを見てきた。実際、中世の銀行業はそれが力強く自己表現したときでさえ、商業の一分枝に過ぎなかった。

もちろん、質屋はほとんどどこにでもあったが、その方法と利子率は合法的商業の必要とは対応していなかった。大半の預金銀行家は内陸部の都市の出身者であった。ポー川流域のアスティとピアツェンツァは当初は優勢であったが、すぐにトスカーナ地方の多くの都市に追いつかれてしまう。フィレンツェとシエーナは他を圧していた。南フランスもカオールに国際的に有名な預金銀行の拠点を持っていた。しかし、この職業で最も成功した仲間でも一二、一三世紀においては、大規模な商業企画の財政的支援者として国際的に大きな商人と張り合うに十分な準備金を持っていなかった。彼らが取っていた比較的低い利子はとくに手工業者や小貿易商には便利であったが、資本を築き上げる機会を狭めていた。さらに、預金銀行業の成長は二つのまったく異なる方向で抑制された。一方において、都市の規制は通常銀行家を通貨と貨幣市場の補助的監督官の地位に押し上げたが、彼らの業務を特別な統制に従わせることによって彼らの支払い能力を保証しようと努めた。他方、教会法廷は商業利息と高利貸とを区別せず、自由意思で契約した利子付き貸付の当初金額以外のものの返済を一切拒否することによって、銀行家を（少なくとも、一度は）騙す気でいた不謹慎な借り手に支援を差し伸べていた。

通常の預金銀行家が行うことができなかったことが、副業として銀行業に関わった国際交易の商人には簡単にできた。これらの商人は、預金銀行家として正式に登録されるとされないに拘わらず、自身の交易との関連で同じ信用業務を合法的に行うことができた。彼らは利子付きの預金を受け取り、より高い利率で貸付を行い、そしてとくに教会の非難を受けることになる利子を望んだ額だけ課すために為替手形を最大限に活用した。これらの手形は、当事者の一方がもう一方から前渡し金を土地の通貨で受け取り、別の場所でその土地の通貨での返済を約束する契約である。表向きは、その主たる目的は外国にいる相手に外国の通貨を用意する一方で、その人から土地の通貨で同額のものを携行する危険と費用を取り除くことであった。もしそうであった場合、初期の段階で十分ありえたことであるが、当事者は通貨を交換し、その運搬を引き受けるために、手数料を貰う権利が認められたであろう。しかし、土地の通貨が前もって支払われ、払い戻しは手形または相手が目的地に着くまで遅らされたため、実際取引は相手による当事者への貸付——そのため、当事者は細工された為替レートのなかに簡単に紛れ込ますことができた利子を課せられていた――を含んでいたことになる。通貨と場所の違いでさえも第二の契約または業務を取り消す条項（つまり、外国通貨の当初の場所と当初の通貨への変更を定めたもの）によって排除することができた。しかしながら、後者、つまり見え透いた仕掛け（ricorsa、つまり「実体のない手形」）は、例えば、シャンパーニュの大市のごとく、その業務が同じ場所からの切れ目のない支払いの流れを必要としていた大きなマーチャント・カンパニーにとっては必要不可欠なものではなかった。すでに一二世紀後半（そして、もっと早い時期であったかもしれないが）の預金銀行と商人の双方に知られていた為替手形は一三世紀を通じて、その柔軟性が陸上交易の充実によって増し、その利率を隠すという長所が知れわたることによって、最も広く利用された信用形態となった。利率を隠すために、為替条項は海上貸付契約のなかへも取り入れられたが、短期の「コメンダ」契約がその必要の多くを非難を受けることなく満たしていたので、海上交易は控えめに為替手形を利用したに過ぎなかった。

為替手形は、他の商業技術と同様に、次第に地中海世界にくまなく普及したが、それに基礎を置いた大規模な信用はイタリアの少数のマーチャント・カンパニー――これらは内陸部の企業の平均的規模と比較して、巨大商会と呼ばれるまでに急速に成長した――の専売特許となった。海上貿易商と異なって、彼らは自身の経済的浸透を軍事力で援護することができなかった。しかし彼らは、外国政府から商業的譲歩を手に入れるための武器として信用貸を活用した。この商業的譲歩は自分たちの輸出入業をうまく展開するための潤滑油としての譲歩で、その貿易は自分自身が所有するか借り入れた資本を増やすための手段で、その資本はさらなる信用貸の支えとなった。「高利貸に関する罪」に大きく依存していたこれらの会社の最も傷つきやすい友人は、ほとんど逆説的に聞こえるかもしれないが、ローマ教皇であった。教皇はヨーロッパの隅々とのあいだで税や物資をやり取りするために、彼らのサービスがどうしても必要で、彼らの業務の教会法上の正統性について詳しく調べる余裕はなかった。それどころか、教皇はカトリック教世界の君公たちにこれらの協力者たちを推薦し続けていて、そして極端な場合ではあるが、彼らへの返済を拒む債務者を教会罰で脅すことさえしていた。

それにも拘わらず、「仲間衆」による共同出資制はその本質的脆弱性によって、どんなに大きな会社であっても非常に傷つきやすいものになってしまった。君公は払いのよくないことで有名であった。シエーナと他の都市が厳格さを減らそうとして失敗した合同で無限の責任は大勢の出資者の誰もの上に途方もない責任を押しつけた。出資者間の不和は一二九八年、恐らく当時のヨーロッパで最大の信用取引会社であったと思われる、シエーナのボンシニョーリ社を倒産させた。その二年後、ガンドルフォ・アルチェッリィ——パリで最も裕福な納税者で、ピアツェンツァのボッリノ社の業務を取り扱っていた——の死は共同出資制の急速な衰退をもたらした。この時から一三四六年にかけて、フィレンツェの「仲間衆」が次々と潰れていった。そのなかで最も勢力を誇ったバルディ社は一三一八年、約八七万五〇〇〇フローリンという数字で帳尻合わせをしていたが、その額は数年後にフランス国王がモンプリエの町をそこの領主から買い取った金額の六倍をこえていた。同社は一三四六年、イギリス王とシチリア王に貸していた一〇〇万フローリン以上の信用を回収できずに倒産している。しかし、これらの数値の莫大さは信用の持つ増殖能力を証明している。

第五節　グリーンランドから北京まで——イタリア交易の満開

事業の失敗、税額の上昇、海賊行為、戦争、富の不均等配分、そしてその他の攪乱要因にも拘わらず、一三世紀はイタリアの北部と中部、そして程度は劣るが、西ヨーロッパの地中海沿岸地域にとって、不十分または不確実な供給から（少なくとも、中世的な意味において）豊かさへの過渡期を完成させた。それ以前において、これほど多くの人々が欠乏から免れていたことはなかったし、またこれほど多量で多品種の商品が常時手に入ったこともなかった。それは絶頂期の古代ローマでも、最盛期のビザンツとイスラムの諸地方においてもなかったことである。人々は上昇を続ける物価に不平を言っていたが、収入も全体的に見て通常よりも速く上がっていたし、ほとんど何もかもがかなりの値段ではあったが手に入っていた。たとえどこかで不作が発生しても、船によって別のところから穀物を素早く輸入することができた。たとえ戦争や出入港の禁止が高級織物の源泉を封鎖したとしても、シャンパーニュの大市で注文することによって、同じ織物を別の生産者から大量に購入することができた。金属通貨の慢性的不足——これは一般の顧客よりも、輸送指令によって自身の口座から、または為替手形によって支払うことができた交易商にとって非常に難儀なことであった——であっても、それはジェノヴァが一二五二年に良質のジェノヴァ金貨、それに続いてフィレンツェが数カ月後、同じ重量のフィレンツェ金貨を発行し、そして他の自治都市と王立造幣所が少し遅れて類似の政策をとることで緩和された。この時の改革の背景に関する錯綜して対立し合う解釈について、ここで論じる必要はなかろう。恐らく、唯一ではないとしても決定的な要因は、一二五二年に一時的に金価格の一〇分の一をこえた銀価格の急激な高騰にあったと思われる。新しい金貨は、一般の支払いに関して多くの金貨を放出し、価値の急激な低下と無秩序な多様性の只中で安定した国際的通貨を供給し、金の保有量が減少してきていた、衰退するビザンツとイスラムの諸地域に対するイタリアの経済的優越を宣伝した。

豊富さの問題は希少さのそれとは異なる。いかなる大がかりな変更も、高危険、小市場そして競争の希薄さの時代で商人に役立った基本的な取引においては必要でなかったが、売り手の数が買い手のそれに比例して増加していたこと、そして大胆さよりも能率が縮小した利益率のもとでは成功にいたっていたとの事実に応じた調整がなされねばならなかった。旅行をより安全にするために、護送船団を組む必要があったことについてはすでに触れた。しかし、個別の船にとっては好機を摑むことがなおも有利であったし、そして旅行上の危険は、理想を言えば、銀行業のごとく保険を専門的な職業にすることによって、商業上の危険から分離されるべきであった。発展は非常にゆっくりとしていたが、それは非常に多くの保険業者のあいだで分割されず、そして非常に多くの船に跨っている限りにおいて、保険は博打とほとんど異なるところがなかったからである。しかし、一三世紀後半に最初の自信のない実験が確認され、そして一四世紀前半までにジェノヴァとフィレンツェがはっきりと優位に立っていた。この二つの都市は、走り書きのメモから貸方と借方の分別記載、そして究極的には、今日でも（電算機の助けを借りて）使用されているそういった種類の厳密な複式簿記へと徐々に変化していく商業会計と銀行会計の発展においても、イタリアの他の都市に先行していたようである。これらの道具は商人が関わっている仕事全体を把握し、提携者や代理人の業務を調べ、過去から将来にどのような計画を立てるかを学ぶのに大いに役立った。商業の手引書から地図にまで及ぶ一層の読み書き能力、または科学的道具に関しては、商業革命の文化への影響――これは地中海沿岸のその他の国々におけるよりもイタリアにおいてより早期かつ鮮明に感じられる影響であるが――を一瞥する際に、簡単に考察されるであろう。

成熟度の増大によってもたらされる最も目立った副産物は、恐らく、植民地の強化と国際貿易商が外国に半ば常駐させる代理人への増加する信頼であったろう。一部の経済史家は近代的視点から過去を見て、彼らが「定住商人の到来」と呼ぶものを突然で革命的な変化――これは旧来の遍歴商人が机につく代わりに船に乗ったり、馬に乗ったりしてこれまで陥っていた時間の浪費と接触の中断を排除して、ビジネスをより能率的にした――として歓迎してきた。しかし、これはあまりにも単純化しすぎている。行商人は、現代のかけずり回っている営業マンと同様に、いつも動いていて、一般の商店主はほとんど動く必要はなかった。しかし、国際貿易商には机仕事と営業出張を交互にする十分な理由があった。出張は彼らに最新のニュースと最良の取引をもたらした。共同経営者になったり共同出資者になったりすることで、時間のかかる不愉快な旅行を少なくすることができたが、利益も減少した。しかし、利益率が低下してビジネス・チャンスへの参加が広がると、出張の恩典は次第に出張費を下まわってしまった。取引はますます通信で行われるようになった。船は伝言と契約書を運び、またそれを持ち帰った。毎週シャンパーニュの大市を発つかそこに着く飛脚業者は価格表や市場分析をイタリアにいる共同出資者の本部へ運び、詳細な指示を持って再び大市の代理人のもとに戻ってきた。イタリア商人たちは、次第に拠点を彼らの生誕地から外国の恒設的な前哨基地へと移した。

移動はいつでも簡単にできたのではなかった。外国の都市と君公の一部は最高の機会を確保してお こうとの気持ちから、居住許可の制限や居住外国人への増税によって移住を阻止しようとした。しかし、その他の人々は一層寛大であったか、そのような圧力に対応した。もちろん、植民地は母国の市民を歓迎した。そこの本来の住民は通常、若い息子、新しい世代の仲間、有給の従業員、可能な限り速やかに本国へ帰っていた業務代行者からなっていた。時の経過とともに、どの年代の人でも植民地に定住し、現地の女性とのあいだに子供をもうけ、そしてそこに出身都市の複製を作っていった。「ジェノヴァ人は非常に多く（世界各地に散らばっている）ので、（住んでいるところであればどこでも）別のジェノヴァを作っている」と、一三世紀のある民衆語詩人は誇らしく歌っている。反対に、それぞれの前哨基地はさらなる発展の踏み台として役立った。そして植民地がなかったところでも、イタリア人の浸透はヨーロッパの奥深くまで及んでいた。フランスに支店を持っていたルッカのある「仲間衆」は、海豹《あざらし》の毛皮・鯨の骨・鯨の腱で支払われる教皇庁の十分の一税を徴収するために、遠くグリーンランドにまで代理人を派遣していた。イギリスにいたフィレンツェの十分の一税徴収者たちは、修道院の信用業者や羊毛収集業者としてその土地に住むユダヤ人に次第に取って代わった。アスティとピストイア出身の貸金業者はフランス全土に網を張り巡らすために、サヴォアとブルゴーニュにある彼らの最初の足場を活用した。ヨーロッパ中部と東部はこれらの影響をあまり受けなかったが、個々のイタリア人は農業や鉱山業や大弓の輸入といった多様な仕事を持って、あちこちに進出していった。

より大きな前進は海によって成し遂げられた。地中海は船で一杯になり、それを越えた商品の注文は価格を押し上げ、黒海・紅海・大西洋から自分たちを隔離していた政治・経済的障壁に対するイタリア人の圧力が高まった。最初に留め金が外されたのは、一二〇四年に外国人がコンスタンティノープルより奥に船で入ることを禁じていたビザンツ帝国が一時的に崩壊したときである。まずヴェネツィア人、続いて(一二六一年に部分的に再興されたビザンツ帝国の同盟者として)ジェノヴァ人が黒海周辺にたくさんの前哨基地としての植民地を建設した。エジプトを征服しスエズの狭い通路を通って紅海に到達しようとの試みが繰り返されたが、いずれも失敗した。しかし、中国からロシア側の黒海沿岸と小アジア側の地中海沿岸にいたるまで隙間なく広がる広大なモンゴル帝国の出現は、突如イタリア商人に無限の活動領域を提供した。一三世紀を通じてヨーロッパの数倍もあるアジア大陸全域――無数の香辛料の生産地、絹の最大の輸出地、高度に発達した民族とまったく原始的な部族の共存地で、それら双方の数と資源は慣れ親しんだヨーロッパの情景を小さく見せていた――は恐ろしくて非情なモンゴル人の力によって融合されたあと、四つのハン〔汗〕国(南ロシア、ペルシア、トルキスタン、中国)のわりと友好的な連合へと変質した。ここにおいてイタリア人の企業活動はアラブ人、ヒンドゥー教徒、中国人、そしてモンゴル人の支配下で苦しみ続けている他の貿易商の企業活動を牽制するものとして歓迎された。

チンギス・ハンの家臣たちと彼の後継者たちが、政策を野蛮な戦争から平和と寛容へ変えるまでにはほぼ一世紀を要した。この変化は恐怖におののくヨーロッパ人にはすぐには理解できなかった。普通でない知覚力と柔軟性によって、イタリアの商人たち(最初はジェノヴァ人とヴェネツィア人、続いて内陸都市出身の交易商たち)は、モンゴル人を信頼することによって、極東交易のアラブ人仲介者を飛び越え、ほとんど知られていない地域の彼方に位置する「インド諸島」――この名称のもとに西ヨーロッパ人はイスラム支配下の中東の東側に広がるすべての地域を総称する習慣があった――の何としてでも手に入れたい莫大な富まで安全に旅行することができると認識するにいたった。あのヴェネツィア人マルコ・ポーロは一三世紀後半から一四世紀前半にかけて、その挑戦を敢行した大勢のなかの一人に過ぎない。当然のことではあるが、書物のお陰で彼一人が有名になってしまった。これによって、商業契約書と物語史料が地中海から北京または台湾と向き合った中国大陸の海港、泉州――ここにイタリア商人のとても小さな植民地が短期間ではあったが根を下ろしていた――を頻繁に往復させていた一般の商人たちを見過ごすことがあってはならない。他の商人たちは、南ロシアまたは小アジア経由でトルキスタン地方やペルシアに達したあと、モンゴル帝国の境を越えてインドで最大のイスラム国家の首都デリーに入っていた。これを越えてはそんなに多くの人々は進んでいなかったが、彼らはペルシアのタブリーズ、ヴォルガ河畔のサライ、そして中央アジアのウルゲンチ（オーガンジー〔極薄の綿モス〕はここから由来）を一世紀前のコンスタンティノープルやアレクサンドリアと同じほど馴染みのあるものにした。ジェノヴァの造船業者たちはペルシアのハン〔汗〕に雇われるか保護されて、カスピ海やペルシア湾を航行した。しかしながら、最も大胆な企ては一二九一年の失敗に終わったそれであった。この年ジェノヴァのヴィヴァルディ家の二人の兄弟ウゴリノとヴァディノは二隻のガレー船に商品を積んで、西廻りルート（コロンブスやヴァスコ・ダ・ガマのルートと同じだったのか。史料はこの点に関してはっきりしない）での「インド諸島」到着を目指してジブラルタル海峡を横切ったが、帰ってくることはなかった。

イタリア人のアジア大陸への浸透は、個々の冒険の集積をはるかにこえていた。その現実的な重要さはペゴロッティの商業手引のなかで、割かれた数頁は少ないが、強調されている。それはクリミア半島から北京にいたる最も北よりのルートを「昼でも夜でも完璧なほど安全であった」ルートとして微細に

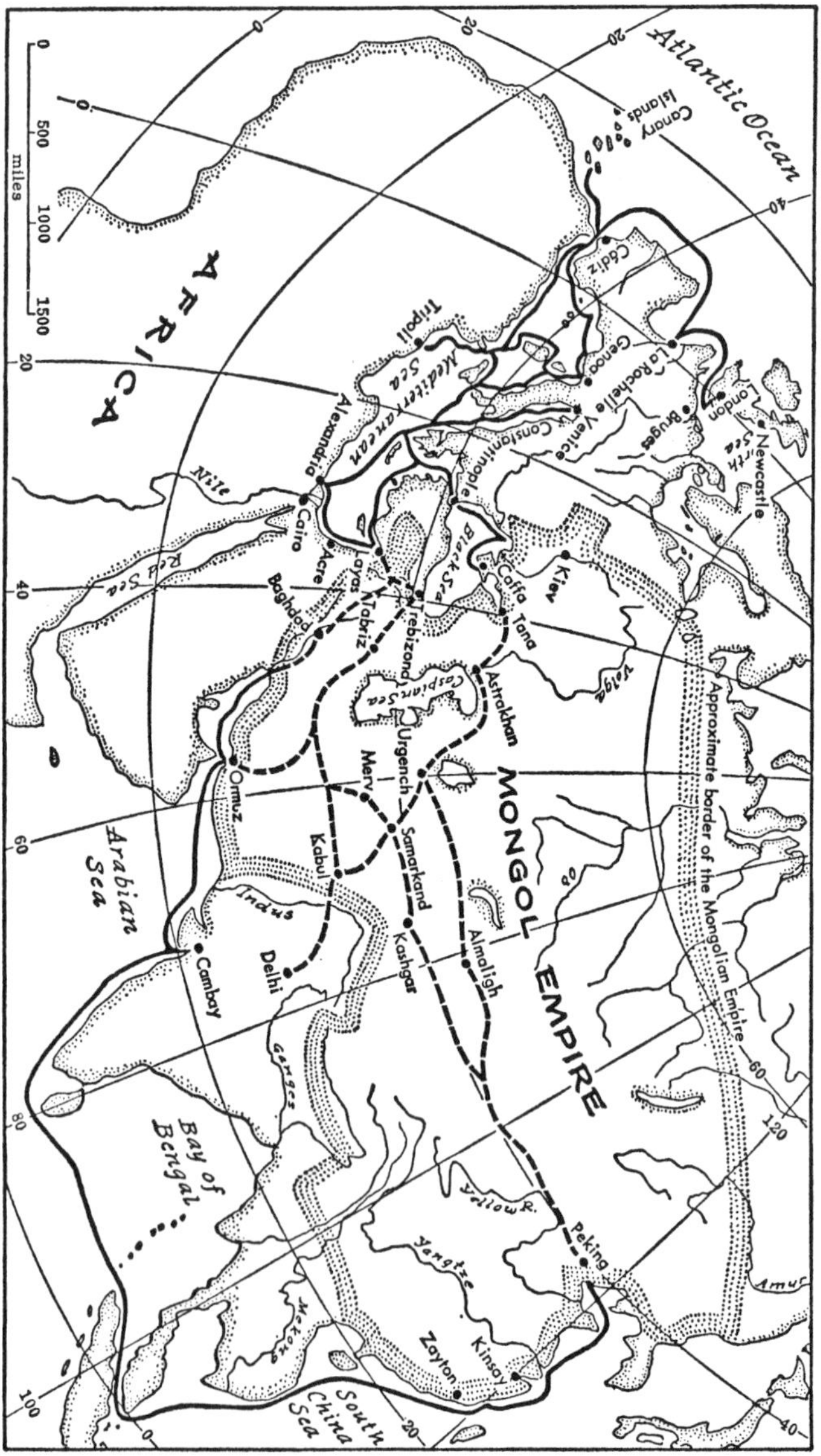

資料6　モンゴル帝国（イタリア商人が利用した旅程と大西洋航路）

記述している。しかし、このルートでも、九カ月近く閉ざされることがあって想像以上の出費と危険を伴うことから、その魅力は厳しく抑えられていた。フランスやドイツの最高級のリンネルを中国に直接輸出し、中国の絹を持ち帰ることで採算が取れていたが、それは転売価格が後者の軽量で高価な商品の価格を上まわっていたからである。しかしその他の商品に関しては、ヨーロッパにおける内陸交易に関してそうであったごとく、同一ルートのより短い距離でしかこれらの高級品と有利に交換することはできなかった。小アジアやペルシアからインドや中国にいたる別のルートは幾分短かったが危険が多かった。ペルシア湾からインド洋沿岸に沿って進む海上ルートは比較的安価であったが、二年以上もかかっていた。明らかに、イタリア人商人の資本とともに労働力はアジアにおける好機の徹底利用にとって十分ではなかったが、ポルトガル人とスペイン人が一六世紀に東西「インド諸島」への進出を開始したときの、同じように不十分な手段を考えた場合、早期のイタリア人の進出は十分強力であったと思われる。

より近くで、そしてそれゆえ容易に開発できた未開拓地はジブラルタル海峡の先にあった。地中海と大西洋のあいだの通行の鍵は元来、モロッコとグラナダを支配していたイスラム教徒に握られていた。しかし、カスティーリア・ジェノヴァ連合艦隊が一二九三年にモロッコ海軍を打ち破る前から、その閉鎖は個々の船が通過できないほど厳重ではなくなっていた。早くも一二世紀、ジェノヴァ人は、とくに神秘的な「パロラ」、つまり大量の金が低価格でもたらされていたセネガル地方を目指して、モロッコ海岸に沿って船で南下を開始した。一三世紀を通じて彼らは自分たちのルートを慎重に延ばしていき、一四世紀前半にカナリア諸島に達した。続いてポルトガル人、そして規模は劣るがカスティーリア人とフランス人が、一五世紀にヴァスコ・ダ・ガマによって最大の成果が生み出されることになる、南大西洋の着実な開拓において先頭を走っていた。しかしながら、本書が対象にしている時代（一三五〇年以前）における最大の海上進出は、大西洋岸の南ではなくて北の部分であった。伝説のなかで執拗に繰返される怪物が棲息し恐怖が充満する地とされたアフリカと違って、ジブラルタル海峡からフランドルやイングランドにいたるヨーロッパの海上航路は地中海の船乗りにとって恐ろしいことはなかった。しかし、経済上の思惑から長いあいだ、イタリアの水夫たちはより小さな船に乗って短い距離で大西洋を航行していたポルトガル・カスティーリア・バスク・フランス・イングランド・フランドル・オランダの水夫たちと競争することを躊躇《ためら》っていた。イタリアの交易はアルプス山脈を通る陸上ルートによってより安価に北上していたのである。

しかしながら、一三世紀末から一四世紀初期にかけて、ジェノヴァ人とヴェネツィア人はラ・ロシェル、サザンプトン、ブルッヘ〔ブリュージュ〕への直行海上ルートを利用し、有料荷重を増やすのに十分広くなったが、それによってスピードを犠牲にするまでにはいたっていなかったガレー船に工夫を凝らして高価な商品と嵩《かさ》高い商品を合わせて積むことによって、より安価に商品を輸送する方法を発見した。一三一五年頃ヴェネツィアとジェノヴァから北海に達した最初の護送船団は、西ヨーロッパの北大西洋岸の地中海圏域への事実上の併合を決定づけ、イングランド・フランス・低地地方との交易の非常に大きな部分をイタリア人に移し換えた。しかし、以上の点に加えて、地中海からの航海はあまりにも遠まわりのため、アルプス山脈越えの陸上ルートと競争になることはなかった。北方の海は北方の船乗りたちの独占物であり続けた。

第六節 「北の地中海」

本来の地中海と、イングランドの東海岸からバルト海の最奥部まで広がる大西洋の長い腕との広範な自然環境上の類似点については、すでに指摘しておいた。ドイツはその中央部を占め、ユトランド半島が北に向かって突き出ているのと同じように、イタリアは地中海の中央部で南に向かって突き出ている。半島のつけ根に位置するリューベックとハンブルクの立地は、イタリア半島のつけ根に位置するヴェネツィアとジェノヴァのそれにほぼ匹敵する。地中海におけるイタリアの優越と北方海域におけるドイツの優越にいたる双方の歴史的経緯のあいだには、いくつかの類似点が検出される。

ドイツにおいては、イタリアにおけるごとく、一〇世紀からの農業の復興と軍事的復活は多くの都市に在地と同時に遠隔地間の交易を発達させ、皇帝やその封臣たちの権威に挑戦し、さらには商業に基づく植民地帝国を樹立することを可能にさせた。交易は中心となる推進力であったが、経済的進出はしばしば剣によって支援された。加えて、イタリアにおけるごとく、早期に突出した役割を果たしていた一部の都市――ケルン、マインツ、そしてとくにレーゲンスブルク――は、ただ単に居住する司教または世俗領主がその囲壁内に潜在的消費者の大集団を確保していたためだったからとしても、交易がごく僅かであっても流れを停止することがなかった古代ローマ時代の中心地であった。しかしながら、カロリング諸王と彼らの後継者たちのもとでのドイツ人による東方進出に続いて出現した新しい都市的集落と司教座がそれらに加わった。ブレーメン・ハンブルク・マグデブルクは、ヴェネツィアやアマルフィと同様に、中世に生まれた都市であった。進出初期における都市社会の内部構成は、イタリアよりもはるかに少ない史料から言える限りにおいて、多くのイタリア都市と異なるところはなかった。相互に関係する家族の緊密に結びついた集団（近代の歴史家たちが不正確に彼らを呼んでいるところによると、「都市貴族 patricians」）はほとんどすべての公職を独占していた。同時に、彼らは遠隔地交易の指導者たちで、多くの土地を所有していて、そのなかには市場開催地の周辺の高価な土地も含まれていた。彼らの祖先の一部は交易の魅力を感じていた下級貴族であったかもしれない。

しかし、こういった類似性はこれ以上進むことはなかった。ドイツにおける都市の発達はイタリアよりも遅く、成功の度合いも低かった。ケルンがウォーリンゲンの戦いで大司教勢力を最終的に撃破し、他の封建諸侯の支援を必要としたゴールに到達するのは一二八八年より前ではなかった。さらに、大司教と他の封臣たちはその司教管区のほとんどを支配し続けた。ドイツ諸都市は周辺の領邦諸侯によって閉じこめられ苦しめられることも非常に多く、イタリアの自治都市のむき出しの独立と徹底した商業主義よりも穏やかなもので満足しなければならなかった。これらの都市は皇帝の保護を取りつけ、それで不十分と見ると、しばしば地域連合に結集した。それらは残存する封建・農業的利害によって都市共同体の主要な商工業関心が弱められるのを放置した。しかし経済・政治的発展の少ない成果の部分的補償として、ドイツ諸都市は、イタリア都市史を緊張で満たした劇的な企業危機と苛烈な対立から部分的に免れていた。加えて、商人と君公との関係は敵対的になる必要はなかった。ドイツにおける共通の利害が素晴らしい協力の事例を生み出した。一一二〇年に早くもツェーリンゲン公はフライブルク・イム・ブレスガウを建設するために二四名の有力商人を結集させ、そして同様の形式がベルンの建設に採用された。君公との協力関係の持続はドイツにおける都市発展の大成功、つまり後にハンザ同盟と呼ばれることになる組織の成立に寄与した。

ここで注記しておかねばならないことは、「ハンザ」は北ヨーロッパで一般的に使用されている名称で、商人組合を指すことが非常に多かった。その原初的意味はたぶん「武装船団」であったと思われるが、それは至当にも、交易の軍事的支援を物語っている。一三世紀よりもずっと前に、いくつかのハンザが北海沿岸の各地かその南部の沿岸に現れては消えていった。しかし、なかでもハンザ同盟は、ケルンと他のライン川沿岸の諸都市が「北の地中海」に面したドイツの海港で構成された既存で非公式の同盟を統合した、一三六九年にしか設立をみることはなかった。とはいえ、この同盟は九世紀からのドイツ人の倦むことのない商業・軍事的拡大の成果の頂点であった。ヴァイキングの勇敢な行為と航海術が北方世界をすべて支配した九世紀と一〇世紀前半、ただライン川とウェーザー川のあいだに住む勇敢な農民商人の集団、フリースランド人のみがスカンディナヴィア人と張り合っていたに過ぎない。ウェストファリアの商人は原始性を薄めた方法で、一〇世紀後半から一一世紀前半にかけてウェーザー川とエルベ川に挟まれた地域へと進出したが、バルト海のスカンディナヴィア人の優越を脅かすまでにはいたっていなかった。潮の流れが変わったのは一一四三年で、この年リューベック――元来はスラヴ人定住地で、その領主はドイツ人移住者を歓迎したが、ドイツ領主の侵略行為に屈しなかった――は皇帝フリードリヒ・バルバロッサの従兄弟で好敵手のハインリヒ獅子公によって完全なるドイツ都市として再出発した。

リューベックはバルト海をハンブルクと北海から分かつ細長い陸地の東側に位置し、「北の地中海」

の二つの部分を繋ぐ主要な結節点の役割を果たせる立地にあったのに対して、スカンディナヴィア人はユトランド海峡をなおもしっかりと掌握していた。その再出発から一世紀以上ものあいだ、二つの共闘する推進力が南バルト海沿岸の大半とその後背地を一つのまとまりに統合した。ドイツ人商人は一つの河口または自然の港から別のそれへと急いで移動し、それらの軍事・商業的特性を利用して一連の都市を建設していき、これらの新都市はすべてリューベックを自分たちの交易の中枢、有力家系の故地と見なした。内陸の平野部を駆けずり回っていたドイツ人騎士は、彼らの優越した武器と組織を使って、点在するスラヴ人やバルト人の抵抗を撃破し、ウェストファリアやフランドルといった遠隔から連れてこられた農民たちの入植で原野を活性化させた。初発から、ドイツ人の異教の、またはキリスト教徒がほとんど住んでいなかった地方への進出はぼんやりとした宗教的色彩に包まれていた。なぜなら、それはラトヴィアとエストニアへの十字軍として公認され、そしてここではテュートン騎士団が、その無慈悲な権力と企業能力の見事な連携によって、商人に先行するか彼らを支援していたからである。リトアニアだけは最後まで抵抗した。ずっと以前からキリスト教を信仰し、かなりの発展を遂げていたポーランドとロシアは征服は拒否したが、商業的な進出は歓迎した。ドイツ人の進出を阻止するための試みがデーン人によって少し遅れて行われたが、失敗した。一二七四年までに、最初デーン人がエストニアに築いた前哨基地で、その後ドイツの影響圏内に吸収されたレヴァル〔現在のタリン〕は、リューベック都市当局に宛てた書簡のなかで「われわれ二つの都市は十字架に架けられたキリストの腕のごとく、結びついている」と述べている。表現は美しいが、この十字架はドイツ人の征服欲にみちた交易によって作られた銀色の十字架〔市の紋章を指す〕であった。

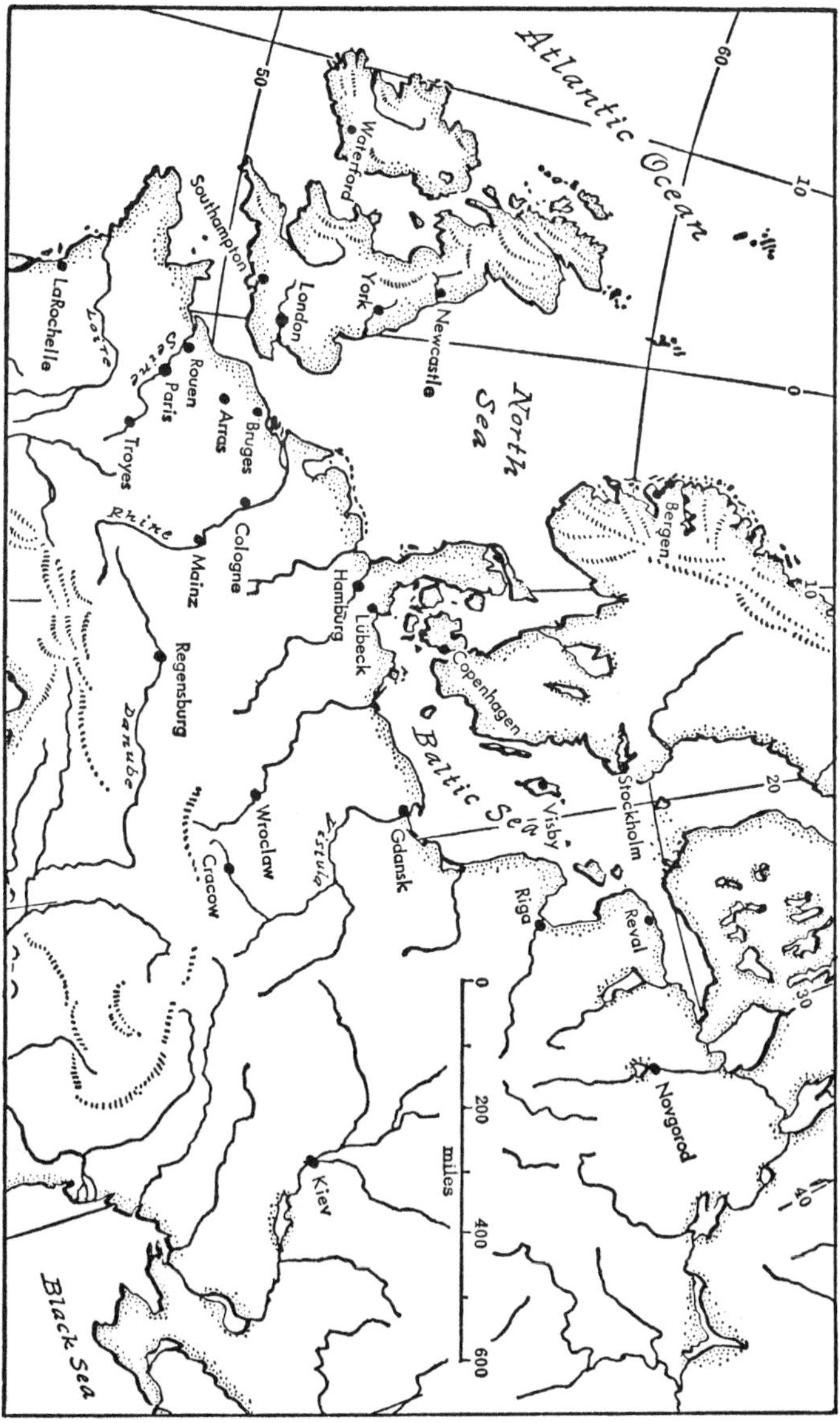

Atlantic Ocean
North Sea
Baltic Sea
Black Sea
Waterford
Southampton
London
York
Newcastle
Bergen
LaRochelle
Loire
Seine
Rouen
Paris
Arras
Bruges
Troyes
Rhine
Cologne
Mainz
Hamburg
Lübeck
Copenhagen
Stockholm
Visby
Regensburg
Danube
Wroclaw
Cracow
Vistula
Gdansk
Riga
Reval
Novgorod
Kiev
0
200
400
600
miles
50
60
10
0
10
20
30
40

資料7 「北の地中海」

実際、一一世紀後半から一三世紀後半にかけてスカンディナヴィア人の軍事・経済力は崩壊していた。恐らく、ロシア・ノルマンディ・南イタリアにおけるスカンディナヴィア出身のエリートと数においてはるかに勝っていた住民との同化が、過度の拡大の不可避的結果であったと思われる。ブリテン諸島におけるヴァイキングの占領地の衰退も同様であった。しかし、「北の地中海」という彼らの本拠地における勢力の縮小は、とくに彼らの手に負えない部族が同じ時期にデンマーク・ノルウェー・スウェーデンの三王国への統合を通して力を獲得していったに違いないことから、さらに別の解釈を必要としている。事実、ノルウェー王は遠隔のグリーンランドとアイスランドにおける貧困に打ちひしがれたスカンディナヴィア人の社会を支配下に収めていた。スウェーデン王はフィンランドの周縁部を併合していた。しかし、デーン人諸王の一部はドイツ人とのあいだで激しい戦闘を交えたが、デーン人をバルト海の南部と東部の沿岸地域で彼らがかつて征服した広大な領域から追い払うことを長いあいだドイツ人に思いとどまらせておくことはできなかった。バルト海の中央に位置するゴトランド島のヴィスビにあったスカンディナヴィア人商人組合は、同島を訪問するドイツ人の組合――これが後のハンザ同盟の最初の核となる――によって失墜させられた。それ以上に、外交手腕と戦争の組み合わせによって、ドイツ人商人は（南スウェーデンのデーン人が支配する地域にある）スカネールの大市、スウェーデン王国のすべての港、そして極北を除くノルウェーのすべての港における特別な特権を獲得した。

ドイツ人によるスカンディナヴィア人の影響圏と本国の諸港への進出の形態は、要するに、イタリア商人によるビザンツおよびイスラムの支配する沿岸地域へのそれと似ていた。ギリシア人とイスラム教徒と同様に、より一層原始的な状況ではあるが、スカンディナヴィア人は早期の開始者であったが、経済・社会的発展についていくことに失敗した。彼らにとって海上交易は自由な市民の仕事よりも、航海術に長けた貴族と農民の仕事であった。すべての北方民族に手本を提供した彼らの船は、今考えると、ドイツ人の船よりも小さかった。がっしりとした帆船は非常に嵩《かさ》高い積荷に適していた。伝統的な側面舵を、大きくて重い船を操縦するのに非常に有効であった正面舵に換えるにあたって、ドイツ人に遅れをとった。彼らの商業技術のすべては時代遅れになろうとしていた。

「東方の国の住民 Easterlings」(ドイツ人商人が当時イギリスでこのように呼ばれていた。ポンド・スターリングがその名称をドイツ人から借用したとの示唆は魅力的であるが可能性の低い推量でしかない) はイタリア人やカタロニア人の技術に追いついていたと推論しないようにしよう。彼らにとって、北方海域での競争相手よりも進歩しておれば、それで十分であった。彼らの共同出資と「コメンダ」契約の形式は、恐らくより単純なスカンディナヴィアの形式から発していると思われるが、地中海における彼らの仲間たちのものよりも粗雑で明確さを欠いていた。複式簿記と保険はまったく知られていなかった。信用会社は未熟であった。リューベックにおける商業利子率はイタリアと同様に低く、一三三五年のヘルマン・クレデンスト社の倒産は、同じ頃起きたフィレンツェの銀行倒産と同じく、町全体を震撼させた。読み書き能力はかなり浸透していたが、イタリアやベルギーの上層市民層よりも劣っていた。一三世紀を通じて「東方の国の住民」は、イタリアの自治都市と同様に、ほとんど独立していたが、指導的階層は非常に閉鎖的で、そして後背地は、カタロニアの海港と同様に、彼らの支配から免れていた。他方、「東方の国の住民」はイタリア人ほどには党派抗争や相互競争や海外領地の争奪に巻き込まれることはなかった。彼らは一般にリューベックの盟主権を承認することによって都市間抗争を回避し、狭い海域を素早く往復して母港に戻ることで恒久的な植民地に対する欲望を減らした。彼らの最も長いルートの東端に位置する一つの居留地——ノヴゴロドにある、彼らがスカンディナヴィア人から奪い取っていた「中庭 yard」——と西端にある三つの居留地——ロンドンでの「竿計区《さおばかりく》 steelyard」、ブルッヘ「ブリュージュ」での「支所 kontor」、そしてベルゲンでの自治区——は彼らの海外業務の大半を処理した。ここでも、彼らの所有地は初期のイタリア人の飛び地よりも大きくなかった。居留地と特権は恒久的であったが、そこの住民は主として一時的な訪問者からなり、統治権はその地の支配者が握っていた。

ドイツ人の海上交易の取扱品の大半は、本家の地中海のそれよりも発達の遅れた経済を反映していた。一〇世紀頃ロシアの河川を利用して短期間でスカンディナヴィアに到着していた東方の香辛料と高級品は、フランスやイタリアで製造された他の奢侈品と同じように、今や西側を通ってドイツにもたらされていた。しかし、需要はそれらの価値を理解し余裕のある比較的少数の人々に限られていた。それらよりはるかに重要であったのが、ロシアやポーランドや新旧ドイツの後背地からの原料——ライ麦・穀物・材木・瀝青・タール・蜂蜜・蠟・毛皮——の流れであった。より多くの木材・瀝青・タールがスカンディナヴィアから来ていた。ボヘミアとハンガリーは貴金属と一般金属の一部を送り出していた。イングランドは羊毛と皮革を輸出していた。香辛料よりも甘くはないが、威圧感のある塩漬け鰊《にしん》の匂いが辺り一面を覆った。近くのリューネブルクの塩がなかったならば、リューベックは中庸の域をこえることは決してなかったであろうが、やがてフランスとポルトガルの塩でそれを補わねばならなくなった。鰊交易ではスカネールの大市が中心となった。デンマーク王はそこで関税を徴収していて、その臣下たちも魚を下ろしていた。しかし、リューベック商人は最も重要な買付人であった。この時期の数値はないが、一三六八年までに彼らの購買量は三万四〇〇〇バレルに近づいていて、その後も着実に増加していった。結局、商品リストには非常に少量の高価な品物しか含まれていなかったが、基本的な生活必需品の類で欠けていたものは何もなかった。

第七節　比較的低い調子で

国際交易は決してイタリア人や「東方の国の住民」の独占物ではなかった。ヨーロッパの経済・政治的統合――今日でも実現からはほど遠いのであるが――は中世においてはまったく想像もできないことであったに違いない。一四世紀前半までに唯一カタロニア人だけがイタリア人から本家の地中海における遠隔地交易のかなりの取り分を確保していたし、そしてイングランド人とオランダ人だけが「北の地中海」の西端部で自分のものを確保していたが、大西洋沿岸地域の、ガスコーニュの葡萄酒やバスク地方の鉄といった多くの嵩《かさ》張る商品は依然として主に各地の船で輸送されていて、近距離航海は誰もが従事する仕事であった。海岸から遠く離れたところで生産された品物のごく一部が土地の商人たちによって周辺地域と主要な商品集積地に搬送されていた。

これらのヨーロッパの沈滞した地域と内陸の奥まったところにおいて、商売は比較的低い調子で行われる傾向にあった。資本、信用、総取引高、組織、そして個々の企業の規模はイタリア商人や「東方の国の住民」に関するものよりも小さかった。しかしながら、地域間には大きな違いが存在していた。農業発展と生産高において最前線に位置し、多くの工業において相当に熟練していたフランスは、遠隔地交易では非常に控えめな役割しか演じていなかった。初期において、地中海交易でそれなりに発達したプロヴァンスとラングドックは一三世紀において、イタリア人と競り合うのが困難とわかると、葡萄酒や大青（染料）といった特産品に大きく特化していった。同じ頃、フランドルは自身の織物工業の成功によって、この分野にすべての力を注ぎ込むことで一致した。フランスのその他の地域では、イタリア人を商人へと向かわせた深刻な食糧不足に苦しむところはほとんどなかった。農業利益に有利に働いた課税は利用可能な余剰物の非常に大きな部分を吸収し、そして残された物も他の国が欲しがるものなら何でも供給していた外国商人にとって十分な量であった。一二九二年イタリアのある商人銀行家がパリの納税者リスト（貴族と聖職者は除外されていた）の筆頭を占めていたことについては既述したが、彼に続く六名のうち五名もイタリア人であった。唯一のフランス人がピエール・マルセルで、たぶん商人たちの代表者で、一三六五年の革命の指導者エティエンヌ・マルセルの祖先であったと思われる。そして、イタリアの自治都市を統治したような代々続く商人門閥はここではきわめて稀であったことを付記しておこう。中世フランスにおいて、古代ローマにおけるごとく、富裕な実業家は交易から彼らの利益の最大部分を引き出し、土地と貴族の称号を購入し、彼らの息子たちを国王に仕えさせた。

まったく同じ形態がイングランドでも広く見られたが、ほとんどどこでも海が近いことと各地の生産と手工業の分化が進んでいなかったことから、交易の魅力が増大した。国際貿易はイングランドの余剰羊毛と葡萄酒に対する渇望によって大きくなった。商業と信用制度における相対的後進性のため、イングランドの商人たちはユダヤ人に、そして彼らが何も残らないほど搾り取られて追放されたあとは、イタリアの商人銀行家に大きく頼らざるをえなかった。加えて、外国人はあらゆる商業的好機を激しく取り合ったが、王国全域に効果的な経済規制を行使する数少ない西ヨーロッパの君主の一人である国王は、イングランドの船舶と貿易商のために十分な取り分を確保しておこうと努めた。カスティーリアの商人も同じく国王の支援に大きく依存し、それを最大限に活用した。しかし、アラゴン王国はイングランドほど生産性が高くなく、そして封建的な後背地はバルセローナや他の海港の迸《ほとばし》る活力を鈍らせていた。

しかしながら、商業化がある地域から別の地域を飲み込んでいく限り、後進性は、活発なまたは少なくとも受動的な国際商業への克服不能な障害では必ずしもなかった。商業革命の最盛期（一三世紀と一四世紀前半）において、開始が遅れた地域の一部はうまく弾みがつかなかった早期出発組に追いついていた。カスティーリアとポルトガルはイベリア半島のイスラム教徒からの再征服を完了するや、上げ潮にあった自分たちに利用できる最高の機会を自覚し始めた。金属生産の増強と国内河川網の積極利用により、南ドイツ・オーストリア・ボヘミア地方はヴェネツィア・ケルン・ウィーンを二つの地中海および東洋との最終的結節地として活用することにより、遠隔地交易の本流のなかに自分たちの位置を確保することができた。さらに東に進んで、ポーランドとセルビアは自分たちの商業をバルト海沿岸のグダンスクとアドリア海沿岸のラグーサ〔現在のドゥブロヴニク〕のような海港を介して、海に結びつけていた。南部諸地域をアジアからの侵略者たち（〔トルコ系の〕ペチェネグ族とそのあとから来たコマン族）に譲り渡して久しかったロシアでさえも、モンゴル人の恐るべき権力がその南部に定着し、残る地域も彼らの宗主権下に服させたとき、もっと深刻な状況に追い込まれていた。国際交易はまだ完全に停止してはいなかったが、それへの回路のほとんどは黒海沿岸のジェノヴァやヴェネツィアの植民地か、ロシアのバルト海への前哨地で、「東方の国の住民」と同盟を結んでいた都市国家であるノヴゴロド経由に限定されていた。

途中で失速してしまったその他の早期出発組に関して、それぞれの本拠地がカトリック教ヨーロッパの境界の彼方にあったビザンツ帝国とイスラム世界の経済的衰退を見届ける暇はないが、ユダヤ人について一言も触れないわけにはいかないであろう。一二、一三世紀は宗教的自覚と好戦性が社会のすべての層で高揚した時期であった。加えて、すべての政府は臣民の掌握を強化した。さらに、自国の貿易商の数・技能・組織がカトリック教ヨーロッパ全域で増加した。これらすべては自国内の少数派外国人に対する受容性と有益性を減少させる方向へ向かった。不信心ではなく、ローマ教皇の保護を自分たちの都市のそれと同じように享受していたイタリア人金融家でさえもときどき、一三、一四世紀のフランスとイングランドにおいて財産没収とその他のいやがらせにあっている。ユダヤ人に関しては、事態はもっと深刻であった。彼らは次第に名誉ある商業から排除され、無情さゆえに憎まれ、そして遭遇する憎悪ゆえに無情にさせる、そういった高度に危険な種類の仕事に追いやられていった。たぶん、それが尊敬される業務であれ不名誉なものであれ、ユダヤ人を必要とした君公や都市は依然として存在していたであろう。そして、経済的好機の全般的拡大は彼らの取引の絶対量を全体的に増加させたであろう。それにも拘わらず、商業革命からの利益における彼らの相対的な取り分は、一層周縁的で不確実のものとなる傾向にあった。

第五章　手工業と機械工業のあいだで

第一節　商人と手工業者

産業革命は商人と工業家との関係を根底から変えてしまったため、商人の資本・信用・親類関係・率先力が中世の手工業の発展にいかに重要であったかを理解するためには、少し努力をしなければならないであろう。中世の工人は、古代ローマ時代の仲間と同様に、閉鎖循環から出られない存在に慣らされていた。不十分な道具しかなかったため、ほんの少ししか生産していなかったし、不十分な道具しかなかったのは資本を集積し、それを商業化に投資するほど十分な速さで生産していなかったからである。また、販路もその生産性の低さによって制限されていた。大量に借りたり雇ったりすることで業務を拡張する、または顧客を手の届く範囲を越えて探し求めることで市場を拡大する手段も動機もなかった。古代に工業の発達が起きたとしても、それは何よりも政府役人と裕福な土地所有者が食糧を自らに供給するために持っていた関心によるものであった。さらに、工人たちは、奴隷であれ自由人であれ、物的・社会的に高い地位に上ることを滅多にしかしなかったし、たとえそうしたとしても、大抵は早晩職業を変え、貴顕者のごとく土地収入で暮らし始めたであろう。中世前期は奴隷身分の工人を農奴身分に引き上げ、ときどきではあるが、労働の精神的高貴さ——聖ヨセフとその他の使徒は全員労働者でなかったか——に口先だけの敬意を見せたが、工業発展に関して新鮮な機会を提供することはなかった。しかしながら、一〇世紀から、商人階層の台頭は可能性を秘めた新しい支援源を生み出した。供給と需要の仲介者として、商人は両方の拡大に個人的な利害関係を持った。彼らは資本を所有し、信用を拡大し、市場調査を通して業務を推進していった。彼らを工人から分離する克服不能な偏見はどこにもなかった。彼ら全員とは言わないが、多くは同一の社会的背景の出身で、封建的支配からの都市解放のための闘争は、少なくとも一一、一二世紀においては、共通の大義を満たしていた。

さらに、富が商人のあいだに格差を生み出したこと、そして出自と職業もまた重要な役割を果たしていたことを考慮に入れなければならないであろう。普通の両親から生まれた平凡な貿易商は、定評のある工人と仲良くなり、そして恐らく彼の娘と結婚することで満足を得ていたと思われるが、この工人の仕事場を支援するためには何もできなかったようである。他方、裕福で評判の高い実業家は金細工師やたぶん船大工頭を尊敬していたであろうが、一般の工人に関しては、上級貴族が一般の商人を軽蔑するのとまったく同じように、ほとんど軽蔑していた。このことは彼らが商品を注文し、資金を前貸しし、原料や道具の購入のために貸付を行ったり、または単に新しい市場や方法を見つけてやったり示唆してやったりと、多くの方法で信頼できる工人を支援することの障害にはならなかったはずである。しかし、裕福な貿易商とお金のない生産者との関係は、当事者の一方が資金を全部用意し、他方が仕事だけを提供する場合でも見られた、同胞商人間の契約を特徴づけていた連帯精神を欠如していた。最悪の場合、商人は工人たちの経済的劣等性を、彼らに法外な利子を課したり彼らの製品を安く買い叩いたりして、利用することができたであろう。最良の場合、商人は精巧な機械を購入したり、将来の拡張のために原料を貯蔵する十分ではないがかなりの額の信用を提供したであろう。預金銀行家は信用を工人に拡大することに以前より乗り気になっていたが、彼らの資金は限られていて、商人銀行家や大商人のように自由に好機を捕らえることができなかった。

しかし、商業と工業は緊密に関連し合っていた。大半の工人は、彼らの製品の一部を直接一般購買者に販売していたため、商人を兼ねていた。高価な原料を使っての高度な熟練工作、大量消費のための日常品の手早い製造、または包囲された都市にある満杯の倉庫、困窮した同僚へ貸し出された予備金、財産持ちの女性との結婚といった外部要因によって、工人は自分自身の手で作り出すのではなくて、他人の製品を販売する商人企業家へと変身することができた。反対に、非常に多くの商人たちは未加工の食料品や原料のみならず、加工された商品も商っていた。その業務が工業製品に大きく依存していた商人は、資本と労働力の相当な量をそれに投資し、そして部分的なまたは完全な工人企業家になることができたのである。

第二節　同業組合

中世の工業は、躍動する商業の後ろで足踏みしていたあいだでも、決してじっとしていたのではなかった。その平均的中庸はその埋め合わせとなる要因を欠いてはいなかった。工人たちは商業革命とそれが基礎を置いていた農業発展が一〇世紀以降、中下層者たちに広く与えていた諸利益、つまりより多くの食糧、改良された伝達手段、人的束縛の最悪の形態からの解放、労働節約型の工夫、そしてとくに好機の拡大を共有していた。高利貸や企業家による下層階級に対する非情な搾取についてはよく聞く話かもしれない。しかし、都市の仕事場に職を求める徒弟や労働者の切れ目のない日常化した移住は、どのような村落も深く眠ったような都市においてさえ手に入れることができた職業・娯楽・希望の多様性に匹敵することができなかったことが唯一の理由であったとしても、労働条件が農業におけるよりも都市の工業において一層魅力的であったことを表しているように見える。

都市は、農奴に自由身分、自由人に社会的流動の自由を与えたうえ、より多くの人々に都市の同業組合に参加する機会を提供していた。これは一〇世紀から一二世紀にかけて多くの都市で見られたいろいろな種類の商人ギルドと同様に、取引の一部を独占し、その利益を促進させようとする同業組合である。しかし、工業ギルドはしばらくして宣誓共同体と同義である商人主導の都市政府に同化する、または大企業家と小貿易商からなる門閥に変質する商人ギルドよりも寿命と有益性においてすぐれていた。それらはまた二つの本質的方針において商人ギルドと異なっていた。商人ギルドは平等主義に立って会員を受け入れていたが、各会員に対しては無限の利益を追求することによって、それぞれの都合に従って決断することを許していたのに対して、工業ギルドは雇用者と被雇用者、つまり親方と徒弟を不平等な仲間として呼び集めていたが、すべての会員に昇進と成功の平等な機会を保証することを目的としていた。

均衡は、仕事の分け前以上のものを手に入れたいとの各会員の意欲を抑えることによって保たれていた。事実、工業ギルドは、その所有者が従業員たちに超過勤務を強いるか同僚たちを締め出したとしても、無限の利益を手にするのが困難であった資本蓄積と機械化が進んでいない仕事場の可能性の低さを反映していた。このようなギルドは安定が好機より優先された小都市か、生産拠点よりも消費中心であったような大都市でその力を最大限に発揮できた。一〇〇ほどあった同業組合（フランス語では mé-tiers と呼ばれた）で肉屋ギルドが最大勢力になっていたパリは、後者の代表的な例である。しかしながら、ギルドの構成は柔軟で、どのような都市や職業にも適合していた。断片的な統計資料の入念な推測によると、一二九四年までにボローニャの人口五万人のうち三万六〇〇〇人以上がギルドの会員か会員の親族であった。二〇〇〇人の学生と一五〇〇人の聖職者を除いて、一万人弱がボローニャにおいて単に工人や商店主のみならず、公証人や外科医といった職業の人々を擁していたギルド組織に含まれていたとした場合、それは多すぎたのであろうかまたは少なすぎたのであろうか。

工業ギルドそのものに戻ると、それらはほぼ安定した機会を分け合う安定した会員数によって、それらの目標である安定と均衡を簡単に手に入れていた。工業ギルドは自身の規則を低いが堅実な成長に合わすことができたが、急速な経済発展はそれらに緊張を強いた。成長を止めることなくそれを制御することに成功する限り、工業ギルドは非常に質素な会員たちに古代の奴隷集団や初期産業革命の工場労働者たちに加えられた極度の苦痛を味わわさせないで済んだ。しかしながら、工業ギルドの制御的行動は工業全体を近代産業資本の常道的エスカレータよりも古代ギリシア・ローマの「黄金の中庸」により近い経済水準に保とうとする性質のものであった。

一〇世紀から登場し、一三世紀に最高に発達した工業ギルド（しかしその時でさえ、すべての工業のすべての人々を包み込んだわけではなかったが）とそれらに先行し、そして一部では恐らくそれらを生み出したに違いない古代や中世前期の組織とをここで比較しようとは思わない。このような起源の問題は、十分な証拠の欠如によって、とくに異論が多く輪郭もはっきりしていない。商業革命の時期を通じても、情報としては、自由に変えられる慣習的規制か、最もよくて、断片的で対立していることが多い言説に依拠しなければならない。加えて、工業ギルドの一部の活動は違法なもので、そしてギルド自体もその非常に多くは正式認可を得るまでは長いあいだ非合法的存在であり続けた。完全に法制化された条例の大半は一三〇〇年以降の時代に関するもので、これまでの経験からそれらは一二、一三世紀まで遡らせることはできないことになっている。しかしながら、工業ギルドの内部構造の基本線は十分明らかにされている。

ギルドは自立的な仕事場の連合体で、その所有者（親方）は、一般に、すべての決定を自ら行い、低い地位（日雇いまたは有給の助手と徒弟）からの昇進に必要な規約を制定した。内部対立は工業の繁栄を目指す共通利益と、有能な徒弟と勤勉な日雇いが遅かれ早かれ親方になり、工業の統括を担うとの将来的確実性によって最小限に抑えられた。期待が実現されることを確信するために、ギルドは一般に日没後の超過勤務を禁止し、そして時には親方が雇い入れる従業員の数を制限していた。これも親方間の実質的平等を維持し、工業の過度の拡張を阻止するのに役立った。しかしながら、工業の過度の拡張の危険は一四世紀後半以前では深刻化することはなかった。持続的発展の見込みが閉ざされない限り、後続のギルドに悪い評判を与えるような筋の通らない規制は一つもなかった。外部者にとって入会を許されること、親方にとって従業員を増やすこと、徒弟にとって親方の資格を得ることはまったく簡単であった。最悪の場合、不満な工人は自身の技術を別の都市へ持ち出すことができた。ギルドと都市当局は熟練工の移住を禁止しようと努めたが、逃亡者が他のどこかで歓迎されるのを阻止することはほとんど不可能であった。ギルドはしばしば低価格で優良品を生産することへの関心を強調した。しかし、そのためにギルドが発した言明を無視することも過大評価することも正しくない。その当時も現在と同様に、生産者の主たる目的は神と大衆に仕えることではなくて、儲けを見込んで商品を売ることであった。さらに、生産者は粗悪な品物を高値で売っても、商売は長く続かないことを知っていた。ギルドの宗教・家父長的性格と、基本的には買い手の市場であることの圧力が相互に強い影響力を及ぼしていた。どちらの影響力が強かったのかをここで議論することは愚かなことである。

工業ギルドは、疑いの目で貧しい人々の組合を見ていた階層のあいだでは抑圧されて、慈善精神に富んだ組織と映っていたとしても、その外観された構造は未発達ではあったが、カルテル〔企業連合〕や労働組合の特徴を部分的に内包していた。個々の仕事場の潜在的経済力をその自立性を壊すことなく促進するために、各ギルドは会員全体を結束した戦線として表現しようと努力した。第一に、それは代表的な製品の品質・規格・価格を統一しようと努めた。これは（ギルドの内外を問わず）不正な競争相手による安売り、そして貪欲な卸売り業者による買い叩きを阻止するのみならず、各組織の広い評判をそれぞれの親方に帰すことに役立った。宣伝が公認された行為でなかった、そして中世の規制の一部は工人に頷いたりくしゃみをしたりして自分の製品に注意を引かせることを禁止しさえしていた限りにおいて、ギルドの認証印が遠隔地の市場を狙う最良の手段であった。近隣の人々だけがすぐれた製紙業者の透かし模様を確認することができたが、ファブリアーノ紙はどこでも知られていたし、今でもそうである。ギルドが原料の共同購入または完成品の共同販売のために、その構成員の資金を共同出資する段階に到達していたのは、どちらかといえば例外的な場合であったかもしれない。しかしながら、このような発案は不測の心配と寡占・独占的行為に対する憎悪に取り憑かれた社会では強烈な抵抗に遭遇していた。ギルドはいろいろな社会活動のために入会料と会費を非常に頻繁に活用していた。それらは宗教儀式や貧窮に陥った会員への援助といった高潔なものから、賭けや淫行によって中間層の人々の低俗な生活が持つ単調さから最も簡単に脱出できていた酒飲み会といった不道徳なものや、政治闘争への介入といった危険なものにまで及んでいた。

一三世紀以前において、工人の一部は都市行政で下級の役職によく就いてはいたが、商人の指導層は、通常、工人の要求にはほとんど注意を払わなかった。しかしながら、工業の発達した都市における少数門閥の分裂とギルド会員の増加は次第に力の均衡を壊していった。それにも拘わらず、民衆蜂起の初期の勃発（一般的には、一三世紀前半）は流血を伴って鎮圧されることが多かった。しかし、結局は、富裕な商人による都市統治は「人民による統治」と呼ばれるものによって取って代わられたが、実際のところは、大抵は、富裕層および中間層の商人と中以上の有力な工業の親方による混成統治であったことが判明した。イタリアの大都市において、この変化は一般的に一三世紀末までに完了していた。さらに、平和は到来しなかった。なぜなら、中以下の他の工人たちが都市指導層の仲間入りをしようと圧力をかけ始めていたからである。フランドルにおいて、織工たちはクールトレの戦い（一三〇二年）でフランス王と門閥に勝利したが、彼らの同盟者であった伯のその後の背信は彼らの勝利の成果を大いに減少させた。近くのブラバン地方では、彼らはヴィルヴォルドの戦い（一三〇六年）でブラバン公によって撃破されてしまった。西ヨーロッパのその他では、民衆統治が実現されたとしても、それはずっと後のことである。

政治的事件の記述に時間を割くことはやめて、統治権の部分的掌握によって工人の特権階層またはギルド企業家に、それまで自分たちの個人的利害を忘れることなく、自治政府の政策を決定していた商人たちに留保されていた経済特権の一部が移動したことを指摘しておこう。しかしながら、同様に、非常に多くの工人たちがギルドへの加入を阻止され続けていたため、それはギルド内とギルド間、金持ちと貧者のあいだですでに存在していた経済・社会的格差をさらに広げた。その対照は親方が徒弟よりもほんの少しだけよい暮らしをしていた平凡な職種の内部や才能が地位を補うことができた芸術性の高い職種ではそれほど鮮明ではなかった。親方が下位の作業者と補助工人を思いどおりにするために政治力を使っていた、幅が広くて種類が豊富な工業部門においてその対照は尖鋭であったし、その度合いは増すばかりで、そしてギルド全体は事実上、別のギルドの統制下に入っていった。中間層の上部と下部の対立を強調するために、ドイツの一部の研究者たちは「良いほう」、「悪いほう」といった明らかに偏った用語を使用していた。より一層明示的な方法で、フィレンツェの人々は「肥えた人たち」と「痩せた人たち」を区別していた。ただし、「痩せた人たち」の名称は、白パンの自由配給が一日二ポンド以下に下がったとして、一三四六年に生活保護名簿に記載された貧者が抗議を行った都市においては誇張であったかもしれない。しかしながら、ギルド体制の微妙な均衡が手工業一般の緩慢な発達とうまく調和していたとしても、それは本来の工業発展に近づこうとするものの一層の加速によって簡単にひっくり返されるものであったことは疑う余地がない。商業革命はすぐに産業革命を生み出さなかったとしても、一部の分野ではそれは「前産業革命的発展」と呼びうるもの、つまり手工業以上であるが近代的意味での工業以下にまで達していたのである。

第三節　毛織物工業の勃興

小さな取引から大きな利益が生まれていた奢侈品交易において商業発展と商業資本主義とが中世で最初の成功を収めていたあいだ、工業発展は薄利多売からその姿を現そうとしていたに過ぎなかった。織物工業は基本的かつ全般的な必要を満たす唯一の工業ではなかった——金属、燃料、皮革、陶芸とガラス工芸、建築と家具、船舶とその他の輸送手段もまた重要な役割を担っていた——が、それらは過去一〇〇〇年において少なくとも二度、工業発展の主導的立場にあった。実際、一八世紀の木綿工業におけるいくつかの技術・組織的進歩は今でも続いている産業革命を開始させた。一二世紀の毛織物工業における同規模のとはいわないまでも同種の進歩は、中世の「前産業革命的発展」をもたらした（人はもっと遡りたがるもので、そのため一〇世紀以前かその頃のビザンツやイスラムの絹織物工業を中世における最初の復興の前触れと見る。しかし、この時期に関する知見はあまりにも少なく、試験的な示唆をこえて何かを明示することはできない）。

織物工業の首尾一貫した先行性の原因は、すべてが十分に解明されたわけではないが、一部に関してはここで提示することができる。織物の生産は、別々のギルドまたは作業単位に委ねられた一連の専門化された作業に容易に分解される。作業の相互依存は、今度は、すべての作業単位の単一管理のもとでの再統合を生み出す。各作業は非常に簡単な道具や機械によって相当な程度速めることが可能である。

原材料と完成品の融通性と軽量さは、安価な労働と率先者が確保されているところであれば、輸送費による生産過程の集約化への加圧を軽減させる。毛織物の品質・製造費・価格の多様性は潜在的顧客の範囲を拡大させる。穏当な輸送費と分極化した市場は、その支援が多くの分散した手工業の一つの統合された工業への変身にとって不可欠な商人資本家の心を捕らえる。

産業革命はイギリスで始まったとの考えは広く認められている。格段に稠密な人口と高度の都市化が国内市場を支え、海洋と植民地における華々しい拡張は国外市場を拡大し、商人資本家たちは木綿工業を根本から変えた技術革新に進んで融資した。木綿の原料が国内で生産されないことは重要ではなかった。一八世紀のイギリスは他のほとんどの国の人々よりも階級的偏見や厳しい規制に縛られることが少なかった企業心旺盛な人々を育てていたため、肥沃な土壌を形成していた。しかしながら、他のすべての国々がそうであったのではない。海の向こう側のオランダは織物工業における力強い伝統を含む、イギリスと同じような利点を有していたにも拘わらず、その原因はたぶん人口が稠密でなく、供給できるものすべてをすでに供給しおえていたためと思われるが、重大な瞬間に対応することに失敗した。一八世紀のよく知られた発展に関する以上の簡単な叙述は、史料が非常に乏しい中世の前産業革命的発展に関する（類推または対比による）説明を見つけだすのに役立つのではなかろうか。奇妙なことに、地理的立地は北海の両側でほとんど同じであったが、演じた役割は正反対であった。イギリスは自身の好機を最大限に活用しなかった国であったのに対して、フランドルとその隣接地域はそれを最大限に活用した国であった。中世で最大の資産を有したイタリアは、一三世紀中葉以後遅れを部分的には取り戻すが、即座に対応しなかった。イタリアは毛織物工業ではなくて、高級志向と東方交易に舵を大きく切った絹織物工業において優位な地位を確保していた。

最初から話を始めることにしよう。カロリング時代、フランドル（その当時、南ではフランス語を話す諸地域を含み、ブラバンやフリースランドと密接な関係にあった）の人々はすでに高級な羊毛と信頼できる織物で有名であった。同様に、余所よりも多くの羊を飼育していたイングランドは大型の織機を使用して、シャルルマーニュの保守的嗜好を不機嫌にさせたと言われている規格外の長いマントを作っていた（同皇帝はマーシア王にこのようなイングランド人の行き過ぎについて不満を表明していたとき、ナポリの織機によって製造されたさらに長い丈の亜麻布はバクダッドからの洗練された旅行者の称讃を浴びていたのであるが）。しかしながら、次の世紀の人口爆発はフランドル人とイングランド人をまだ補足的ではあったが、正反対の方向へと押しやった。余分な土地と過度に要求する君主を持っていたイングランドは、農業と羊の飼育に努力を集中したが、その間織物生産都市は勢いを失ってしまった。土地が狭く、大勢の農民がドイツ東部の辺境にまで生活手段を探し求めねばならなかったフランドルの人々は、牧草地が発展する都市のための集約的耕作地によって取って代わられるか、商業や工業に転用されることを促進した。その発展は同時期のイタリアの発展とある程度まで類似していた。下層の都市貴族の一部は、その構成員が移住してきた農奴によって膨れ上がったブルジョワジーに合流し、封建支配は都市自治にある程度まで譲歩しなければならなかった。商業という職業はドーヴァー海峡に面するか、フリースランドの海上貿易商やムーズ川の水上商人を隣人に持つ国では容易に人々の心を掻き立てた。大陸の商品を積んだ船がイングランドに向かい、イングランドの最高の羊毛を積んで戻ってきた。他の大きな船・川舟・馬・騾馬《らば》がフランドルの織物をドイツの市場、シャンパーニュの大市、そしてそのなかの一部はジェノヴァにまで運んでいた。一二世紀後半に最盛期を迎えるこのような動きは、フランドルを一大商業拠点に容易に変身させたであろう。しかし、フランドルの発展は自らを支えていた前産業革命的発展そのものの成功によってブレーキを掛けられ、最後には完全に停止させられてしまった。十分な資本がすでに集められ投資されていたので、完全に輸入原料に頼っていた工業の成功は保証されていたのである。今や大勢の商人は定住した工業企業家となる一方、他の商人は金を貸すか、収入だけで裕福な暮らしをした。利益を求めて羊毛を輸入し、毛織物を輸出することにいつも熱心な外国商人の不足はどこにも見られなくなっていた。

あと智恵は、次のように、限られた資源の配分のなかにこの転換の原因を探し出そうとしている。フランドルはあまりにも狭くて、毛織物工業でも交易でも首位を狙うことはできなかった。交易においてフランドルはより大きな国々との厳しい競争に直面していたが、毛織物工業においては、イタリアが遠くから脅しをかけていただけで、一三世紀までにすべての競争相手に大きな差をつけていた。工業は、一部は機械化されていたとはいえ、商業よりもはるかに多くの労働力を必要とした。それは単に企業家・熟練工・徒弟のみならず、故郷に自分の場所を持たず、ドイツや極東シベリアへの開拓者よりも最寄りの都市の無産者層になっていた、嵩《かさ》を増し続ける農村出身の未熟練工の流れを飲み込んでいた。正確な雇用統計は伝存しないが、たぶんヘントを北西ヨーロッパで最大の都市にしていた、推定で五万の人口の半分以上は毛織物工業で直接・間接的に生計を立てていたであろう。その比率は、最新の計算によると、一三一三年に四万反を下らない布を出荷していた、ヘントより少しだけ小さいイープルにおいてはもっと高かったであろう。近くのルーヴァンとマリーヌはそれぞれ約二万五〇〇〇反を生産していた。比較のために、シャンパーニュの中心都市トロワは最高で年間二〇〇〇〇反の布を生産していたと言われている。イングランドのすべての都市は、その頃不況に直面していたのであるが、一三四七年から一三四八年にかけての一二カ月間で四四二二反を輸出していた。規模は産業革命時と比べてはるかに劣っていたが、中世の通常の工業のそれを大きくこえていたことは明らかである。

加えて、ベルギーの諸都市はセーヌ・ライン川間の全域に散在する、国際的に有名な毛織物を小規模ではあるが、類似の方法と組織によって生産していた数十の都市的集落によって取り巻かれていた。フィレンツェはフランドルの雇用と生産に関する数値に近づいていた。ポー川流域の多くの都市は比較的安価な毛織物やファスティアン織（混毛綿織物）をフランドルでの数量をこえていたかもしれない反数で生産していた。西ヨーロッパにはもっと簡単な旧式の工法で織物を生産していなかった都市はほとんどなかったであろう。

機械化の水準も通常の手工業と産業革命の初期段階のそれとの中間に位置していた。一八世紀でもまた一二世紀でも、最初の突破は紡糸と織布という中心的分野――これらは互いに密接に関連していたので、一方における加速は他方における同様の加速を必要とした二つの工程であった――で実現された。産業革命は新しい機械――その各々には発明者の名前が付されているのであるが――の連続的に継起した考案のなかで進行した。前産業革命的発展はその日付も正確にできないし、その考案を名前の知れた人物に帰することもできない、二つの簡単で安価な労働節約型機械で満足していた。つまり、手動織機に代わる足踏み織機と、糸巻と棒に代わる糸車の考案である。産業革命期でもしばらくのあいだそうであったように、実際上、既存の水車による動力を糸車や足踏み織機に伝えるには技術上の障害はなかっ

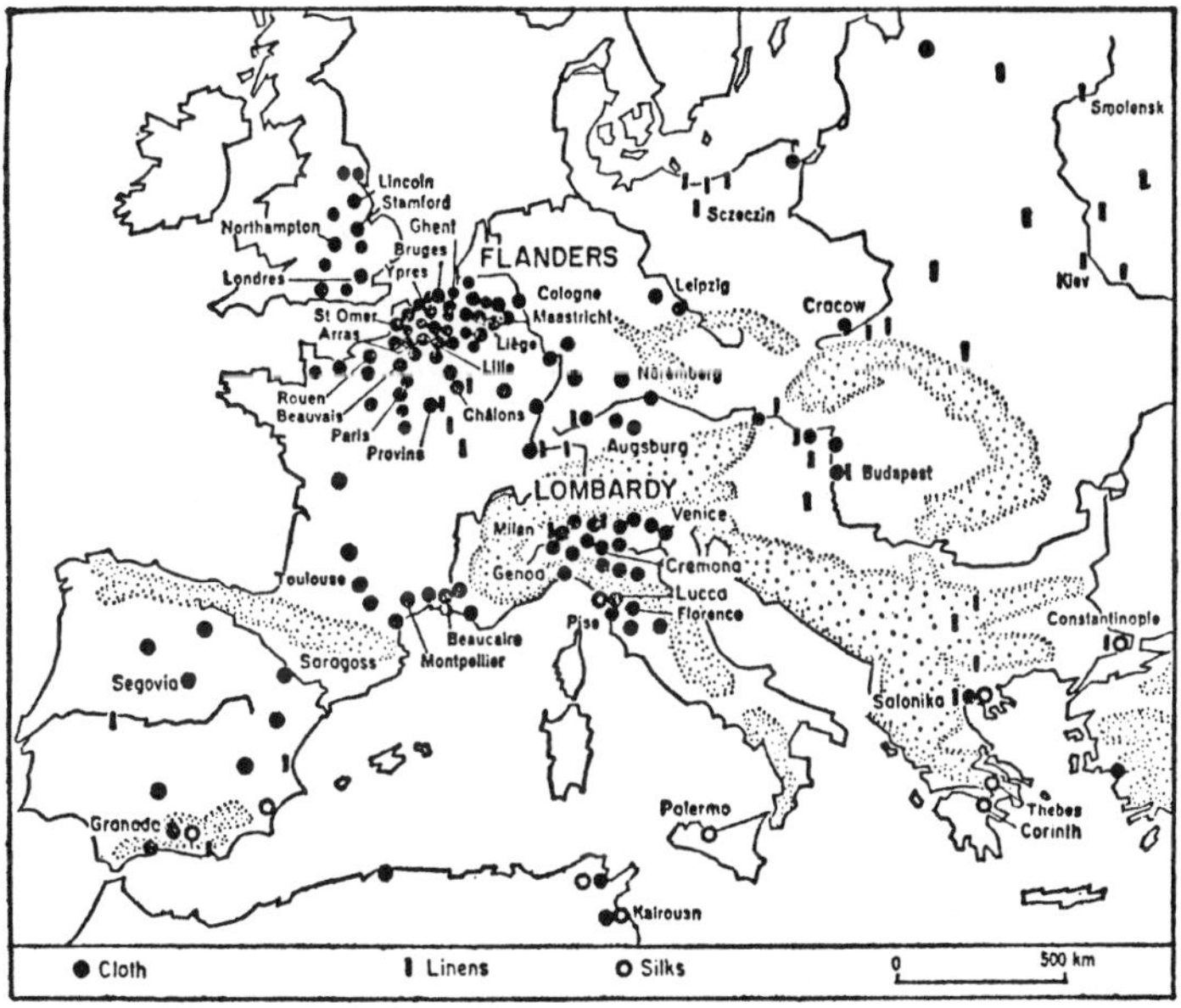

資料8　13世紀のヨーロッパにおける織物工業の中心地

【出典】 R. S. Lopez, *The Birth of Europe*, p. 279から．Copyright ©1966 by J. M. Dent & Sons, Ltd. M. Evans & Co., Inc., and J. M. Dent & Sons, Ltd. の許可を得て掲載．

たと思われる。事実、一三世紀中葉までには水力はイタリアにおいては絹織物業のための繊細な糸を用意した撚糸工程に応用されていた。しかしながら、羊毛の糸は非常に粗くて安っぽかった。羊毛を低賃金の紡ぎ工に託すことができるあいだは、高価な機械に投資する動機づけがなかった。他方、踏みつけることで織物を縮絨していた「歩き屋」に縮絨用水車を用意することは利益に繋がった。イングランドにおける機械導入の遅れは、最良で最多の羊毛を生産し続けていたその手工業における一時的衰退を引き起こす結果となった。それはまた染色工により大きな桶、剪断工により長い鋏、そして他の専門工たちにたくさんの改良された道具を持たせるのに役立った。とくに比較的高価な部類の毛織物に関する、染料や媒染剤の導入については言うまでもない。恐らく、どの新しい考案もそれを使用しない者にとっては苦難を作り出したであろう。とくに、縮絨用水車は多数の「歩き屋」を廃業させたが、結局のところ、機械化は追加的仕事を作り出す性質を持っていた。

中世において、一八世紀におけるごとく、劣った規模ではあるが、分業は機械化と並行して進行し、そして工業集中は手工業の分断された作業に一体化された運営を復活させた。しかしながら、工場もなかったし、いくつかの仕事場が集まって大工場になることもなかった。一三世紀中葉までに織物製造には三〇を超す工程があったとか、それらに関わる同数の工人たちのギルドまたは未組織でバラバラの集団が存在していたといった話をときどき耳にする。ギルドの一つ、通常は毛織物業者（フランス語で drapiers、イタリア語で lanaioli）のそれは資本の大半を所有または管理し、原料の購入から完成品の最終販売にいたるまでのすべての作業を監督した。一三世紀の毛織物業者は、工人の出身であれ商人の出身であれ、手工業者であることはほとんどなかった。ただし、通常彼は主要な技術は身につけていたし、監督に駆けずり回る必要がない場合、織物の製造に手を貸すことはできたが。このような毛織物業者を、たとえ彼が工場ではなくて作業場しか持っていず、その活動もギルドの枠内に閉じこめられたままであることが思い出されるとしても、企業家と呼ぶことが許されるのではなかろうか。一四世紀前半、毛織物業者が経営する約二〇〇の仕事場が年間合計で七万五〇〇〇反を生産していたフィレンツェの織物業界を構成していた。同世紀の後半、ミラノは三六三もの仕事場を有していて、西ヨーロッパ北部の毛織物業者のギルドもほぼ同数に分割されていた。その他のギルドもまた多くの自立的単位からなっていた。

それらのメンバーは自分の家か借家で作業を行い、そして大半の未組織労働者たちも同様であった。機械は、全体的に、それほど重くはなく、工程もそれほど相互依存関係にはなかったため、労働者全員を一つ屋根の下に集める必要はなかったであろう。企業家は単に材料をそれぞれの製造工程に関わる工人各自に連続して提供するだけだった。それぞれの下位単位に自身の仕事を運営する責任を委ねることによって、毛織物業者は経常経費を節約し、自分たちの注文を市場の年および季節変動に合わせることをより容易にした。

フランドル毛織物工業に関わった人々の簡単な考察はその階層的構造を理解するうえで役立つであろう。組織全体の頂点に、単にフランドルのみならずそれを取り巻くより広いフランス・ベルギーを含む領域において、都市間商人組合である一七都市同盟（これは一三世紀までに事実上二〇以上の都市を含んでいた）は、効果はまちまちであったが、「フランス毛織物」のシャンパーニュの大市とその他の外国商人の邂逅場所への輸出を調整しようと努めた。その役割の多くは、フランドル都市のブルッヘ〔ブリュージュ〕がそのズウィン湾に面した河口港のお陰で、南北の地中海からの航海の主要な終着点となった一四世紀に停止した。

その頃、出身都市の工業を支配していたのみならず、都市行政で重要な役職に就いていた毛織物業者たちがいた。政治的影響力を通して、そしてさらに経済的圧力——原料の購入、補助ギルドや他の工人への注文、そして販売のための商品の船積みを拡大・縮小すること——を通して、彼らは国内外の市場の予測可能な需要に応じて、各種織布の生産量と価格をかなりの程度で調節していた。

毛織物業者の下——そうかと言って、毛織物業者が望んだ程度に下位ではないが——には、生産性と収益率が重量のある道具または精巧な道具によって高められていた、専門分化した工人たちの三つのギルドが存在した。まず第一に染色工、次に縮絨工、そして最後に剪断工（実際、イングランドの一部の都市において染色工は、余所では毛織物業者に属していた指導的役割を演じていた）がきていた。自身の桶を所有し、高価な染料を使用していた染色工は同時に数名の毛織物業者から重要な仕事を貰っていたが、誰からも強要されることはなかった。縮絨工も、水車を所有していた場合、同じような立場にあったが、郊外河川沿いといった水車の不利な立地は都市生活への参画を制限したかもしれない。剪断工は手の器用さと同時に使用道具に代表されるある程度の投資に依存していた。このことは、なぜ「青い爪」（染色工のこと）が一四世紀前期の民衆蜂起（革命）で突出した役割を果たしたかを一部において説明している。しかし、剪断工は常に後方に位置し、縮絨工は失敗に終わった初期の暴動で織工と結託した。

しかし織工たちは、毛織物工業の不可欠な核心部を構成し、特殊な工具を使用する熟練工で、そして結果的には自分たちのギルドの公式認可を獲得していた。無意識の皮肉から一二世紀の作家は彼らを「鐙《あぶみ》（織機の踏み台）にもたれ掛かって、生真面目な馬を容赦なく急《せ》かせる徒《かち》の騎士」と呼んでいた。「生真面目な」とは言い得て妙である。毎日八時間から一三時間（労働時間は日の出から日没まででありた）足踏み式織機に跨ることで、織工はかなりよい暮らしを送り、ある程度の蓄えもすることができたが、病気や仕事の一時的沈滞は彼を借金に走らせたり、道具を売り払ったりさせ、こうして彼の将来を金貸しや毛織物業者——両者はしばしば同一人物であったが——の手に委ねてしまっていた。大胆な織布工にとって、移住——それは通常、都市条例によって禁止されていたが——は救済策を提供することができたかもしれない。一三世紀のイタリアにおける工業の発展はその多くを一握りのフランドルからの移住者に負っていた。織機一台当たりの年間生産量は通常三〇反をこえていなかったことを記しておこう。

織布工のさらに下——しかし、工業界ピラミッドの底辺ではなかったのであるが——にはそこそこの技術と軽量道具に対して企業家がある程度の敬意を表していた、梳毛工や紡毛工といった専門の工人がいた。例えば、一二二九年のドゥエにおいて、もし生活費と市場状況が許すならば、紡毛工は都市当局に彼らの賃金の増額を命じるよう要求できると定められている。しかしながら、都市当局は毛織物業者たちに牛耳られていて、彼らの一人、ジャン・ボワヌブロークは、彼の資産に関する死後査問によると、それまで存在していた最も邪悪な搾取者で高利貸の一人であったようである。

毛織物工業の最底辺には、羊毛を殻竿で打ったり洗ったり、また紡いだり縦糸に仕掛けたりする仕事に従事していて、企業家の屋敷で家事をしていたときを除いて、都市内か郊外区にあるあばら屋を離れる機会を持っていなかった、技術を持たない男女の抑圧された一群がいた。もし前産業革命的発展が奴隷制に戻ったり、労働者を工場に無理やり押し込まなかったとしても、それは無産者階層の創設とスラム街の建設に大いに手を貸したことは間違いない。農村部における極度の貧困はそれよりもさらに劣悪であったと指摘したところで、あまり晴れた気分にはならない。

第四節　他の職業における同業組合と前産業革命的興隆

中世における前産業革命的発展によってある程度影響を受けたその他の手工業を僅かの頁で一つ一つ検討することは不可能である。加えて、それらのほとんどは非常に少量の史料しか残していないか、そうでなければそれらの史料は今まで十分には研究されてこなかった。ここですぐに織物工業から離れることをせず、イタリアにおける絹織物生産が毛織物生産よりも、数量においてはそうでなかったとしても、価値においてひどく劣ってはいなかったことを想起しておこう。一〇世紀からずっと中心的存在であったルッカは、不満を抱いた工人たちが自身の才能を輸出し、撚糸水車をボローニャや他の都市に持ち出した一三世紀後半にその絶対的優位を失ってしまった。しかし、すぐれた芸術的デザインと完璧な技術の不断の伝統のお陰で、ルッカは競争相手を引き離していた。加えて、外衣・下着・寝具のためのリンネル〔亜麻織物〕の製造は毛織物のそれよりも大きかったかもしれない。一部の生地は安かったが、最高級品は遠隔地、そして西ヨーロッパ産の毛織物が採算を考えて一度も船積みされたことのない中国へも輸出されていた。シャンパーニュと、程度は劣るが、スイスとドイツのライン川以西の地方がこの手工業の最も繁栄した地域であるが、それは低地地方からロシアにいたるヨーロッパ北部全域に散在し、スペイン・イタリア・ギリシアにおいてもある程度は見られた。綿織物は主として貧しい顧客のためにあった。その生産は専門的な工人よりも宗教組織、女性、そして通常の仕事が暇になったときに副業として紡いだり織ったりしていた農村住民に依存していた。しかしながら、低賃金労働と広範な市場機会は一二世紀からすでに、混毛綿織物（ファスティアン織またはmezzalani）の製造を確立するために、イタリア北部と中部の多くの大商人たちを引きつけた。一二〇〇年頃ファスティアン織一反は最高級品の毛織物一反の二〇分の一の価格で売られていた。これを基礎にするならば、産業革命前夜におけるイギリス織物業界に近づいていた製造業に弾みを与えることは、数名の企業家には可能であったのではなかろうか。

しかしながら、工業企業家であることの最も顕著な表出は織物工業ではなくて、それと一部関連した業種の鉱業・化学・商業からなる部門、つまり明礬《みょうばん》に関して起きていた。この硫酸アルミニウムと硫酸カリウムとの複塩は中世の方式でしかも比較的純粋な形で、近代工業における硫酸塩のそれとほとんど同様に遍在的な応用を見いだしていた。最も重要な使用法は革鞣《かわなめ》し（これは、結局水車が利用されるようになったとはいえ、高度に機械化された手工業ではなく、事実上どんな人にもできるといった職種であった）の硬化剤と染色における着色促進剤としてであった。鉱物資源は地中海周辺で非常に豊富で、それ以外でも少なくなかったが、品質が鉱区毎に大きく異なり、染められた製品の価値に影響を与えていた。一三〇〇年頃ヴォルカーノとリパリ（シチリア島近くの二つの小さな島）で産出された明礬は良質ではあったが最高級品ではなかったため、イングランドでは高く推奨されたのに対して、フランドルでは並として扱われ、そしてイタリアでは厳しく禁止されていた事実は、なぜイングランドが自らの優越をフランドルに譲り渡し、そしてこのフランドルがフィレンツェ人に対してフランドルで染められフィレンツェで仕上げられた織物を高値で再輸出するのを阻止できなかったかを説明するのに役立つかもしれない。最高の製造方法はきわめて簡単であったが、時間がかかってしまった。まず、細かく切断した原料を焼成し、次に濾過を繰り返し沸騰させ、それを桶に入れてゆっくりと結晶化させる。最も純粋で高価な結晶が桶の上部に現れ、底には質の劣った塊が堆積する。底荷として扱われるにこしたことはなかったが、嵩張《かさ》るものとして明礬は安価に海上輸送されていた。明らかに、それを生産し販売することの利益は、同一の企業家が大きな鉱区を所有し、原料を大桶で加工処理し、それを大きな船で運び、市場の大きな部分を統御していた場合には、最高値に達したであろう。このような企業精神の楽園は一三世紀のジェノヴァの商人、ベネデット・ザッカリアの並はずれた能力とエネルギーによって構想され実現された。

ザッカリアの活動は簡単な叙述を許さない。彼は町の上級商人家系の一員であったが、ビザンツ帝国、自身の町、カスティーリア王とフランス王に仕える海軍指揮官としてお金と名声を獲得した。いろいろな国旗のもとで戦闘に勝利したほか、彼はフランスでイングランド封鎖の計画を立て、微妙な外交上の使命を果たし、そしてあるときはエーゲ海で海賊、シリアで十字軍士、またあるときはアンダルーシア地方のある海港都市の長官、ギリシアのある島の統治者になっていた。クリミア半島とフランドル海岸のあいだには、彼が所有する船の一隻または多数の船が寄港しなかった港はほとんど一つもなかったし、ジェノヴァまたは地中海交易で彼が関与しなかったものもほとんどなかった。彼が明礬帝国を築き上げた動きだけを見てみることにしよう。

小アジアのフォカエアの良港からすぐの、大きくて純度の高い明礬鉱を発見したとき、ザッカリアは若いが経験豊富な羊毛や織物や染料を扱う貿易商であった。一二七四年彼は海軍援助の対価としてその地域全体を封土として手に入れるために、ビザンツの宮廷への使節団を利用した。さらに、良質の原料を産出する鉱区は小アジアには一つしかなかった。政治的駆け引きでザッカリアはそこからの輸出を一時的に封鎖し、その後商業入札によってそこの持ち分を獲得した。その間彼と彼の非常に親密な協力者たちはフォカエア近くの明礬精錬所に特大の桶を設置し、陸上からは城塞、そして海上からは巡視船でそれらを守った。イタリア人技師と工人、そして一人の科学者さえもが汗まみれのギリシア人労働者の集団と合流した。事業の開始から五〇年後、約三〇〇〇人からなる新しい集落が旧海港の南に出現していた。ザッカリアの船が地中海のあらゆる目的地に、次第に重くなっていく明礬の積荷を運ぶために行ったり来たりしていた。それらは攻撃に耐えるに十分な数量の武器と兵士を船上に乗せ、そして海上保険契約によって補償されることもときどきあった。北部ヨーロッパへのルートが陸路に限られていた限り、明礬はイングランドやベルギーの主要な織物産地への輸送費を容易に賄うことはできなかった。ザッカリア家に所属した船が地中海からイングランドへの海上直航便を出航させている最初の言及が一二七八年と遅いのも驚くべきことではない。それから二〇年後、ザッカリアの息子の一人が明礬船をブルッヘ〔ブリュージュ〕に出航させる一方、ザッカリア自身はフランドルの反乱者との戦争でフランス王を支援していた。しかし、海戦はまったく中世的な出来事によって中断された。ザッカリアは男女の十字軍士の一団がジェノヴァから出航しようと準備していたのを知ると、彼らに合流するためにすべて積荷を下ろしてしまった。実際は、十字軍などどこにもなく、ザッカリアは程なくして（一三〇七年か一三〇八年に）亡くなったが、彼の子孫が明礬の生産と取引を引き継いだ。一三三〇年頃、フォカエアの年間生産量は精錬明礬で七〇〇トン近く、総額で五万ジェノヴァ・ポンド以上の価値と算定された。これは近代の視点からは大した額ではないが、中世の一人の企業家としては莫大な額であった（明礬の総生産量がもっと多かったところももちろんあったが、一人の人間によって管理されてはいなかった。例えば、小アジアの他の三つの明礬鉱は合わせて一八〇〇トンを産出していた)。

分散化した建築業界の安定的でほとんど穏やかな発達は、ザッカリアの集約的な明礬工業の急峻な前産業革命的発展と際立った対照を示している。近代の経験に基づいて、一部の歴史家は過激な不動産ブームと住宅の価値を中世の都市化と経済成長の避けられない結果と仮定してきた。しかしながら、このような見方は経験に基づいて集められた史料のなかでは、これまでのところいかなる確認も得られていない。人口の増大に対応し、快適さ志向の上昇についていくためにも、新築の家はいつでもその価格を上昇させていた。しかし、石工や大工の親方が彼らの小規模な仕事を機械化されて統合され、連続した生産工程を持つ工業に変身させることによって金持ちになろうとした話や、商人企業家が請負人たちの投機的事業に融資したり組織したりした話は聞いたことがない。この不十分にしか解明されていないテーマに関する成り行きまかせの研究は、石工や大工の給与が生産的な投資のための余地をほとんど残していなかったこと、そして商人は住宅を非常に儲かる投資よりも保守的で信望を付与する投資と見ていたことを示唆している。経済・人口的趨勢における非常に鮮明な逆転を含んでいた五二年間にわたるフィレンツェ商業中枢に位置したいくつかの家屋と店舗に関して支払われた定期金の研究は、この定期金が変化する状況にまったくとは言わないまでも、非常に少ししか反応していなかったことを明らかにしている。都市内部の距離がまだ相互に近かったため、とくに望ましい中心を作り出すことができなかったと同時に、都市壁の頻繁な拡張は混み合った通りを安価な郊外空間へ延長することを容易にしたのであろう。

中世の建築は、恐らく、一般住宅だけに限定されてはいなかったであろう。大聖堂や城や市壁や橋やその他の記念碑的建物は、途方もなく骨の折れる、集中した長期にわたる努力を必要とした。それらは、もし非常に精巧な、しかしまだ簡単な方法と道具で驚くような仕事を成し遂げていた建築家や請負人や大勢の熟練・未熟練労働者の集団に無制限の利益をもたらすことを意図して遂行されたならば、工業発展を容易に刺激したであろう。(基本的な道具は実際非常に簡単なもので、こういった大がかりな事業のために集められた工人のかなりの部分は、土地当局に現地のギルドの独占的要求を無視するようにさせる特別な支援要請があった場合、いつでも仕事をやめ動ける態勢にあった石工の地域的または国際的な「溜まり場」から来ていた。)中世においては、古代におけると同様に、最も大きな建築工事が第一の目的としたのは経済的利益ではなくて、大抵は芸術的満足と一体化した来世または現世の安寧と栄光であった。資金は、広範囲の大衆からの多かれ少なかれ自発的な献金によってときどき補充されることもあったが、教会・領主・自治都市の金庫から出されていた。それらは発起人自身か彼らの代表者によって倹約主義に立って管理され、彼らは建築関係者たちにかなり少ない給料や日当を与えるか、またはせいぜい「仕事に対する」請負金額を控えめに算出していた。

厳密な経済的視点から、大聖堂と城はそれらが物質的福利の点から還元するものよりもはるかに多くを建築関係者からと全体としての社会から引き出していたことを再度指摘することができる。橋梁とその他の公共施設はより小さな犠牲を強いたのみならず、経済成長にはより直接的に貢献した。一三世紀に西ヨーロッパの最も高いゴシック様式の教会の建設が、それまで毛織物工業の有望な中心地であったボヴェ〔北部フランスの都市〕の発展を阻害してしまったのに対して、ザンクト・ゴットハルト峠近くの思い切った橋の建設がスイス南部のドイツの無用の尻尾からイタリアの活気にみちた入口への変身を速めたことを信じるに足る積極的理由がある。しかし、人間はパンのみによって生きるにあらず。前述のフロンティヌスが価値あるローマの水道と「遊休のピラミッドや有名ではあるが役立たずのギリシア人の作品」のあいだにつけた不公平な差別を大聖堂と橋梁に適用しないようにしよう。また、中世の建築関係者の地位がピラミッドを建設した奴隷や水道橋を架けた強制労働者の悲惨な状況よりも大きく進歩していたことを表していると考えよう。

鉱山業と金属工業における発展は、ここでは簡単にしか触れることができないが、相反する圧力によって規定されていた。商業革命は産業革命のように決して金属に依存していたわけではない。木材・陶器・ガラス器が今日卑金属——その頃、それらは特別な鋭利さ・頑丈さ・防水性が不可欠な場合にのみ使用されていた——から期待されるサービスの大半を提供していた。貴金属は依然として貨幣流通の頼みの綱であったし、金銀通貨主義者の国王と非生産的な貨幣退蔵者をじらして苦しめていたが、信用手段は先進諸国におけるそれらの重要性を低下させていた。鉱石を取り出すところから完成品を引き渡すまでの生産の各段階は緩やかで骨の折れる手作業を要求した。経済・社会的条件は、恐らく、それぞれの段階で異なっていたであろう。鉱夫の重労働は金細工師や刀剣家の洗練された仕事よりもはるかに実入りが悪く、蹄鉄工と拍車工のあいだには少なくとも微妙な違いがあった。しかしながら、公分母を占めていたのは小規模な企業であった。大きくて分化した鍛冶屋のほぼすべての構成員は、金持ちであれ貧乏人であれ、人員過剰でない仕事場と都市の工業ギルドへの志向を示した。荘園農業から派生したより農村的な伝統が、ほとんどの鉱山があった山間部の森に覆われた僻地での鉱夫と精錬工の社会で幅をきかせていた。各家族は鉱層の持ち分を採掘していたが、穴を掘り鉱石を引き上げ金属を溶かす方法は、作業時間や利益の配分と同じように、鉱夫と、通常は、土地領主として生産物の一部を要求していた君公または土地所有者の代表者たちによって、合議のうえで決定されていた。工業ギルドよりももっと大きな程度において、鉱夫の慣習（これに関して伝存する最古の成文資料は一一八五年の北イタリアのトレントのそれまで遡り、そして最大の集成は一二四九年と一三〇〇年にボヘミア王国で出版されている）は中庸を犠牲にしての安定と平等を目指していた。鉱山での労働は罪人に課された罰則で最悪のものの一つであったが、それらは鉱山業を古代においてそうであったよりもまともな職業にしていたにも拘わらず、商業投資と企業精神に関していかなる刺激も与えていなかった。

今度は、コインの別の面を見てみよう。金属需要は織物需要ほどには増加しなかったにも拘わらず、確実に伸びていた。農具への鉄と鋼の広範な応用についてはすでに触れておいた。すぐれた剣と甲冑は、中世の騎士の誇りであった。鉾と槍は郷士（ヨーマン）と市民の代表的な武器であった。なにがしかの鉄製大鍋か壊れやすい容器一式を補強していなかった家庭はほとんどなかった。非常に多くの公的かつ私的決定の裏に横たわる銀に対する永遠の渇望は単に貪欲や不安定や支払い超過の表れだけではなくて、現実の必要に対応していた。一三世紀中葉から一四世紀中葉にかけて西ヨーロッパのほとんどの地域で徐々に導入されていった金貨は金への追求を刺激したが、銀への追求を弱めることはなかった。加えて、鉱夫は平野部で働く人々の単なる下位的存在ではなくなった。とくにドイツの鉱夫たちは彼らの並はずれた技術によって有名で、西ヨーロッパ中部と東部を通じて歓迎された。

これらの地域の鉱山業の歴史を、入念な試掘の場合もあったが、より多くは森林伐採や辺境開拓に付随して起きていた一連の世間を騒がした掘り当てやラッシュとして叙述することは可能である。一〇世紀に早くもドイツ中部の原始からの森林地帯での銅と銀を含む鉛鉱床の発見は近隣のゴスラーが取るに足りない小村から帝国の首都へと発展するのを決定づけた。これに続く諸世紀における類似の掘り当てはザクセンのフライブルク、ボヘミア王国のジフラヴァ（イグラウ）とクトナ・ホラ（クッテンベルク）、スウェーデンのストラ・コッパーズベルクのような繁栄した鉱山都市、そして商業革命の息吹をそれまで遅れていた地域に送り込んだ他の自治都市の発展へと繋がった。しかし、鉱山業と製錬業は同時に、古代では稼働していたが蛮族時代にはほとんど放棄されていた地域においても、新たに弾みがついた。コーンウォルとデヴォンにおける錫鉱山は、有史以前から操業が続けられていたが、一三世紀に年間産出量が七〇〇トン近くに達し最盛期を迎えた。しかし、それらは経済発展の周縁部に位置していて、それらで利益を得ていたフィレンツェのある商人銀行会社は、鉱夫たちの伝統的な工法と道具が利益を生むにはあまりにも非効率的であることに気づいていた。はるかに大きな利益がエルバ島、エトルリアやローマで有名な鉄鉱山から得られていた。それらはイタリア交易の主要地に近く、ピサとジェノヴァの争いのもとになった。バスク山岳地の高品質の鉄は、ビスケー湾がいつも時化《しけ》ていたため、北方の市場から分断されていた。この問題の解決は別の分野、つまり操舵法の発達を必要としていた。良質の鉄はそれまで使われていた側面舵よりも、いくつかの点ですぐれていた正面舵に堅固な蝶番を提供した。一三〇〇年以前にこの新しい舵がバスクの特性品として使用されていたのを知っているし、ずっと後にイベリア半島の甲鉄船を最初に助けた同種の部品は、東西インドへのルートを航行するイベリア半島の快走帆船に装着されることになる。

二つの問題、燃料の高消費と機械化されていない労働の高コストが、鉱山業と製錬業の発展を制約した。これは商業革命の期間を通じて完全には解決されず、生産を低く抑えていた。上で言及された錫に関する最高の数値は一二九三年に輸出されたバスク地方の鉄、約四五〇〇トンに匹敵している。しかしながら、とくに水力と風力の使用において重要な技術革新があった。一三世紀と一四世紀前半の異なった時期に、改良型の水車が鍛造鞴《ふいご》を動かしたり、重い撥《は》ねハンマーを持ち上げたり、鉱石を砕いたり、深い採鉱場から水を汲み出したりするためにあちこちで導入された。発明の才はまた炉床・炉・溶鉱炉の設計でも発揮された。とくに近代製錬法への最も意味のある一歩であった衝風炉は、宗教の副産物として現れた。それはまず、一二世紀に大きな教会の鐘を鋳造するために導入された。それから間もなくして、鋳造法は立像や家庭用品の製造に応用された。しかし、その工程は鉄砲製造という殺人目的で使用される商業革命の末年までは、多くの資本と注目を集めることはなかった。一般に人間は、そしてとくに行政当局は生命に投資するよりも死に多くを費やすことに積極的であったと思われる。

しかし、金属と火薬の強制的結婚は金属と石炭の控えめな交配ほど決定的な影響を与えることはなかった。木材が事実上唯一の工業用燃料であり続ける限り、鉱山業と製錬業はより有効な道具と機械の製造によって節約されるよりもはるかに大量の燃料を必然的に消費するようになっていた。たぶん、木材は新しい鉱山が森の開発地に開設されたところで容易に手に入っていたであろうが、鉱山の成功そのものが危険な速さでそれを灰にしていた。石炭が燃料として使用される限りにおいて、純益は可能であったが、その不気味な色と悪臭が潜在的使用者を尻込みさせた。森林伐採と地表石炭の存在は一三世紀までに、イングランドのニューキャッスルとベルギーのリエージュにおいて消費者の抵抗を打ち負かした。

しかし、ニューキャッスルは最良質の鉄鉱山に近くなく、リエージュにおける最良質の石炭鉱床は都市区域の真下で発見されたため、飛躍的な前進は見られなかった。石炭・鉄鋼産業の利益と工業汚染の苦情は、一八世紀の産業革命以前において現実には増大していなかった。

成長を支える潜在能力のあったその他の中世の手工業については、ギルドの通常の構造をこえて発達した二つのことだけ触れることにする。ガラス工業は、その最も有名な中世的表現、つまりゴシック様式の「ステンドグラス」(または、より正確に言うならば、染め付けstainedよりも絵付けガラスのこと)において、大聖堂建築関係者が前産業革命的企業家になることを阻んだのと同じ拘束に陥っていた。一般住宅のより大きな市場は、通常の送風工程によって安価に製造することができなかった窓ガラスにすぐに進出することはなかった。しかし、深皿類は市場に応えられるほどの速さと安さで製造された。最高級品は高い値段で売れた。ヴェネツィアは中世全体を通じてすべての競争相手を大きく引き離していたし、――そして付随的ではあるが、一三〇〇年という早い時期に、眼鏡の科学的発明を産業として最初に実現した町でもあった。しかしながら、ガラス工業は石炭製錬業と同じ不都合を露呈していた。炉は火災の発生源であり、悪臭にみちた煙を出していた。そのため、行政当局は町のすべてのガラス製造者に対して、郊外に位置するムラーノ島に移転することを強制した。集住性、当局による厳重な監督、製造業者とヴェネツィアの特産品を陸海経由で外国に輸出していた商人企業家との密接な関係は、ムラーノのガラス製造業ギルドに統合された工業と取引としての特徴を付与したが、織物ギルドのように緊密に編成された組織へとは進まなかった。

高利益を出す企業へのより大きな可能性を秘めていたのが、沿岸の干潟や池からであれ、または岩礁からであれ、塩の生産と販売であった。しかしながら、蒸発の工程は非常に簡単で塩池も非常に広く分散していたので、それらを統合された広域的管理体制のもとにまとめることは、ヴェネツィアやリューベックといった遠く離れた都市から来た商人たちが懸命に試みたのであるが、容易でなかった。これに対して、塩坑はあまり分散しておらず、商人は当局や土地所有者に個々の塩坑を運営する権利を自分たちに請け負わせてもらうよう比較的楽に説得することができた。このケースとしては最初にドイツの企業家、次いでジェノヴァ商人によって請け負われたクラコウ近郊のヴィエリッカの広大な塩坑の場合がとくに有名である。しかし、請負人の保有権は契約の終了によって破棄され、封建的権利も政治・軍事的権力も含まれていなかった。この塩産業とその取引において成功した事業家と非常に多く出会うが、明礬王と呼ばれたザッカリアに匹敵するような人物はいなかった。

第六章　農業社会の対応

第一節　農業世界における活力と停滞

経済成長と商業化に関する考察を閉じる前に、大聖堂、城、そして農村住民の世界に再度一瞥を加えておく必要がある。商業と工業のすべての発展に関して、（牧畜業や木材業のような関連する諸活動とともに）農業は中世全体とそれをこえてヨーロッパの人口の圧倒的大多数にとって中核となる職業、または収入と力の主要な源であり続けた。

これは別段驚くべきことではない。職業の中心が農業そのものから非農業へ移ったのは比較的新しい現象である。一九世紀中葉においても、進行中の産業革命とともに、イギリスを除くヨーロッパの大国で人口の半分以上を農業から引き離している国は一つもないし、もし全世界の人口を合計しても、今日農業が優越した職業または収入と力の源であることを恐らく再確認することになろう。中世における規模の算定の試みは推定以外のものを生み出すことはないが、その頃商業革命は確かに進展していたのに対して、工業化はやっとその輪郭を現したに過ぎず、明らかに農業は依然として広く展開されていた。

独立商人共和制が一三世紀までにイタリア北部と中部のほぼ全域を支配し、程度の差こそあれ、自治的な都市共同体がその他の地域のすべてに点在していたとしても、ヨーロッパの領域の非常に広い範囲は農業王国と封土の保護下に置かれていた。加えて、教会組織は伝統的に都市に依存していたとはいえ、また二つの都市型律修修道会（フランチェスコ会とドミニコ会）が一三世紀に農村型修道院の牙城に挑戦したとはいえ、農業利益と農業に立脚した思考様式が聖界において依然として優越していた。事実、農業は各都市に前進基地を持っていた。完全に独立した都市を除くすべてで、国王または領邦君主の代表者であった比較的小さな都市の囲壁内で生活する農民がいたし、イタリアの産業中心においてさえも農村所領からの収入で生活する宗教組織や有力家系が存在した。

農業社会は、その大集団と力によって、商業革命の浸透に最も広い機会を提供する一方で、最強の抵抗を示した。前者については明らかである。一人当たりの消費と生産は都市のほうが高かったが、農村部の統合された生産力と消費力は、少なくとも潜在的にいうならば、比較にならないほど大きかった。さらに、その抵抗を忘れてはならない。それは一部において常に存在し、今日の高度に工業化し都市化した世界においても生き延びようとする亀裂である、都市住民に対する農村住民の本能的嫌悪感から発していた。中世においてこの対立は、まず屈強な蛮族征服者の虚弱なローマの都市住民に対する敵意によって深められ、続いて貴族・聖職者・農民（商人の役割は認められていなかった）の三身分からなる封建的社会論によって制度化され、最後に保守的でゆったりとした領主と農夫の、気ぜわしくて革新的なブルジョワに対する敵意によって激化された。教会もまた、トマス・アクィナスやその他数名の思想家の、商人の役割と必要性のより公平な評価を得るための努力にも拘わらず、農村環境のなかで形成され、商業に対する古代ギリシア・ローマの偏見によって固められた自身の旧式な経済理論の狭隘さを克服することができなかった。それは同じ非難のなかに高利貸そのものと我々が商業利益と呼ぶものとの両方を含んでいたのみならず、大半の商人が貪欲な搾取者で詐欺師であるに違いないとの広く知られた憶測を利用した。他方、商人は、通常、利子を課し、領主の誇りに腹を立て、農民の粗野さを嘲笑した（そしてここで彼らはすべての耕作者を、自分たちに食糧を供給してくれる者も含め、いつも軽蔑していた領主の側に立った）。経済に関する考察のなかではこれらのことやそれ以外の心理的対立に深入りできないが、それらが農家と商人との協力関係に不利な影響を与えたことを記しておく必要がある。

しかしながら、双方が抱く嫌悪の感情は、農家と商人が別々の鼓手の調子に合わせて進んでいたという事実ほどには、儲かる商売事情を深刻に阻害することはなかった。その両極端な表現に見られる対照は、「大昔から存在した」慣習に基づくいくつかの荘園規則と日単位のみならず、聖務日課定時（暁課・朝課・三時課・六時課・九時課・晩課・終課）単位でも成立していた一部の商業契約との比較によって最もよく示される。加えて、一三世紀のイタリア諸都市において読み書き能力は商人と手工業者にとって不可欠の必要条件であったが、非常に多くの農村部ではそういうことは農民のあいだで聞いたことがなく、世俗領主のあいだでも例外的で、下級聖職者のあいだでも当たり前のことではなかった。商人は常に旅行し、有益な経済情報を持ち帰っていたのに対して、騎士は戦争と巡礼のときしか動かず、あまりにも多くの自己満足と反船来の品物を携行していたので、手荷物のなかには学問のための余地はなかった。農民に関しても、彼らは隣人から少しのヒントを貰ったり、自身の技術を入植地に移植したりすることができたであろうが、彼らはほとんどが無学で貧しかったため、大きな変化を巧みに処理することができなかった。学者と高位聖職者はもっと自由な気持ちで旅行することができたが、宗教的、哲学的、さらには政治的利害がしばしば彼らの注意を独占し、彼らの物欲本能が利益のための実践的計画を生み出すことを妨げていた。事実、利益のための利益は商業に典型的な野心である。説教師はそれを罪と断じる。利益ではなくて身分に応じて算定された「生活費」が農業社会の公認された目標である。イングランドの農民一般は、実際には国王によって値段が決められていた黒パンとビールで満足しなければならなかったのに対して、国王は特大の生活費が必要であった。しかしフランス王でさえも土地財産で、つまり現金で納められる少額の税によって僅かに増えた所領収入で賄うことが求められていて、従って、特別な緊急事態を除いて、国王は臨時の「支援」を求めることができなかった。

これらの一般論は、もちろん大幅に修正されなければならないであろう。商業よりもさらに大きな程度で、農業は場所や時代で信じられないほど違うものである。都市と農村の違いはイタリアやベルギーの人口密度の高い地域においては無視できるほど小さくなる。主要な交易路に接することが非常に少ないヨーロッパの北部と東部の内陸諸地方もそのままじっとしていたのではなかった。読み書き能力と初歩的会計は土地所有者の上級層の成員のあいだで、最初は主として知的な娯楽または法・政治的教養として、しかし、その後すぐに経済的手法として歓迎されるようになった。その発展はイングランドの比較的よく保存された荘園記録のなかではっきりと見ることができる。有力な修道会は自らの期待を生活費の拡大から率直な利益追求へと徐々に上げていった。最も顕著な例はほとんどどこにでもあったシトー修道会の修道士たちによって提供されている。彼らは当初は土地への肉体労働に献身していたが、農奴および雇用された従属民が合理的な組織と手法で耕作や牧羊を行っていた「農場（granges）」網の頂点に立つことになる。しかしそうであっても、商業革命が進行する以前において、生活費の確保が農業発展の中心的原動力であったこと、そして直接消費はその後も各国の経済生活において基本的役割を果たし続けたことを心にとめておく必要がある。人口増加は貴族・農場主・農民に新しい土地と改良された技術を求めるよう仕向けた。これに対して、より多くの土地と改良された技術はさらなる人口増加を助長した。この連鎖反応は商業資本と発案の導入によって加速されたであろうが、それらが必ずしも必要であったわけではない。農業発展の商業的構成要素を考察する前に、今手許のむらのある、それ故議論の余地を残す史料に基づいて、基本的な構成要素を可能な範囲で検出してみよう。

知りうる限りにおいて、農村人口は一三四六年から四八年の大ペストまでヨーロッパ全域で増加し続け、そして一部の地域（とくに、東ヨーロッパ）では、この危機のあとも数年間その勢いを持続した。たぶん、一三世紀——それより前ではないと思われるが——までは加速した都市化によって、農村部は都市よりもかなり少ない利益を得ていたであろう。それにも拘わらず、農業人口の絶対的規模はその絶対的な自然増を大きく減速させることなくして、都市化を楽々と受け入れるに十分な大きさであった。加えて、一三一五年から一七年の飢饉は深刻な影響を与えたが、少なくともイングランドの一部において、一三二五年から四五年にかけての期間は豊作が何回も続いている。しかも、飢饉の影響は三〇年間しか居座らず、それ以上栄養不良の生存者と彼らの子供たちを大ペストの餌食にしてしまうことはなかった。出産調整——これに関しては、それが行われていたこと以外、ほとんど何も知られていないが——の可能性において増加があったとするならば、それは人口曲線に想像以上に影響を与えていたであろう。なぜなら、平均余命が、今度もイングランドに関してではあるが、今日の約半分（最良の数値によると、三〇歳から三五歳のあいだ）に相当していたことから考えて、出生率のちょっとした増加は人口の連続的な発展を保証しえたであろうから。（反対に、これは一九四六年の中国の平均値とほぼ同等で、一八三八年から五四年のイギリスの四〇歳強の平均値と大して違わない。）

上で跡づけられた人口動態に関する試案は、人口増加が全体的に一三世紀中葉かそのすぐあとまで弱まることなく続き、そして一四世紀中葉以前に完全停止にいたったところがどこにもなかった耕作面積の拡大に関する利用可能な情報と一致している。最も広い発展の機会は西ヨーロッパの東部と中央部の平野で途切れることなく見いだされた。専門的な植民企業家（locatores.「開拓長官 magistri indaginis」という威厳にみちた名称で呼ばれることもあった）は地方全体を新しい農業経営地で埋め尽くしそして古い経営地に力と効率性を付け加えるという壮大な企画のなかで、しばしばドイツ人、スラヴ人、マジャール人の君公や高位聖職者を支援していた。それらに携わった人々や彼らの個々の業績についてはほとんど何も知られていないが、基本的な問題と戦略は一二、一三世紀の文書からはっきりと浮き出てくる。企業家は認可を確保し、最高の経済・軍事的判断に従って将来の村落の設計を計画しなければならなかった。彼らは西側の比較的人口の密集した地域に向かって、肥沃な土地の大きな区画を有利な保有条件で受け取る利点を宣伝しなければならなかった。初期において、フランドルとウェストファリアの農業経営者はこれに熱心に応えたが、都市労働市場との競争の激化によって、人口圧は持続したにも拘わらず、人集めが一層困難になった。なによりも、植民企業家は入植者たちの移動に気を配り、最初の収穫まで彼らを支援し、囲われた土地に一時的な避難所を用意し、教会や水車やその他の施設を建設した。これらの対価として、彼らは通常、封臣が宗主から受け取っていたものと同じような、一塊の権利と特権、つまり自由に使えるものとしての土地・定期金・パン焼き窯・養魚池・旅籠・水車などの公共施設から入る税、新村の行政官や裁判官としての世襲的報酬を受け取っていた。農業促進者の元々の身分（そのなかには貴族・農業経営者・市民がいた）がいかなるものであれ、彼らの経済的役割は工業の分野ですでに会ってきた商人促進者のそれと大して違わなかった。彼らは資本を集め、それを相当な危険のもとに投資し、そして彼らの技術的能力と経験を企業の成功に役立たせた。

上記以外の多くの場所——単に北スカンディナヴィアとロシアの北極に近い森林やキリスト教徒とイスラム教徒が対峙するイベリア半島の戦争で荒廃した境界地帯のみならず、イングランドの湿った「沼沢地方」やコルシカ島西部の起伏の多い海岸地方のような人口過疎の比較的狭い区域——でも成功した拡大は存在したが、一三世紀中葉までに西ヨーロッパの西部と南部の良質の土地のほとんどは人々が密集して居住していたか、狩猟・漁労・牧草用の保留地として囲い込まれていた。一三〇〇年頃、ノルマンディ・リンカンシァ・トスカーナ高地地方の一部において人口密集度が今日と同じかそれ以上であったことを知った今、耕作地の一部は限界に近かった一方で、他の一部は多作で弱っていたと結論づけねばならないであろう。しかしながら、ヨーロッパが全体として、その頃集約的農業の最適範囲であったものをこえていたと見ることは確かでない。証拠が分散しすぎ、なかには食い違っているものもあって、一般化を保証することはできない。さらに、最適範囲はそれぞれの時代の正常な可能性との関連で算定されるべきである。言い換えるならば、領主と農民は近代の農学者が同量の土地と労働力で承認しているよりも想像もつかないほど低い生活とその他における報酬に慣れきっていた。これらの報酬が手に入る限り、彼らはそれらが収穫逓減の法則をこえていたとは感じていなかったであろう。

冒頭で、筆者は中世の農業における発展は、ある程度までは技術の発達に依存していたと指摘していたが、より広い範囲においては、耕作面積の拡大に依存していたのである。耕作面積の拡大は生産総量を増加させたが、技術の発達のみが一人当たりの生産量を増やすことができたのである。このような状況下で、拡大のためにまだ使用できた土地が縮小したと同時に、技術の進歩が減速する傾向にあったことは不運のように思われる。中世農業における有輪犂から三年輪作の最初の実験までの基本的発明と改良のほとんどすべては、発展の最初期かそれ以前にまで遡ることができる。その後の発展期に非常に多くの小さな改良が属しているが、大きな改良は二つしかなかった。つまり、風車の導入と土をより深く掘り返すことができた犂への箆《へら》装着である。農業における一二、一三世紀の主要な技術上の貢献は新しい考案と商業と工業におけるより成果のあがる実践の連続した流れではなくて、それ以前に達成されたものの緩やかな浸透であった。これは間違いなく重要な達成であった。なぜなら新しい機械と方法は、あらゆる場合において、その土地の特殊な生活環境と必要に適合されねばならなかったから。しかしながら、商業利益と工業生産は非常に速いペースで増加していたのに対して、穀物の平均生産量は一〇世紀から一四世紀にかけて倍増したに過ぎなかったことは事実であり続ける。

第二節　農業発達の商業的要因

自足的農業の堅実ではあるが緩やかな発達を商業化によってもたらされた加速された利益と比較する場合、産業革命の離陸の少し前に出版されたダニエル・デフォーの『イギリス商人大鑑』（一七二六年）

での空想的比較が思い出される。そこには「所領は池であるが、商業は湖である。前者はもし水を満たし続け、そして水が近隣の土地からの通常の流入と流出によって健全であるならば、それは良いことで、期待されていることのすべてである。しかし後者は池々を満たし、満杯の状態を維持させるのみならず、常に流れ出ていて、その周りの低地の池や場所のすべてに水を豊満に供給する無尽蔵の流れである」とある。中世においてすでに商業からの刺激は農業世界の一部の分野を激しく揺すって、唯一または第一に生活上の必要によって規定されたものよりも速い変化に対応させていた。しかし、それに対する反応は国によって、社会集団によって、世代によって大きく異なっていた。変化の主要な方向を簡潔に叙述することは可能であるが、それぞれの地域でそれぞれの時期に達成された発展の度合いを細かく追う方法はここではとらないことにする。

恐らく、最も広く確認された明らかな変化は、現物（物品とサービス）による支払いと納付から現金または信用による支払いと納付への全般的転換であったと思われる。これは一昔前の書物が「自然経済」または「閉鎖的経済」の初期の段階と対立するものとして「貨幣経済の発達」と呼んでいたものである。しかしながら、今では人々は中世のいかなる時代においてもヨーロッパの経済はすべての共同体が排他的に自身の土地と労働力からの自然の産物に依存していたほどには内向的ではなかったと認識している。いかに小さくても、交換とそれを遂行するための交換手段は常に存在していた。さらに、貨幣そのもの（つまり硬貨または信用証書や銀行券といった、硬貨での価値を表す書かれた支払い手段）とその他の穀物、牛、煙草、または定められた時により広く支払いに充てられる（経済用語では「より流動性のある」）物品やサービスといった媒体とのあいだに明確な線を引くことはここではしない。手に触れたものすべてをお金に変えた伝説の王ミダスは生きるに相応しくなかった。中世では打造された金貨や銀貨と他の物品やサービスとの交換が容易でなかった時期と場所があったが、牛は十分に流動性のある「貨幣」であった。さらに、硬貨は、通常、自らをより流動性のあるものにする多くの利点を有している。それらを広い範囲で使用することによって、農業は商業化の流れのなかに自らをしっくりと適応させた。商業革命の最大の潤滑剤であった信用に関して、それもまた農業経済のなかで発達したが、商業におけるほどではなく、成果も非常にまちまちであった。商人は、通常、低い利子でお金を借り、それらの投資では相当の利益を期待し、海上貸付、「コメンダ」、そして後の保険のような契約によって過度の危険から自身を守ることができた。農業経営者は危険からの保護はほとんどか皆目持っておらず、過度の利益も期待できなかったし、しばしば高率の手数料さえ払っていた。

現実に、農業社会は投資や開発のためよりも、消費目的で信用に頼ることがはるかに多かった。もし収穫に失敗したならば、消費のための貸付が先見の明のないか貧しい農業経営者にとって、それがどんなに高利であっても、次の収穫まで食いつなぐための唯一の手段であったかもしれない。農業信用のいくつかの形態は予知できない天候異変に対して一定の保護を提供していた。「茎についたままの穀物」を（収穫期が来る前に）前もって決められていた価格で売ることによって、農業経営者は買い手によって些かも買い叩かれることもなく、作物が収穫時に値したであろうよりも高い金額を一度に受け取ることができたであろう。しかしながら、過剰な借入は、通常、単にお金に困っていたか無謀な消費者のみならず、野心過剰な投資家をも極貧や強制買収へと追い込んでいたであろう。しかし、もしこういった個人的窮状を脇に置くならば、土地の浪費的または非効率的な持ち手からより合理的管理への移動は経済的利得と見なされることになる。最もうまく経営されていた諸侯や教会の所領の一部は、流された抵当物件によって構成されていた。反対に、怠慢な諸侯や修道院長は前任者たちによって集積された獲得物件をすぐに散逸してしまっていた。教会の公式の教義はあらゆる形式の利子付き貸付を承認しなかったが、史料は教会監督者の手による保有農や隣人たちに対する組織的な強奪を証言している。彼らは法外な高利でお金を貸す必要はなかったが、しばしば世俗の仲間たちよりも大きな秩序と持続性を見せていた。商人は金貸しゲームの達人であったが、彼らはその協力的商業体制との親和性によって、貸し手と同様に借り手も助けるという契約に対して一層開放的になっていた。とくにイタリアと南フランスにおいて、彼らは、生産物の増え続けていたがそれほどまで理不尽ではなかった取り分（それは半分を限度としていた）を代償に、種子・家畜・道具を保有農に前貸しするといった契約を好んだ。このような契約は西ヨーロッパの比較的小さな町や村で、元気のないまたは金遣いの荒い農民から金を巻き上げることで生計を立てていた、憎まれ者のイタリア人やユダヤ人の高利貸によって提案されたことはなかった。しかし、彼らがその土地の高利貸よりも高い利子を取っていたかは疑わしい。そして彼らは、財産没収・強奪・破門に晒《さら》される機会が少なかったとしたならば、もっと情け深かったかもしれない。

信用は全体的に農村住民を貧困や奴隷状態に陥れる性格を持っていたとするならば、現金はその反対の効果を持っていた。それは領主と農民の双方により多種類の市場商品を購入できるようにさせたし、より多くの現金を手に入れるために市場で売れる作物を増産するように彼らを駆り立てた。それは受け継がれてきた主人、共同体、そして型にはまった手続きへの人的従属のすべてを弛緩させた。最大の「流動性」は社会のすべての部分に利益をもたらし、都市域における自由で個人主義的な慣行に長いあいだ接してきた地方においてはほとんど反対にあうことなく、そして最も奥まった荘園共同体にも思った以上に容易に浸透していった。領主は村民が負っていた不承不承で非効率的な商品と労働力の分配を定額貨幣地代に換え、直営地の効率的運営に特殊な季節支援を雇う方法を部分的に利用した。所領の経営に一切関心を示さず、直営地も貸与し、地代だけで生活することを選択する領主もいた。農民は解放された時間と特殊な商品の委託免除を利用して、自分たちの生産を外部の競争市場に振り向けた。農村作業場を開設したり、都市工業によって製造されるような仕事を受け入れたりして、農業収益を補充することを選ぶこともあった。農奴と自由保有農との区別は、両者とも人的義務よりも金銭的義務を伴っていたことから、ぼやけてしまい、それは全体的身分解放への動きを加速させた。一三世紀中葉までに農奴はイタリア北部と中部ではほとんど完全に消滅してしまった。フランスにおいては一四世紀前半に王領地に関しては正式に廃止され、一部の地方の個人の領地では例外的となった。自由農民の大きな領地が同じ時期のスイス、ドイツの南部と西部、低地地方、そして少し遅れてイングランドに現れた。これ以上に何よりも、農奴は労働地代や現物地代と同様に、今や静かに衰退する方向に進んでいたが、それはもはや従属民と領主の衝突の結果としてではなくて、主として双方ともその存在を非常に役立つものと見なさなくなったからである。恒久的な相互義務に基づく安全の農業的理想は、一時的な契約協定に基づく好機の商業的追求へとゆっくりと向きを変えていた。

交易の影響は特産品化を促進するに際して一層直接的で強力であった。それは農家が自身の生活に必要な基本的食糧品を無差別に生産するという一般的傾向には大した影響を与えなかったが、余剰品の生産を企画するうえで彼らを指導した。各地に存在した既存の伝統は土壌に応じて強化されたり弱められたりし、そして伝達・労働条件・技術は特産品の生産を促進したり阻害したりした。商業革命の前期、最も将来性のない地域の人々でさえ、そこで通常消費されていたよりも多くの穀物を生産しようと励んだが、不作の年の収穫量で十分であることを確信したに過ぎなかった。しかしながら、一三〇〇年までにテュートン騎士団は北部の国際市場の部分的監督権を獲得しようとしていた。彼らが開拓したばかりの土地は肥沃であった。大きな河川が収穫物を平坦な後背地からハンザ同盟の港町に運んだ。労働力は安く、すべてが効率的に組織されていた。南方の市場では、古代ローマ時代の穀倉であったシチリア島が、その海上交通の要所と農民の生活水準の低さのお陰で、依然重要な役割を演じていた。しかしながら、イタリアの商人は、補助的輸入地として、南ロシアやバルカン地方からモロッコにかけての、カトリック教ヨーロッパ以外の国々に度を増して頼るようになっていた。ブランデンブルク〔ドイツ〕、サフォーク〔イングランド〕、イル・ド・フランス〔フランス〕やその他多くの地域のような、小規模な輸出地も多く存在していたが、ポー川流域やベルギー平野を含む、輸出に最も適した地域の一部は自らの必要に気を配ることさえしていなかった。

穀物と同様、葡萄酒も葡萄の木が育つその土地の消費のために生産されていたが、ヘンリ二世のフランス人尚書局長によると、「目を閉じて顎を引いて」飲んだほうがよいと言われていたグロースターシァにおいてさえそうであった。商業革命の前期は葡萄畑のほとんど計画性のない拡大によって特徴づけられた。土地領主は小地片を付与し、新たに葡萄畑を設けた保有民に対して税を軽減し、酸っぱくて発酵した液体は蜂蜜や香辛料の添加によって飲みやすくなったが、中世の容器は頑丈でなかったため、年月を経ることによって上級と下級の違いを作り出すことができなかった。しかしながら、一三世紀までに珍重された銘柄の分布図が描かれるようになり、一部の地域（例えば、オーセル）はすべての土地を葡萄畑に転換させた。今日有名なフランスの諸地域はその頃すでに最高級の、最も広く輸出された辛口の葡萄酒を生産していた。高価な甘口の葡萄酒はギリシアの特産品であった。イタリアとラインラントの葡萄酒は国際的な名声よりも地域的な評価を得ていた。どの事例でも重要であったのは、土壌と気候からなる自然の特徴のみならず、水流への近接度であった。なぜなら、樽の重量は陸上輸送を法外に高額なものにしていて、さらにそれがでこぼこ道の上を運ばれた場合、すぐに壊れてしまったから。

土地からの産物ではないが、保存された魚は最もよく売れる食料品の上位三位から外すことはできない。上で見てきたように、スカネールの鰊《にしん》は先頭をしっかりと維持していたが、国際交易はそれ以外の、アイスランドの堅い干し魚から黒海の美味しいキャビアにいたるまでの魚にも大きな注意を払っていた。程度は劣るが、イングランドのベーコン、スカンディナヴィアのバター、イベリア半島とイタリアの木の実、キプロス島の砂糖、その他多くの食料品（これらは多すぎて列挙できない）もまた特殊化した生産と交易の対象となった。

工業（むしろ前産業革命的）発達もまた、農業の特殊化を刺激した。羊毛は、穀物と葡萄酒と同じように、どこでも生産されていたし、生産され続けた。需要は上昇し続け、そして実際羊がそれぞれにもたらしてくれる現金を無視できるほど富裕な領主もいなかったし、また貧乏な農民もいなかった。フランス・イタリア・ドイツの低級品は手織りで安価で中程度の値段の商業用織物としては十分であった。最高級品が求められた場合、西ヨーロッパの北部の人々はイングランドの羊毛、南部の人々はスペインとアフリカの羊毛を求めた。見る限りでは、イングランドの羊は非常に痩せていて、一頭からは最高で一ポンドの羊毛しか取れなかった。しかし、恐らく、八〇〇万頭もの羊（王国の住民一人当たり二頭の割合）がいて、財政を大きく羊毛税に頼っていた国王は外国の商人と一緒に生産を後押しする一方、後者に対して彼らが売ったり貸したりして稼いだものを現金で持ち出すことを禁じた。このことと、イングランド羊毛の広く認められた優秀性は一三世紀中葉以後、イタリアの高級品市場におけるスペインとアフリカの羊毛の名声を危うくさせた。たぶん、この挑戦に応える形で、カスティーリア王は一二七三年に法外な特権を移動性牧羊業者組合に付与したのであろう。ジェノヴァ商人はそのすぐあとで、有望な将来が約束されていたアフリカ産の羊、長毛のメリノ種に注意を向けた。さらに、カスティーリア産のメリノ種がすべての競争相手を凌駕するには、二世紀以上が必要であった。加えて、スペインは何マイルも広がる森林と耕地を往復する羊がもたらす被害に大金を支払っていた。

中世の工業製品のリストに最後まで目を通すには、工業における織物工業と同じように、中世の産業としては他を圧していた織物繊維と植物染料に限定したとしても、もっと時間がかかるであろう。ポンド単位よりもトン単位で売られ、手よりも水車で挽かれた二つの最もよく知られた染料だけ、つまり茜《あかね》と大青を見てみよう。両者ともほとんどどこでも栽培されたが、商業革命の期間を通じてその生産は工業地域から少ししか離れていない限られた地区に集中する傾向を見せた。茜の茎は非常な高値で売れたが、成長して摘み取られるまでに二年を要したうえ、摘み取る行為が茜本体をだめにしていた。他方、大青の葉は本体を傷つけることなく、毎年四、五回摘み取られた。またそれ以外に、この植物は穀物の輪作に組み込まれることも可能であった。それは穀類が収穫されたあと耕地に播かれ、穀類の次の播種期前に摘み取られ、葉をなくした茎は秣《まぐさ》として再利用された。早晩、賢明な農業経営者であれば、大青が茜以上に儲かるものであることに気づくことは間違いなかった。一四世紀までに、上流階級における青色の服装よりも赤色の服装が好まれなくなった流行に見られる変化は重心移動を加速させ、大青生産を上昇させた。

利益志向の商人が生産と流行における変化を促進するにあたっていかなる影響を与えていたのかについていつでも答えられるわけではないが、商業的発想と農業的発想とのどこにでもある関係は、一三世紀後半から現れ始めるイタリア人の手になる商業慣行の手本のなかではっきりと明記されている。それらは信じられないような正確さで、商人と農家が出会うそれぞれの海港と流通拠点で手に入るすべての商品の質や価格や大きさやその他の特徴を記述している。それらはしばしばどの輸送経路と手段がより安くて安全であるか、ある商品の配送準備が整うと、いかなる税と通過税を払わなければならないか、平年の収穫量はどれくらいかなどを伝えている。これらの手本の一つはそれぞれの土地で最高のチーズが売られているアプリアの村々を巡回している、フィレンツェのある商人銀行会社の従業員や、その数頁先では、良質の羊毛を入手することができたイングランドのシトー派修道院とプレモントレ派修道院の名簿を利用している同じ会社の他の従業員の存在を伝えている。

聖俗界の土地所有者は商人と妥協以上のことをすることがしばしばあった。ここでは一例、つまりベネデット・ザッカリア（彼は一三二八年に没している）と同時代であるが少し若く、アラス司教で北フランスにいくつかの所領を所有していたティエリ・ディルソンの事例を示すだけで十分であろう。ザッカリアと同様に、ティエリは商業革命の成熟した経験が見つけ出すことができる最高に進んだ方法で事業を経営していた。穀物生産で基本的な作業の掘って均《なら》すことに関して、彼は年中所領で生活していた家内労働者を使用し、食事と賃金を彼らに渡していた。小さな仕事に関しては、所領の外から農業手伝いを雇い、日単位や仕事単位で現金または生産物を自分に最も都合のよい方法で支払った。彼は鉄製の道具と四頭曳きの犂を惜しみなく使い、冬播きを四度の犂耕によって準備し、こうしてある記録した事例で一対八・七、また別の事例で一対一二・八という高い小麦の収穫量を記録していた。彼の所領の少なくとも一つでの春播きは、主として、土地を肥らす根菜類からなっていた。穀物はフランドルの市場で最も高く売られた。司教は穀物を直接水路を使ってヘントとブルッヘ〔ブリュージュ〕の商人に船で送り、輸送費として、一つの事例では、売却価格の約一七パーセントが支払われている。また、彼は木材も競売か小売りで売り、儲けのために豚を飼育し、一年以内に羊への独創的な投資——価格が底をついた秋に購入し、毛を刈って売ったあとの都合のよい時期に再び売った——を倍増させた。

恐らく、司教ティエリは商人のあいだにおけるボンシニョーリやバルディのごとく、農業経営者のあいだで突出した存在であったであろう。彼の司教座があったアラスは稀に見るほど肥沃な地域に位置する、活気にみちた工業・金融の中心であった。さらに、彼の傑出した経営手腕はもはや限られた都市空間に限定することのできない心思の変化を明示している。もしボローニャの裁判官で土地所有者であったピエトロ・デ・クレシェンジの農業書とほぼ同時代（一三世紀）のイギリス人、ウォルター・オヴ・ヘンリのそれとを比べた場合、前者がより洗練されていて古代ローマの農業論を知っていたのに対して、後者はどのような利益の機会も捕らえるに十分な実践的経験と抜け目なさを持ち合わせていたことに気づく。そしてパドヴァ、ヴェネツィア、そしてその他のイタリア諸都市が最初に、「時は金なり」を人々に想起させるために、公共広場に機械時計を設置したとするならば、イングランドのいくつかの城塞都市がそれに続くのにそう時間はかからなかったであろう。

第三節　絵画の裏面

スタート地点に戻るために、大半は企業精神旺盛な金持ちによって、彼らのために書かれた史料を通してはっきりと見えたのは、農村情景の一部だけでしかなかったことを思い出そう。その他の多くは文字どおり暗闇のなかに沈んでしまっていて、そこに研究者たちが花粉の研究や埋葬品の分析などの補助学といった薄明かりを投射し始めたのは、最近になってのことである。そして、よく知られた指導的諸都市における商業発達の形式が全体的に見て、微《かす》かにしか知られていない諸都市のそれと似ていたと仮定することが間違ってはいないように思われるのに対して、農業発達に関しては同様の仮定をすることは許されない。農村部は、言いすぎるとよくないが、役に立たない案内者である。情報が入手しやすい限られた地域においても、対立する動きが確認されるし、またそうあるべきである。

生産物と労働による地代から貨幣地代への加速する転換は、全般的に領主と農民の双方に利したことはすでに指摘しておいた。しかしながら、この発言のすべての部分には保留条件を付す必要がある。多くの領主は、早晩、彼らが代わりに設定した定額の金納税が貨幣変更や生活費の上昇によって減額されていくのに気づいた。そこで彼らは二者択一の支払い形式（選択に応じて、現金と生産物または労働）を再導入しようと試みたり、もはや土地所有者としてではなくてその土地の封建的統治者として新しい貢租を課したりした。農民たちもまた、弱者と貧窮者が無情に搾取されることになっていた、予測不能の開放市場に生産物と労働を提供することによって、地代のための現金をかき集めることが都合のよいことといつも思っていたのではなかった。とくに多作して土地を弱らせたり、債務を負ったり、敵の襲撃に晒《さら》された場合、農民たちは領主が定額労働地代の対価としてほとんどの責任を負い、商品の分配を取り仕切っていた伝統的な村落共同体の紐帯を保護するか復活させるであろう。人的自由は、もしそれが機会を拡大するための門戸を開けたとするならば、大きな一歩であったのであるが、反対に、重い追加的責任を伴うものであるならば、望ましくない負担となったであろう。意義深いことには、国王の農奴に「すべての人間の当然の自由」という高尚な名のもとに自由を付与した一三一五年のフランスの王令は同時に、自由人に課された新しい戦争税に他のすべての人と同様に服すことをしないならば、いかなる者も「農奴という屈辱のなかにとどまること」を選択すべしと付記している。

好機は商業と同じように農業にも存在していたが、それを手にする機会は少なく、そして何よりも融通性を欠いていた。商業革命の範囲外に取り残された数多の村落が存在していたのみならず、村落のすべては発達によって容易に覆される微妙な生態学的均衡の上に立っていた。人口発達は一般的に経済発展の要素の一つであったが、ある特殊地域の人口が急速に増加しすぎ、その過剰分が都市化と移住によって吸収されないならば、農地は有効な耕作には狭すぎて、その牽引力、羊毛、肉、そしてとくにその糞尿が非常に必要とされていた家畜類に十分な飼料の供給がなされなかった。反対に、もし広すぎる空間が羊の飼育や工業用作物に割り当てられたならば、共同体はその原初の資産である自活能力を失ってしまうであろう。保護された領主の森林や池は農民の嫌悪の対象であったのであるが、それはもはや数え切れない世代の人間と羊によって引き起こされた森林伐採・土地浸食・水質汚染といった蓄積された自然破壊を打ち消すほど広くかつ十分に分配されることはなかった。小さな商業目的の農業経営者は極端な不作と極端な豊作をほとんど同じように恐れていた。前者は穀物倉を枯渇させ、後者は価格を下落させた。流動資金は通常は最大の土地所有者のあいだでも不足していたのであるが、それは道具や家畜の購入のような生産的投資に常に投入されたのではなくて、分散した付属地の非合理的獲得や農村生活の単調さを打ち壊すような大がかりな宴会や祝典のために使われることが非常に多かった。そして最高の管理者であっても好機を見誤った。伝存する所領会計簿の数字が農業の手引書によって楽観的に産出された高い収穫量に達することはほとんどないし、それらの一部はとくに一三世紀中葉以後、下降線を辿っている。

このような局地的な証拠をもとに、全体的趨勢を復元することは可能であろうか。農村景観の分断された状況は失敗と同様に成功も孤立させる傾向にあった。人口過剰と過疎、破滅と至福が共存していた。一三世紀までに、史料が一層豊富になることから、自治政府の統治者、判事、公証人、あらゆる業種の工人たち、都市商品で一杯の商店、そして学校をも備えた小ぎれいで繁栄している農業経営者たちの町を（例えば、トスカーナ地方において）見ることができる。スイスのどんなに険しい山間部でも牧人たちの豊かな共同体が見いだされ、そしてほとんどどこでも数名の裕福な農民を拾い出すことができる。他方、貧困は高貴な人も容赦しなかった。シエーナ近郊、ティンティッナノの領主は自治政府に一足のサンダルを買うためのお金を乞うている。まともな生活のための唯一の願いが政略婚（相手が富裕な農業経営者の娘の場合もあった）、または軍隊、聖職者、そしてより高位の領主の役人としての就職口しかなかった下級貴族の子息たちが大勢いた。都市は野心家や根無し草に希望を与えた。しかし非常に大勢の農民には、都市の最下層の無産者たちよりも悲惨な状況下で暮らさなければならないとしても、移住の可能性も意志もなかった。彼らは、鶏や他の家畜と共有することもあった泥のあばら屋か横穴で寝泊まりし、ほとんど家具や衣類は所有せず、僅かなお金のために他人の土地で働き、狭い畑で取れた限られた食糧を並べることしかできなかった。さらに、一三世紀の極貧の最底辺が一〇世紀の大勢の農奴や隷農とほとんど変わらなかったとは思われない。そして、大金持ちと極貧者との開くばかりの格差は、今の時代を含め、成長時代のよくある結果である。結局のところ、人口増加、文化の拡大、そして技術発達との関係で示唆された分析試案から逸れなければならない理由はどこにもない。商業革命期を通じて改良は続けられ、一三世紀中葉に向かってそれは持続されるか速度を増していった。ただし、その世紀の最後の数十年と一四世紀前半における減速傾向への推移が確認されるが。

第四節　減退から縮小へ――革命は停止する

一三四六年から四八年の大ペストにいたるまでの最後の一〇〇年間における農業発展の遅滞は商業と工業の発展にある程度まで影響を及ぼした一連の混乱のなかで、弱められた形ではあるが、同調現象を起こしていた。人口の分野でこの同調が最も密接なものとして現れた。多くの都市は一二五〇年以後発展を減速させるか停止させ、そしてフィレンツェは一三〇〇年頃中世における最盛期に達したあと、軽度の人口減少を経験した。しかしながら、逆流現象はそれほど目立たなかったし拡大しなかったため、出産調整の強化や多様な地域特性によって説明することができない。その他の不利な出来事は一層局地的か、主要な経済的推移とは関係を持たなかった。例えば、フランス、レヴァント、そして都市内と都市間における戦争や戦争と結びついた課税と強制的貸付が挙げられる。銀行倒産もあったが、しかしながらこれは古い銀行の破産による新しい銀行の出現を妨げなかった。通常の取引における利益の減少もあったが、危険のほうは非常に低かった。若い織物工業の拠点が発達することによって相殺されたと思われる、フランドルの毛織物工業とルッカの絹織物工業における縮小も挙げられる。一部の銀鉱山の枯渇も、たぶん、別の鉱脈の開発によって埋め合わされたのではなかろうか。これやあれやの減退は農業発展の遅滞と結びついて、大ペストとその結果という深刻な一撃のための下地を用意したとこれまで主張されてきた。これは魅力的な仮説であるが、それを承認するにしても否定するにしても正確なデータが欠けている。

とにかく、耕作者の食べ物といった基本的必要と土地浸食といった取り消すことのできない変化に関係する農業の緊張を、商業が余裕をもってやり過ごすか利益に変えることもある偶発的後退から区別しなければならない。戦争は商人と刀剣家に利益をもたらす。強制貸付は都市財政を任された企業家に、もし皇帝がそれについて考えたならば、古代ローマ帝国を支払い能力があって人気者にしたかもしれない仕掛けを示唆している。それは債券発行借入金、つまり定められた時期に返済される必要はなく、貸し手に定期課税の手続きから定収入をもたらしていた資金の前貸しのことである。商人にとっては、自らの投資を危険と利益の優先的比率に応じて分散させることができた。商・工業的競争は勝者と敗者の両方を生み出したが、正味の成果は、国際的独占・企業連合・保護主義にとって仕切りが多すぎたため進取の精神を窒息させるほどにはいたっていない世界において、新しい方法、新しい販路、新しい市場の絶え間ない探求にあった。これ以上細部に入り込むことはしないが、経済成長の仕組みそのものはそれぞれの段階で摩耗・故障・不安定を生み出すことを指摘しておこう。しかし、それはまたそれぞれの部分を研ぎ直し、障害を取り除くか取り替えること、新しい道具を加えること、新規の販路を見つけ出すことによって変身していく。実際、少なくともジェノヴァと非常に高い確率で、その証拠がまだ完全には究明されてこなかったその他の場所において、産業革命の非常に長期にわたるいわゆる「動的均衡」を特徴づけるような好況と不況の循環がすでに一三世紀、そして恐らく一二世紀に始まっていたことを示す証拠がある。それらは一時的な困難と不安を引き起こしたが、長期的推移の上昇進行を阻害することはなかった。

減退がいかなるものであっても、大ペストの前夜、中世の商人たちは大きくなり続ける経済的成功を約束されていたように思われた。彼らは裏庭に中国、塀に保険、道具小屋に各種の水車を加えたところであった。彼らは新しい複式簿記を試すために新しい眼鏡を身につけ、そして恐らく、一部の医師が処方していた新しい薬である「命の水」、つまりウィスキーをいやがらずに飲んでいたであろう。故郷の町で彼らは、自信を見せたり、または実際に、古代ギリシア・ローマの先輩たちが夢見たことがなかった、そして近代の後輩たちが表に出すことを憚った傲慢な態度をとりながら、好天に恵まれたり荒天に出会ったりしていた。外国でもその自惚《うぬぼ》れは変わらなかったが、彼らの経済・軍事的協力に頼りきっていた君主との交渉では、当時最高の君主といわれていた人物に対して彼らは非常に上品な話し方をしていた。さらに、彼らの実力はヨーロッパで最強国の最も御し難い王、フィリップ美男王（在位一二八五―一三一四年）のマントの下でさえ透けて見えていた。ローマ教皇ボニファティウス八世とイングランド王エドワード一世に挑んだこの君主は、自身の混乱した財政をフィレンツェのある商人（ムスキアット・ギディ）に、そして自身の成立して間もない海軍をジェノヴァのある商人（ベネデット・ザッカリア）に託したのである。

恐らく、外国人の金貸しが「ペンとインク入れ」だけを持ってやってきて、単なる保証人として国王や農民に宛てて前貸し証書を作成し、そしてこのような殴り書きの対価として、最後にはその土地の物的富を奪い去っていくのを不満に思った人々は大勢いたであろう。しかし、商人たちは何冊もの書物も書き残している。最も広く書き写され読まれた書物が市場に関する実用的な情報が旅行譚のなかに混ざっているマルコ・ポーロの本であったこと、そして中世で最高の韻文作品がフィレンツェの香辛料商人ギルドの会員として登録されてはいるが、それほどのやり手ではなかったダンテ・アリギエーリによって書き上げられていることは、一三世紀および一四世紀前半における彼らの社会的上昇の小さくない証拠である。商人たちはまた市庁舎・兵器庫・病院・大聖堂を建設した。大ペストが襲ったとき、シエーナはその魅惑的な大聖堂の拡張を開始したところで、それはフィレンツェに住む彼らの隣人で商売敵の大聖堂を凌駕することになっていた。明らかに、ボンシニョーリ銀行の倒産はシエーナの金融競争力を破壊しはしなかった。しかし、大ペストはそれを破壊した。「新しい大聖堂 Duomo Nuovo」の威厳にみちた未完成の記念物は、書かれた記録の証言を雄弁に確認している。

商業革命を一三四八年以後の停止へと導いた全般的危機を跡づけることは本書の仕事ではないし、そしてその起源・影響・範囲・期間についての議論が続いている問題を二、三行で論じることも不可能である。著者は危機に先行した商業の減退と農業の飽和状態は取り返しのつかないものであったとの意見を持っている。長期的不況の三つの要因によって構成されていなかったならば、それらは解決されたかもしれない。それらは一三四六年ないし四八年以前から潜伏していたのかもしれないが、一四世紀後半に表面化した。三つの要因とは西ヨーロッパとアジア大陸全体における長引く破壊的な戦争、ほとんど三〇〇年間継続した周期的に発生し、北半球全域を襲うことになる伝染病の突然の襲来、そして人間によってもたらされた傷を治すことを自然に対して一層困難にした気候の新たな動きである。戦争・ペスト・天候異変、これらは古代ローマ帝国の経済を破壊した主要な災難でもあった。商業革命は、幸運にも、経済力と回復力を「黄金の中庸」の古典的限界を大きくこえて構築していた。そのため、中世ヨーロッパの経済は幾分衰退したものの、倒壊することはなかったのである。

訳者あとがき

本書は一九七一年、イェール大学のミスキミン教授 Harry A. Miskimin 編の叢書 The Economic Civilization of Europe（『ヨーロッパの経済文明』）の一冊として Prentice-Hall, Inc. から最初に出版された。本書はその九年前にフランス語で出版され、話題になっていた大部の *Naissance de l'Europe*『ヨーロッパの誕生』の経済に関する部分を講義用にまとめ直したものと考えられる。その五年後に増補版が出されるが、それは読者のための参考文献目録が少し厚くなったためで、本文には一切手が加えられていない。十分な推敲がなされた初版への並々ならぬ自信が窺われる。なお、本書は一九七四年にフランス語、その翌年にはイタリア語に翻訳されている。

著者は一九一〇年一〇月八日、ジェノヴァに生まれる。父は著名な劇作家で、その才能は小説家として名をなした彼の弟に受け継がれているが、彼にもその血が流れていたことは数多くの著作から容易に知ることができる。ミラノ大学で中世史を専攻し、卒業の翌年（一九三二年）早くも、未刊行の公証人文書を縦横に駆使して完成した博士学位論文をもとに、中世の商業革命期に活躍したベネデット・ザッカリアに関する大著を公刊する。サルデーニャのカリアリやパヴィーアで教職に就いた後、一九三六年ミラノ大学の講師に迎えられる。そしてそこで、アメリカ移住後の恩人となる、ウィスコンシン大学のレイノルズ教授 Robert L. Reynolds と出会うのであるが、この著名な中世史家は上記の大著の作者があまりにも若いのに驚いたとのことである。しかし一九三九年、ファシズムが台頭し、反ユダヤ主義の暗雲が漂い始めると、著者はアメリカ合衆国への移住を決意する。新天地で生き抜くためのより良い方法として、前記レイノルズ教授の助言に従って、同年ウィスコンシン大学に入学しなおし、一九四二年にPh. D. を取得する。第二次世界大戦が勃発すると、「敵国民」と見られるなかで、大戦期の大半をヴォイス・オヴ・アメリカや戦争情報局などで台本作者として働き、末期になってコロンビア大学に講師として招かれる。そしてその翌年にはイェール大学に移り、一九八一年に退職するまで、中世史講座の創設・発展に全力を注ぐ。その間ウェスレヤン大学、ミドルベリィ・カレッジ、コレージュ・ド・フランス、ハーヴァード大学、テル・アヴィヴ大学等で教え、ヘブライ連合大学、ローマ大学、モンプリエ大学から名誉学位が授与されている。一九八六年六月、癌による合併症で七六年の生涯を閉じる。

七四歳のときに提出された著作目録によると、著書は一〇冊、論文は九七編を数え、書評も数え切れない。カール・マルクスの唯物主義とベネデット・クローチェの理想主義が彼の仕事の二つの柱になっていると見る評者もいるが、研究テーマはジェノヴァ交易、ピレンヌ・テーゼ、ビザンツ絹織物工業、貨幣、都市など多岐にわたっている。ヨーロッパ経済史への最大の貢献となると、中世の商業革命論とルネサンス期の経済停滞論の二つが挙げられる。

近代以降と比較して、時がゆっくりと流れたように感じられる中世に革命が起きていたことを信じる人は少ないであろう。事実、教科書や歴史・経済事典においても、商業革命は一五・一六世紀のコロンブスのアメリカ大陸発見やマゼランの世界周航などによって世界商業の動脈がそれまでの地中海から大西洋・インド洋に移行したことと、それに伴うヨーロッパ内の諸変化を指すためにのみ用いられてきたため、中世の商業革命への言及はどこにもない。唯一の例外は一九七二年刊行の『大月・経済学事典』で、「商業革命」の項目を執筆した谷和雄氏は上記のような解説に続いて、マルクス主義の視点から次のように本書に言及している。「最近〈経済成長〉理論の立場の一部の経済史家は、都市をその中枢とする商業化が中世ヨーロッパの経済構造に与えている変革的作用を強調し、この観点からロペスは一〇世紀中葉から一四世紀中葉にかけての時期を商業革命期とみる新見解を提唱した。この見解は商業を資本主義の生成・発展にかかわる外的要因とみなさず、固有の構成的要因として評価するものであるが、十分な説得性をもつにいたっていない」と。ここでいう〈経済成長〉理論とは一九六〇年にアメリカの経済史家W・W・ロストウが『経済成長の諸段階』のなかで発表した「伝統的社会」、「離陸のための先行条件期」、「離陸」、「成熟への前進」、「高度大衆消費時代」の五つの成長段階からなる時代区分法を指す。もちろん、これはマルクス主義の「原始共同体制」、「奴隷制」、「封建制」、「資本制」の四つの時代からなる発展段階説との対決を明らかに意図したもので、今日時代区分に関する有力な説として多くの支持を得ている。著者もこの経済成長理論の支持者の一人であったが、本書が示すごとく、中世を「伝統的社会」と規定することに承服できなかったことは言うまでもない。

「封建制」にしろ「伝統的社会」にしろ、人々はまだ一千年も続いた中世が暗黒の時代、停滞の時代であってほしいと願っているのであろうか。長いあいだルネサンスは近世に固有の歴史現象であると考えられてきた。しかし、「カロリング・ルネサンス」、「オットー・ルネサンス」、「一二世紀ルネサンス」などと、ルネサンス概念の相対化が始まって久しい。この相対化は文芸の分野にとどまらない。高校の教科書では一一～一二世紀のヨーロッパに見られた都市の発展や市民生活の活況が「商業ルネサンス」

とゴシックでまとめられているのに対して、近世の商業革命も価格革命もそのような扱われ方はされていない。なぜ歴史事項の取り扱いで教科書と歴史・経済事典とのあいだに微妙な相違が生じているのであろうか。もちろん、著作はそれぞれの編集方針に基づいて出版されることは言うまでもないが、本書の翻訳が西欧ではすぐに実現されたのに対して、わが国では三五年間も無視され続けてきたことになる。このような西欧において広く認められた歴史事象がわが国では一顧だにされてこなかった原因が本の内容そのものではなくて学説の対立にあったとしたならば、これ以上に愚かで悲しいことはないであろう。

この中世に資本家へと連なる「金持ち」や煉獄の思想が誕生し、信用が広範に利用され始める。最近出版された『中世とは何か』（藤原書店、二〇〇五年）でジャック・ル・ゴフはこの長い中世を実に起伏に富んだものとして描き出している。また、ジャン・ドゥリュモの大著『恐怖心の歴史』（新評論、一九九七年）などによってルネサンスの別の側面が日本の読者にもようやく知られるようになってきた。もうこの時点で、一七世紀から続くケラリウス流の二つの偉大な時代に挟まれた中間期としての中世観念から脱却しなければならないのではなかろうか。本書を一読すれば、統計資料のない時代と地域に関して、その経済活動を叙述することがいかに困難な仕事であるかがおわかりになるであろう。断片的な史料を推論で繋いでいくしか方法はないのである。こういう状況や類書のないことを考慮したならば、本書は上出来であると評価できる。これまでの偏見を捨てて、いろいろな角度から中世を研究すべきではなかろうか。一千年の中世が何もないままに過ぎ去ってしまったと考える人が本当にいるだろうか。

もちろん、近代史に親しんだ読者にとっては、「革命」の表現が適切であったかどうかは問題として残るであろうが、中世人にとって革命的変化であったことに間違いはない。本書で著者は二つの注意、つまり政治革命と経済革命を同一視しないこと、新しい時代の基準でその前の時代を見ないことを強調する。アメリカ革命が一七七六年に勃発し、一七八三年までに終了したことを疑う者はいないが、産業革命に関してそれを確定することは誰にもできない。他方、数値は前の時代の姿を見誤らせるもので、生産量における水車と蒸気機関の単純な比較は意味がなく、社会構造や文化や生活形態における変化などが応分に考慮されなければならないと言う。従って、著者は商業革命を新しい要因の発生と、それらの相互作用による持続的なうねりと解釈する。本書ではこの中世のうねり、躍動が見事に描き出されていて、中世への筆者の並々ならぬ想いが直に伝わってくるようである。この中世の躍動感に故郷、ヨーロッパの将来への著者の確固たる信頼を読みとるのは訳者だけではなかろう。本書によって中世の商業革命論が少しでも広く知られることにより、わが国の読者の中世史観がより一層豊かになる一助になれば、訳者にとって望外の喜びとするところである。

著者の主要な著作を年代順に並べると、次のようになる。

1 *Genova marinara nel Duecento. Benedetto Zaccaria, ammiraglio e mercante*〔『海軍司令官兼商人、ベネデット・ザッカリア——一二〇〇年代のジェノヴァの船乗り』〕, Principato (Milan, Italy), 1933〔再版 2004〕.

2 *Studi sull'economia Genovese nel medio evo*〔『中世ジェノヴァ経済の研究』〕, Lattes (Torino, Italy), 1936.

3 *Contributo alla storia delle miniere argentifere di Sardegna*〔『サルデーニャ島銀鉱山史への貢献』〕,

1936〔共著〕.
4 *La Colonizzazione genovese nella storiografia piu recente*〔『近年の研究におけるジェノヴァ植民活動』〕, 1937.
5 *Storia delle colonie genovesi nel Mediterraneo*〔『地中海におけるジェノヴァ植民地の歴史』〕, Nicola Zanichelli（Bologna, Italy）, 1938.
6 *Dieci documenti sulla storia della guerra di corsa*〔『海賊戦争史に関する史料一〇編』〕, 1938.
7 *Introduction to contemporary civilisation in the West, a source book prepared by the Contemporary Civilisation Staff of Columbia College*〔『西欧における現代文明入門』〕, Columbia University, vol. 2, 2 and ed. [Preface to the first edition, by Justus Buchler, K. William Kapp, Robert S. Lopez], 1954〔共著〕.
8 *Settecento anni fa :il ritorno all'oro nell'occidente duecentesco*〔『七〇〇年前――一三世紀ヨーロッパにおける金本位制への復帰』〕, 1955.
9 *La prima crisi della banca di Genova, 1250–1259*〔『ジェノヴァ銀行の最初の危機――一二五〇年から一二五九年まで』〕, Universita L. Bocconi（Milan, Italy）, 1956.
10 *The Tenth Century :How Dark the Ages?*〔『一〇世紀は暗黒の時代だったのか』〕, Rinehart（New York, NY）, 1959.
11 *Medieval Trade in the Mediterranean World*〔『地中海世界における中世の交易』〕, Columbia University Press（New York, NY）, 1961.
12 *L'importanza del mondo islamico nella vita economica Europea*〔『ヨーロッパ経済生活におけるイスラ

ム世界の重要性』〕, 1965.

13 *Naissance de l'Europe*, V^e–XIVe *siècle* 〔『ヨーロッパの誕生——五世紀から一四世紀まで』〕, Paris, 1962〔英語版 1967〕.

14 *Economy, Society, and Government in Medieval Italy: Essays in Memory of Robert L. Reynolds* 〔『中世イタリアにおける経済・社会・統治』〕, Kent State University Press (Kent, OH), 1969〔共著〕〔再版 1993〕.

15 *The Three Ages of the Italian Renaissance* 〔『イタリア・ルネサンスの三つの時代』〕, University Press of Virginia (Charlottesville, VA), 1970.

16 *The Commercial Revolution in the Middle Ages*, Prentice-Hall Inc., 1971〔再版 1976、本書〕.

17 *Civilizations: Western and World* 〔『文明——西洋と世界』〕, Little, Brown (Boston, MA), 1975.

18 *Su e giù per la storia di Genova* 〔『ジェノヴァ史逍遥』〕, Università di Genova (Genova, Italy), 1975.

19 *The Medieval City* 〔『中世都市』〕, Yale University Press (New Haven, CT), 1977.

20 *Byzantium and the World around It: Economic and Institutional Relations* 〔『ビザンツとその周辺世界——経済・制度史』〕, Variorum (London, England), 1978〔論文集〕.

21 *The Shape of Medieval Monetary History* 〔『中世貨幣史の形』〕, Variorum (London, England), 1986〔論文集〕.

最後に、翻訳にあたってはフランス語訳とイタリア語訳を参考にしたが、とくに仏訳を担当された訳者の友人である、レンヌ大学教授 Jean-Pierre Delumeau 氏には多くのご教示をいただき、大変お世話になった。この場を借りて感謝の意を表する次第である。また、スペイン語の訳で助けていただいた流通経済大学の関哲行教授、経済用語に関して助言を頂いた久留米大学の篠崎靖志教授にもお礼を申し上げたい。本書は十数年間久留米大学の二年生ゼミのテキストとして使用しているものである。学生には少し難しく、半年で数頁進むのがやっとであるが、必死についてきている。これからもお世話になるが、これまで付き合ってくれた三〇〇人近くのゼミ生たちにも感謝を申し上げ、本訳書を献げたいと思う。

二〇〇六年十一月

宮松浩憲

サウジアラビア王朝史	J.B.フィルビー／岩永，冨塚訳	¥5700
愛の探究〈生の意味の創造〉	I.シンガー／工藤政司訳	¥2200
自由意志について〈全体論的な観点から〉	M.ホワイト／橋本昌夫訳	¥2000
政治の病理学	C.J.フリードリヒ／宇治琢美訳	¥3300
書くことがすべてだった	A.ケイジン／石塚浩司訳	¥2000
宗教の共生	J.コスタ=ラスクー／林瑞枝訳	¥1800
数の人類学	T.クランプ／髙島直昭訳	¥3300
ヨーロッパのサロン	ハイデン=リンシュ／石丸昭二訳	¥3000
エルサレム〈鏡の都市〉	A.エロン／村田靖子訳	¥4200
メソポタミア〈文字・理性・神々〉	J.ボテロ／松島英子訳	¥4700
メフメト二世〈トルコの征服王〉	A.クロー／岩永，井上，佐藤，新川訳	¥3900
遍歴のアラビア〈ベドウィン揺籃の地を訪ねて〉	A.ブラント／田隅恒生訳	¥3900
シェイクスピアは誰だったか	R.F.ウェイレン／磯山，坂口，大島訳	¥2700
戦争の機械	D.ピック／小澤正人訳	¥4700
住む　まどろむ　嘘をつく	B.シュトラウス／日中鎮朗訳	¥2600
精神分析の方法 I	W.R.ビオン／福本修訳	品　切
考える／分類する	G.ペレック／阪上脩訳	¥1800
バビロンとバイブル	J.ボテロ／松島英子訳	¥3000
初期アルファベットの歴史	J.ナヴェー／津村，竹内，稲垣訳	¥3600
数学史のなかの女性たち	L.M.オーセン／吉村，牛島訳	¥1700
解決志向の言語学	S.ド・シェイザー／長谷川啓三監訳	¥4600
精神分析の方法 II	W.R.ビオン／福本修訳	¥4000
バベルの神話〈芸術と文化政策〉	C.モラール／諸田，阪上，白井訳	¥4000
最古の宗教〈古代メソポタミア〉	J.ボテロ／松島英子訳	¥4500
心理学の７人の開拓者	R.フラー編／大島，吉川訳	¥2700
飢えたる魂	L.R.カス／工藤，小澤訳	¥3900
トラブルメーカーズ	A.J.P.テイラー／真壁広道訳	¥3200
エッセイとは何か	P.グロード，J.-F.ルエット／下澤和義訳	¥3300
母と娘の精神分析	C.オリヴィエ／大谷，柏訳	¥2200
女性と信用取引	W.C.ジョーダン／工藤政司訳	¥2200
取り消された関係〈ドイツ人とユダヤ人〉	H.マイヤー／宇京早苗訳	¥5500
火　その創造性と破壊性	S.J.パイン／大平章訳	¥5400
鏡の文化史	S.メルシオール＝ボネ／竹中のぞみ訳	¥3500
食糧確保の人類学	J.ポチエ／山内，西川訳	¥4000
最古の料理	J.ボテロ／松島英子訳	¥2800
人体を戦場にして	R.ポーター／目羅公和訳	¥2800
米国のメディアと戦時検閲	M.S.スウィーニィ／土屋，松永訳	¥4000
十字軍の精神	J.リシャール／宮松浩憲訳	¥3200
問題としてのスポーツ	E.ダニング／大平章訳	¥5800
盗まれた手の事件〈肉体の法制史〉	J.-P.ボー／野上博義訳	¥3600
パステルカラーの罠〈ジェンダーのデザイン史〉	P.スパーク／菅，暮沢，門田訳	¥3800
透明な卵〈補助生殖医療の未来〉	J.テスタール／小林幹夫訳	¥2300
聖なるきずな〈ユダヤ人の歴史〉	N.F.キャンター／藤田永祐訳	¥7000
食物と愛〈日常生活の文化誌〉	J.グッディ／山内，西川訳	¥4800
人類の記憶〈先史時代の人間像〉	H.ド・サン＝ブランカ／大谷尚文訳	¥2500
エコ心理療法〈関係生態学的治療〉	J.ヴィリィ／奥村満佐子訳	¥5300
中世の商業革命〈ヨーロッパ 950—1350〉	R.S.ロペス／宮松浩憲訳	

（表示価格は本書刊行時のものです．表示価格は，重版に際して変わる場合もありますのでご了承願います．なお表示価格に消費税は含まれておりません．）

十九世紀パリの売春	パラン=デュシャトレ／A.コルバン編 小杉隆芳訳	¥2500
変化の原理〈問題の形成と解決〉	P.ワツラウィック他／長谷川啓三訳	¥2500
デザイン論〈ミッシャ・ブラックの世界〉	A.ブレイク編／中山修一訳	¥2900
時間の文化史〈時間と空間の文化／上巻〉	S.カーン／浅野敏夫訳	¥2500
空間の文化史〈時間と空間の文化／下巻〉	S.カーン／浅野，久郷訳	¥3500
小独裁者たち〈両大戦間期の東欧における民主主義体制の崩壊〉	A.ポロンスキ／羽場久浘子監訳	¥2900
狼狽する資本主義	A.コッタ／斉藤日出治訳	¥1400
バベルの塔〈ドイツ民主共和国の思い出〉	H.マイヤー／宇京早苗訳	¥2700
音楽祭の社会史〈ザルツブルク・フェスティヴァル〉	S.ギャラップ／城戸朋子，小木曾俊夫訳	¥3800
時間 その性質	G.J.ウィットロウ／柳瀬睦男，熊倉功二訳	¥1900
差異の文化のために	L.イリガライ／浜名優美訳	¥1600
よいは悪い	P.ワツラウィック／佐藤愛監修，小岡礼子訳	¥1600
チャーチル	R.ペイン／佐藤亮一訳	¥2900
シュミットとシュトラウス	H.マイアー／栗原，滝口訳	¥2000
結社の時代〈19世紀アメリカの秘密儀礼〉	M.C.カーンズ／野﨑嘉信訳	¥3800
数奇なる奴隷の半生	F.ダグラス／岡田誠一訳	¥1900
チャーティストたちの肖像	G.D.H.コール／古賀，岡本，増島訳	¥5800
カンザス・シティ・ジャズ〈ビバップの由来〉	R.ラッセル／湯川新訳	¥4700
台所の文化史	M.ハリスン／小林祐子訳	¥2900
コペルニクスも変えなかったこと	H.ラボリ／川中子，並木訳	¥2000
祖父チャーチルと私〈若き冒険の日々〉	W.S.チャーチル／佐藤佐智子訳	¥3800
有閑階級の女性たち	B.G.スミス／井上，飯泉訳	¥3500
秘境アラビア探検史（上・下）	R.H.キールナン／岩永博訳	上¥2800 下¥2900
動物への配慮	J.ターナー／斎藤九一訳	¥2900
年齢意識の社会学	H.P.チュダコフ／工藤，藤田訳	品切
観光のまなざし	J.アーリ／加太宏邦訳	¥3300
同性愛の百年間〈ギリシア的愛について〉	D.M.ハルプリン／石塚浩司訳	¥3800
古代エジプトの遊びとスポーツ	W.デッカー／津山拓也訳	¥2700
エイジズム〈優遇と偏見・差別〉	E.B.パルモア／奥山，秋葉，片多，松村訳	¥3200
人生の意味〈価値の創造〉	I.シンガー／工藤政司訳	¥1700
愛の知恵	A.フィンケルクロート／磯本，中嶋訳	¥1800
魔女・産婆・看護婦	B.エーレンライク，他／長瀬久子訳	¥2200
子どもの描画心理学	G.V.トーマス，A.M.J.シルク／中川作一監訳	¥2400
中国との再会〈1954―1994年の経験〉	H.マイヤー／青木隆嘉訳	¥1500
初期のジャズ〈その根源と音楽的発展〉	G.シューラー／湯川新訳	¥5800
歴史を変えた病	F.F.カートライト／倉俣，小林訳	¥2900
オリエント漂泊〈ヘスター・スタノップの生涯〉	J.ハズリップ／田隅恒生訳	¥3800
明治日本とイギリス	O.チェックランド／杉山・玉置訳	品切
母の刻印〈イオカステーの子供たち〉	C.オリヴィエ／大谷尚文訳	¥2700
ホモセクシュアルとは	L.ベルサーニ／船倉正憲訳	¥2300
自己意識とイロニー	M.ヴァルザー／洲崎惠三訳	¥2800
アルコール中毒の歴史	J.-C.スールニア／本多文彦監訳	¥3800
音楽と病	J.オシエー／菅野弘久訳	品切
中世のカリスマたち	N.F.キャンター／藤田永祐訳	¥2900
幻想の起源	J.ラプランシュ，J.-B.ポンタリス／福本修訳	¥1300
人種差別	A.メンミ／菊地，白井訳	¥2300
ヴァイキング・サガ	R.プェルトナー／木村寿夫訳	¥3300
肉体の文化史〈体構造と宿命〉	S.カーン／喜多迅鷹・喜多元子訳	¥2900

魔女と魔女裁判〈集団妄想の歴史〉	K.バッシュビッツ／川端，坂井訳	¥3800
科学論〈その哲学的諸問題〉	カール・マルクス大学哲学研究集団／岩崎允胤訳	¥2500
先史時代の社会	クラーク，ピゴット／田辺，梅原訳	¥1500
人類の起原	レシェトフ／金光不二夫訳	¥3000
非政治的人間の政治論	H.リード／増野，山内訳	¥ 850
マルクス主義と民主主義の伝統	A.ランディー／藤野渉訳	¥1200
労働の歴史〈棍棒からオートメーションへ〉	J.クチンスキー，良知，小川共著	¥1900
ヒュマニズムと芸術の哲学	T.E.ヒューム／長谷川鉱平訳	¥2200
人類社会の形成（上・下）	セミョーノフ／中島，中村，井上訳	上 品 切 下 ¥2800
倫理学	G.E.ムーア／深谷昭三訳	¥2200
国家・経済・文学〈マルクス主義の原理と新しい論点〉	J.クチンスキー／宇佐美誠次郎訳	¥ 850
ホワイトヘッド教育論	久保田信之訳	品 切
現代世界と精神〈ヴァレリィの文明批評〉	P.ルーラン／江口幹訳	¥980
葛藤としての病〈精神身体医学的考察〉	A.ミッチャーリヒ／中野，白滝訳	¥1500
心身症〈葛藤としての病２〉	A.ミッチャーリヒ／中野，大西，奥村訳	¥1500
資本論成立史（全４分冊）	R.ロスドルスキー／時永，平林，安田他訳	(1)¥1200 (2)¥1200 (3)¥1200 (4)¥1400
アメリカ神話への挑戦（I・II）	T.クリストフェル他編／宇野，玉野井他訳	I ¥1600 II ¥1800
ユダヤ人と資本主義	A.レオン／波田節夫訳	¥2800
スペイン精神史序説	M.ピダル／佐々木孝訳	¥2200
マルクスの生涯と思想	J.ルイス／玉井，堀場，松井訳	¥2000
美学入門	E.スリヨ／古田，池部訳	品 切
デーモン考	R.M.=シュテルンベルク／木戸三良訳	¥1800
政治的人間〈人間の政治学への序論〉	E.モラン／古田幸男訳	¥1200
戦争論〈われわれの内にひそむ女神ベローナ〉	R.カイヨワ／秋枝茂夫訳	¥3000
新しい芸術精神〈空間と光と時間の力学〉	N.シェフェール／渡辺淳訳	¥1200
カリフォルニア日記〈ひとつの文化革命〉	E.モラン／林瑞枝訳	¥2400
論理学の哲学	H.パットナム／米盛，藤川訳	¥1300
労働運動の理論	S.パールマン／松井七郎訳	¥2400
哲学の中心問題	A.J.エイヤー／竹尾治一郎訳	品 切
共産党宣言小史	H.J.ラスキ／山村喬訳	品 切
自己批評〈スターリニズムと知識人〉	E.モラン／宇波彰訳	¥2000
スター	E.モラン／渡辺，山崎訳	¥1800
革命と哲学〈フランス革命とフィヒテの本源的哲学〉	M.ブール／藤野，小栗，福吉訳	品 切
フランス革命の哲学	B.グレトゥイゼン／井上尭裕訳	¥2400
意志と偶然〈ドリエージュとの対話〉	P.ブーレーズ／店村新次訳	¥2500
現代哲学の主潮流（全５分冊）	W.シュテークミュラー／中埜，竹尾監修	(1)¥4500 (2)¥4200 (3)¥6000 (4)¥3300 (5)¥7300
現代アラビア〈石油王国とその周辺〉	F.ハリデー／岩永，菊地，伏見訳	¥2800
マックス・ウェーバーの社会科学論	W.G.ランシマン／湯川新訳	¥1600
フロイトの美学〈芸術と精神分析〉	J.J.スペクター／秋山，小山，西川訳	品 切
サラリーマン〈ワイマル共和国の黄昏〉	S.クラカウアー／神崎巌訳	¥1700
攻撃する人間	A.ミッチャーリヒ／竹内豊治訳	¥ 900
宗教と宗教批判	L.セーヴ他／大津，石田訳	¥2500
キリスト教の悲惨	J.カール／高尾利数訳	品 切
時代精神（I・II）	E.モラン／宇波彰訳	I 品 切 II ¥2500
囚人組合の出現	M.フィッツジェラルド／長谷川健三郎訳	品 切

著者

ロバート・S. ロペス（Robert S. Lopez）
1910年ジェノヴァに生まれる．父親は著名な劇作家，ミラノ大学で中世史を専攻，1936年ミラノ大学講師となる．しかし，ファシズムの台頭によりアメリカ合衆国への移住を決意する．Ph. D. を取り直し，コロンビア大学講師を経て，イェール大学に移り，81年に退職するまで中世史講座の創設・発展に尽力することによって，戦後のアメリカにおける中世史研究を強力に指導する．86年死去．近代経済学の手法を果敢に取り入れるも，中世の人々に焦点をあてた本書は歴史学者による経済史の教科書としてヨーロッパで広く愛読されている．中世の商業革命論，ルネサンス期の経済停滞論に関して数多の著書・論文があり，主な文献を本書「訳者あとがき」の末尾に示した．

訳者

宮松浩憲（みやまつ ひろのり）
1945年生まれる．九州大学大学院文学研究科博士課程（西洋史）満期退学．現在，久留米大学経済学部教授．著書：『西欧ブルジョワジーの源流』（九州大学出版会），『金持ちの誕生』（刀水書房）．訳書：マビヨン『ヨーロパ中世古文書学』（九州大学出版会），リシャール『十字軍の精神』（法政大学出版局）

りぶらりあ選書

中世の商業革命
ヨーロッパ 950-1350

発行　2007年 3 月30日　　初版第 1 刷

著者　ローバート・S. ロペス
訳者　宮松浩憲
発行所　財団法人　法政大学出版局
〒102-0073 東京都千代田区九段北3-2-7
電話03(5214)5540／振替00160-6-95814
製版，印刷／三和印刷
鈴木製本所

ISBN 978-4-588-02230-2
Printed in Japan

人名索引

ア　行

アウグストゥス（ローマの初代皇帝）　Augustus　1,4,14,77
アグネッルス（ラヴェンナの）（イタリアの教会史家）　Agnellus of Ravenna　40
アッティラ（フン族の王）　Attila　2
アリオノール（アキテーヌ女公）　Aléonor of Aquitaine　75
アルチェッリ，ガンドルフォ（ピアツェンツァの商人）　Arcelli, Gandolfo　133
アルフレッド大王（イングランド王）　Alfred the Great　42
アレクシオス（1世）コムネノス（東ローマ皇帝）　Alexius I Comnenus　84,85
ヴァスコ・ダ・ガマ（ポルトガルの航海者）　Vasco da Gama　139,141
ヴィクトル3世（ローマ教皇）　Victor III　84
ヴェスパシアヌス（ローマ皇帝）　Emperor Vespasian　12
ウェルギリウス（ローマの作家）　Virgil　68
ウォルター・オヴ・ヘンリ（イギリスの農業作家）　Walter of Henley　xi,202
エドワード1世（イングランド王）　Edward I　209
エルフリック（アインシャム修道院長）　Aelfric of Eynsham　77

カ・サ・タ行

キケロ（ローマの政治家・哲学者）　Cicero　9
クレシェンジ（ボローニャの裁判官）　Crescenzi, Pietro de　202
クレティアン・ド・トロワ（フランスの作家）　Chrétien of Troyes　112
コロンブス（イタリアの航海者）　Columbus　42,139

ザッカリア，ベネデット（ジェノヴァの商人）　Zaccaria, Benedetto　176-8,185,201,209
シャルルマーニュ（カロリング朝王）　Charlemagne　25,28,29,33,68,76,91,92,116,166
スミス，アダム（イギリスの経済学者）　Smith, Adam　108

ダンテ（イタリアの作家）　Dante Alighieri　209
チンギス・ハン（モンゴル帝国の建国者）　Chingiz Khan　138
ディルソン，ティエリ（アラス司教）　d'Hireçon, Thierry　201-2
テオドリック大王（東ゴート族の王）　Theodric the Great　16
テオフィロス（東ローマ皇帝）　Emperor Theophilus　85
デフォー，ダニエル　Defoe, Daniel（イギリスの作家）　193
トマス・アクィナス　Thomas Aquinas（フランスの神学者）　187

ハ・マ・ヤ・ラ・ワ行

ハインリヒ獅子公（ザクセン太公） Henry le Lion 145
パルテチパッツィオ，ジュスティニアーノ（ヴェネツィア総督） Justinian Parteci-pazio 82
ハールーン・アッラシード（アッバース朝カリフ・作家） Harum al-Rashid 31
フィリップ（4世）美男王（フランス王） Philip the Fair 208
フリードリヒ（1世）・バルバロッサ（神聖ローマ皇帝） Frederic I Barbarossa 89, 90,145
プリニウス（大）（ローマの将軍・博識家） Pliny the Elder 57,58
フロンティヌス（ローマのコンスル） Frontinus 3,180
ペゴロッティ（フランチェスコ・ディ・バルドゥッチオ）（フィレンツェの商人） Pegolotti, Francesco di Balduccio xi,121,139
ヘンリ2世（イングランド王） Henry II 75,198
ボニファティウス8世（ローマ教皇） Boniface VIII 208
ボワヌブローク，ジャン（ドゥエの毛織物業者） Boinebroke,Jean 173

マルクス・アウレリウス（ローマ皇帝） Marcus Aurelius 1,7
マルコ・ポーロ（ヴェネツィアの商人） Marco Polo 73,138–9,209
マルセル，エティエンヌ（パリの商人） Marcel, Etienne 152
ムスキアット，ギディ（フィレンツェの商人） Musciatto Guidi 209

ユスティニアヌス帝（東ローマ皇帝） Emperor Justinian 25

ラシ（トロワの）（ユダヤ人法学者・葡萄酒商） Rashi of Troyes 79
ラティエ（ヴェローナ司教） Rathier of Verona 77
ラモン・マンタナー（カタロニアの放浪騎士） Ramon Muntaner 77
ルイ7世（フランス王） Louis VII 75
ロレダン（フランチェスコ・）（ヴェネツィアの商人） Loredan, Francesco 123

事項索引

ア　行

アイルランド人　Irish　46

茜（あかね）　red madder　200,201

アラブ人　Arabs　26,28,30,31,37,49,78,138

アングロ・サクソン人　Anglo-Saxons　26,32,45

　アングロ・サクソン時代　Anglo-Saxon period　21,24,201

イスラエル人　Israelis　38

イスラム（世界・社会・帝国）　Islam　25,26,29,30-3,37,56,73,78,79,82-4,89,91,92,94,98,121,124,126,127,134,135,138,148,154,164,192

　イスラム教徒（Muslims）　37,44,51,95,126,127,141,148,153

委託契約　contract of commission　95

市場　market 27,28,32,33,64,77,78,82,88,110,111-3,119,123,127,129,135,136,144,155,156,161,165,174,182,184,191,196,198,200,202,204,209

　週市　daily market　111-5,129

　年市（大市）　annual market, fair　111-5,129,131,132,134,136,150,166

移動性牧羊業組合　guilds of migratory sheep　200

ヴァイキング　Vikings　105,145,148

遠隔地交易　long distance trade　9,10,78,101-3,121,128,129,143,144,151-3

「黄金の中庸」aurea mediocritas　4,72,74,159,210

大麦　barley　48

オーガンジー　organdi cloth　139

オート麦　oat　49,61,69

オリーブ（油）olive oil　3,4,9,43,48,52,74,83

カ　行

海港都市　seaports　32,81,85,89,97,99,107,126-8,176

海上交易　maritime trade　81,82,96,98,119,127,129,132,149,150,166

　──輸送　transportation by sea　103

舵　rudder　149,182

貸付　lending money　12,80,93,97,98,123,131,156,195,196

カスティーリア人　Castilians　141

カタルロア人　Catalans　149,151

カトリック教ヨーロッパ　Catholic West　28-35,39,40,43,45,46,48,70,78,90,91,124,133,154,198

貨幣地代　monetary rent　197,203

　──経済　money economy　64,65,194

ガラス工業（・製品）　glass making　82,122,164,180,184

ガレー船　galley　104-7,120,139

カロリング諸王（・帝国）　Carolingians　34,36,40,62,78,90,143

　カロリング時代　Carolingian period　21,24,29,33,35,40,41,45,46,50,55,56,58,73,165,166

　カロリング・ルネサンス　Carolingian renaissance　36

為替手形　letter of exchange　131,132,134

乾燥農法　dry farming　5,6,15,57

飢饉　famine 15,26,41,47,48,88,190,191

絹織物工業　silk industry　164-6,169,174,207

「兄弟衆」　fraterna　95,96

共同出資（societas）　partnership 87,95-8,101,133,136,149,161

ギリシア語　Greek　30
　──人　Greeks　1,3,55,78,93,148,177
　──正教　Greek Church　29,56
ギリシア・ローマ（社会・世界・文化・時代・法）　Greco–Roman　1,13,14,17,28,29,66,94,95,97,105,159,188,208
キリスト教（・教徒・教会）　Christianity, Church　15,22,28,33,56,78,79,83,85,95,100,124,146,192
ギルド（同業組合）　guild　11,112,157–63,170–2,174,179,184
　商人ギルド　merchant guild　158,171
　工業ギルド　craft guild　158–61,180,181
銀行業　banking　7,100,130,131,135
金属工業　metallurgy　180
クリュニ修道院　Monastery of Cluny　76
繋駕法　harnessing　59,60,103
経済成長　economic growth　x,3,22,31,39,102,107,109,116,178,179,186,208
契約　contract 94,97,99,100,101,103,131,132,136,139,156,188,195–7
毛織物　wool　115,165,167,168,171,174,175
　──業者　drapers　170–3
　──工業　woollen industry　164,165,167–73,179,209
ゲルマン人　Germans　→　ドイツ人
　ゲルマン語　German　→　ドイツ語
建築　building　178–80
工業化　industrialization　8,11,109,186,187
鉱山業　mining　11,180–3
公証人（・記録）　notarial records　94,112,114
香辛料　spices　32,53,91,115,121,122,138,150,198,209
高利貸　usury　8,13,33,93,94,98,100,131,132,158,196
国際交易（・商業）　international commerce　25,26,113,121,124,131,136,151–3,199
黒死病　Black Death　36
護送船団　convoys　135,142
古代（典）農法　Classic agriculture　4,6,43
碁盤模様　chessboard pattern　6,19,43,68
コマン族　Cumans　153
小麦　wheat　48,49,52,69,202
「コメンダ」　commenda　98,99,123,132,149,195
ゴール人　Gauls　57,58
「コロン」契約　column　97

サ　行

差額利益　profit margins　118
ザクセン（サクソン）人　Saxons　17,32,45,46
産業革命　Industrial Revolution　ix,108–11,118,130,155,159,163–5,167,168,173,175,178,180,184,186,193,199,208
三圃制　three-course rotation　50,73
塩　salt　82,83,116,119,120,150,185
織布工　weavers　172,173
自然経済　natural economy　25,26,194
自治都市　independent commune　89,90,91,126,128,129,134,144,149,152,179,182
質屋　pawnbroker　13,100,130
シトー修道会　Cistercian monastery 189,201
奢侈禁止令　sumptuary laws　116
奢侈（贅沢）品　luxuries 9,33,72,82,112,118–20,122,150,164
収穫逓減の法則　law of diminishing returns　192
十字軍　Crusade　75,79,84,89,124,126,

146,176,177
縮絨工　fullers　172
出産調整　birth control　190,206
荘園　manor　63–71,72,76,86–8,180,188,189,197
商業革命　Commercial Revolution　ix,1,71–4,76,88,90,101,102,105,107–10,113,116–9,121,122,136,153,154,157,159,160,180,182,183,186,189,195,198,200,201,204,206,209,210
商業手引　manual of commerce　139
商人企業家　merchant entrepreneurs　178
商人銀行（業）　merchant bank　100,101,152,157,182,201
植民企業家　locator　191
植民地　colony　6,83,126,129,136–9,143,150
叙任権闘争　Investiture Struggle　87
シリア人　Syrians　78
城　castles　ix,35–7,41,76,86,89,104,106,179,186,202,203
信用　credit　8,12,13,29,90,93,100,101,103,104,114,130–3,137,149,151,152,155–7,180,194,195,196
水車　mill　55,56,76,168,169,170,172,174,175,183,192,200,208
スカンディナヴィア人　Scandinavians　17,26,36,37,42–4,145,146,148,150
犂　plough　58,59,61,68,69,193,202
　軽量──light plough　57,61
　重量──heavy plough　57,60,69,71
スペルト小麦　spelt　48,49
スラヴ人　Slavs　37,45,46,55,57,145,146
製錬業　metallurgy　183,184
染色工　dyers　169,172
剪断工　shearers　172
染料　dyes　119,170,176,200

タ　行

大航海時代　Age of discovery　107
大青（たいせい）　blue woad　152,200,201
大聖堂　cathedrals　ix,104,179,184,186,209
大土地所有（大所領）　large estates　7,18,19,45
　──者　great landowner　18,58,86
「月々の労働」　labors of the months　53
蹄鉄　horseshoe　60,103,180
テュートン騎士団　Teutonic Order of knights　146,198
デーン人　Danes　42,45,146,148
伝染病　epidemic　15
ドイツ人　Germans　20,26,37,46,57,143,146,148–50
　──語　German　13
「東方の国の住民」　Easterlings　149,151,153
東方貿易　Oriental trade　165
　──商人　Easterners　78
「同僚衆」　collegantia　98
都市化　urbanization　110,165,178,190,204
都市型律修修道会　town-based regular order　187
トルコ人　Turks　84
奴隷　slaves　2,7,11,13,14,21–3,27,30,32,33,37,40,41,48,55,61,63,66,72,78,80,84,102,104,110,155,156,159,173,180,196

ナ・ハ行

「仲間衆」　compagnia　95,96,101,133,137
西ゴート人　Visigoths　17,26
二圃制　two-course rotation　50
農業革命　Agricultural Revolution　52
農奴　serf　30,47,55,62,63,65,71,87,89,103,156,158,166,197,206

ノルマン人　Norsemen, Normans　42,84

バルディ家　Bardi　133
バルト諸民族　Balts　146
ハン（国）　Khanates　138,139
ハンザ同盟　Hanseatic League　145,148, 198
　七都市ハンザ　Hansa of the Seventeen Cities
蛮族　Barbarians　6,7,13,14,16–20,28,29, 30,32,33,36–8,40,45,48–50,59,62,73, 84,187
　——時代　Barbarian Age　1,17,20–4, 26–9,32,35,40,58,62,93,110,117,182
ピエールレオニ家　Pierleoni　87
東ゴート族　Ostrogoths　15,25
ビザンツ帝国（・世界）　Byzantine Empire/world　16,25,26,32–4,78,81,83–5, 89,94,98,121,124,126,134,138,154,176
ビール　beer　48,49,53,189
ファスティアン織　fustians　129,168,175
ファブリアーノ紙　Fabriano paper　161
風車　windmill　56,193
複式簿記　double entry bookkeeping 135,149,208
副食　companaticum　48,51,52
葡萄（・酒）　wine　4,43,44,48,53,74,75, 78,79,82,112,119,120,151,152,198,199
フランク人　Franks　25,37,78,81,126
フランジパーネ家　Frangipane　87
フランス語　French　75,159,166
フリースランド人　Frisians　26,45,145
ブルグント人　Burgundians　17
プレモントレ修道会　Premonstratensian monastery　201
フン人　Huns　2,37
平均余命　life expectancy　2,14,190
ペスト　plague　15,16,210
　大ペスト　Great Plague　190,207–9
ペチェネグ族　Petchenegs　153
ヘルマン・クレンデンスト社　Clendenst, Hermann　149
遍歴商人　traveling merchant　31,136
封建制度　feudalism　62–4,71,126
　——社会（・世界）　feudal society/world　77,89
　——時代　feudal age　81
保険　insurance　98,135,149,177,195,208
ボッリノ社　Borrino　133
ホルツシュハー社　Holzschuher　123
ボンシニョーリ家　Bonsignori　133

マ・ヤ・ラ・ワ行

マジャール人　Magyars　37,46
マーチャント・カンパニー　merchant compagny　132
明礬　alum　175–8,185
民衆蜂起　popular revolution　162,172
メロヴィング時代　Merovingian period 24,44
モネタリウス　monetarius　27
木綿工業　cotton industry　165,174
モンゴル帝国　Mongolian Empire　138, 139
　——人　Mongolians　153
ユダヤ人　Jews　26,77–83,87,94,100,109, 123,124,152,154,196
預金銀行　deposit banking 12,100,101, 130–2,157
読み書き能力　literacy　24,44,79,136,149, 189

ライ麦　rye　49,150
ラテン語　latin　30,44,48,58,63,117
陸上交易　land trade　98,132
陸上輸送　land transport　102,103,120, 199
両替商　exchange business　12,100,101
輪作　rotation　49,51,52,193,200
リンネル　linens　117,141,174

ルネサンス　Renaissance　49,107
労働地代　payments in labor services
203,204
ロガディア　rogadia　94
ローマ人　Romans　1,3,4,7,13,17–20,25,
29,43,48,57–9,93,97,110
——帝国　Roman Empire　1–4,8,18–
20,22,27–9,33,37,40,45,54,55,57,71,82,
86,207,210
——教皇　Pope　84,87,98,132,133,
154,208
ロンバルディア都市同盟　League of
Lombard towns　89
ロンバルド（ロンバルディア）人
Lombards　25,78,81,100
——時代　Lombard period　24,90

地名索引

ア 行

アイスランド　Iceland　37,42,148,199
アイルランド　Ireland　43,55
アジア　Asia　29,60,78,121,138,139,141,153,210
　小アジア　Asia Minor　29,138,139,141,176-8
　中央アジア　Central Asia　30,57,58,139
アスティ　Asti　96,130,137
アテネ　Athens　85
アドリア海　Adriatic　82,97,128,153
アプリア　Apulia　201
アフリカ　Africa　30,68,82-4,94,121,124,126,142,199,200
　北――North Africa　6,7
アーヘン　Aachen　29
アマルフィ　Amalfi　81-4,97,143
アメリカ　America　37,42,47,54,63,108,116,118,130
アラゴン　Aragon　128,153
アラス　Arras　201,202
アラビア　Arabia　30,32
アルプス山脈　Alps　89,120,142
アルメニア　Armenia　3
アレクサンドリア　Alexandria　127,139
アンダルーシア　Andalusia　176
イスタンブール　Istanbul　→　コンスタンティノープル
イタリア　Italy　4,6,7,9,16,21,24,-26,32,44,51,59,-61,69,71,74,78,81,82,84,86-93,97,100,105,110,116-8,121-3,126-8,130,132,134-9,141-4,148-52,154,162,165-7,169,170,173-6,180-2,187-9,196,198-202
　北部・中部――northern and central Italy　6,7,43,113,124,129,134,175,187,197
イープル　Ypres　167
イベリア半島　Iberian peninsula　30,44,51,71,80,153,182,192,199
イラン　Iran　56
イル・ドゥ・フランス　Ile de France 198
イングランド（イギリス）　England　3,19,21,24,34,45,50,52,56,57,61,63,65,66,68,71,74,75,77,88,91,92,115-9,133,137,142,143,149-55,165,166,168,169,172,174-7,183,186,187,189,190-3,197,199-202,208,209
インド　India　2,30,47,78,118,139,141,182
　インド洋　Indian Ocean　141
　「インド諸島」　Indies　138,139,141
ヴィエリッカ　Wielicka　185
ヴィスビ　Visby　148
ウィーン　Vienna　153
ウェーザー川　Weser　145
ウェストファリア　Westphalia　145,146,191
ヴェネツィア　Venice　73,81-5,88,89,94-7,106,115,120,123,124,126,128,129,138,142,143,153,184,185,202
ウェールズ　Wales　66
ヴェローナ　Verona　77,129
ウォーリンゲン　Worringen　144
ヴォルガ川　Volga　139
ヴォルカーノ　Volcano　175
ウルゲンチ　Urgench　139
英仏海峡　Channel　66,114
エーゲ海　Aegean sea　176
エジプト　Egypt　ix,2,3,30,47,54,78,79,83,126,138

エストニア　Estonia　146
エトルリア　Etruria　15,182
エルバ島　Elba Island　182
エルベ川　Elbe　145
オーストリア　Austria　153
オーセル　Auxerre　199
オランダ　Holland　142,151,165

カ　行

カイロ　Cairo　83
ガエタ　Gaeta　83
カオール　Cahors　130
ガスコーニュ地方　Gascony　119,151
カスティーリア　Castile　141,142,153,176,200
カスピ海　Caspian Sea　139
カタロニア　Catalonia　77,126,149,151
カナリア諸島　Canary Islands　141
ガリア　Gaul 7
カンパーニア地方　Campania　15
キプロス島　Cyprus　37,199
極東　Far East　16,73,121,138,167
ギリシア　Greece　1,4,5,7,9,13–5,17,28,32,54,55,66,79,85,86,94,95,97,105,126,148,159,174,176,177,180,188,199,208
グダンスク　Gdansk　153
クトナ・ホラ（クッテンベルク）Kutna Hora（Kuttenberg）　182
クラコウ　Cracow　185
グラナダ　Granada　141
クリミア半島　Crimea　139,176
グリーンランド　Greenland　37,42,134,137,148
クールトレ　Courtrai　162
クレタ島　Crete　126
クレモーナ　Cremona　129
グロースターシァ　Gloucetershire　198
ゲルマニア　Germany　7,29,33,77
ケルン　Cologne　143–5,153
紅海　Red Sea　137,138
ゴスラー　Goslar　182
黒海　Black Sea　29,137,138
ゴトランド島　Gotland Island　148
コルシカ島　Corsica　84,128,192
コーンウォル　Cornwall　182
コンスタンティノープル　Constantinople　29,33,83–5,112,126,127,137,139

サ　行

サヴォア　Savoy　137
ザクセン　Saxony　182
サザンプトン　Southampton　142
サフォーク　Suffolk　198
サライ　Sarai　139
サルデーニャ島　Sardinia　84,128
サレルノ　Salerno　83
ザンクト・ゴットハルト峠　St. Gotthard Pass　120,179
サン・ドゥニ　St.-Denis　114
シエーナ　Siena　96,130,133,205,209
ジェノヴァ　Genoa　84,89,94,96,114,115,117–9,123,124,126–9,134,135,137–9,141–3,153,167,176,177,182,185,200,208,209
シチリア島　Sicily　21,37,49,51,89,124,133,175,198
ジフラヴァ（イグラウ）　Jihlava（Iglau）182
ジブラルタル海峡　Strait of Gibraltar　139,141,142
シベリア　Siberia　167
ジャワ　Java　47
シャンパーニュ　Champagne　74,114,120,132,134,136,166,168,171,174
シリア　Syria　25,30,176
シンガポール　Singapore　86
スイス　Switzerland　174,180,197,205
ズヴィン港　Zwyn　171
スウェーデン　Sweden　42,148,182
スエズ　Suez　138

スカネール　Skanör　148,150,199
スカンディナヴィア　Scandinavia　42-4, 77,145,146,148-50,192,199
ストラ・コッパーズベルク　Stora Kopparsberg　182
スペイン　Spain　25,26,31,44,49,51,60, 84,115,124,126,128,141,174,199,200
セーヌ川　Seine　168
セプティマー峠　Septimer Pass　120
泉州　Zayton　139

タ　行
大西洋　Atlantic Ocean　137,141-3,151
タブリーズ　Tabriz　139
ダルマティア　Dalmatia　97,126
チエリ　Chieri 100
地中海　Mediterranean Sea　3,9,15,19,20, 25,26,28,29,37,42,43,51,57,68,84,89, 94,105,114,120,125-7,129,132,134, 137-9,141-3,149-51,153,176,177
「北の地中海」 Northern Mediterranean　29,143,145,148,151
中央カリフ国　central caliphate　30
中国　China　ix,2,31,47,73,77,78,118,138, 141,191
中東　Middle East　121,138
低地地方　Low Countries　142
デヴォン　Devon　182
デリー　Delhi　139
デンマーク　Denmark　148,150
ドイツ　Germany　52,68,74,90,93,115-8, 120,123,141,143-6,148-50,153,163, 166,167,174,180-2,185,197,199
ドーヴァー海峡　Strait of Dover　166
ドゥブロヴニク　Dubrovnik（ラグーサ Ragusa）97,153
ドゥエ　Douai　173
トスカーナ地方　Tuscany　21,74,89,130, 192,205
ドナウ流域　Danube valley　37
トルキスタン　Turkestan　138,139
トレント　Trento　181
トロワ　Troyes　79,112,168

ナ　行
ナポリ　Naples　83,166
ナルボンヌ　Narbonne　128
日本　Japan　47
ニューキャッスル　Newcastle　183,184
ニューファンドランド　Newfoundland 42
ニュルンベルク　Nuremberg　123
ノヴゴロド　Novgorod　150,153
ノルウェー　Norway　42,148
ノルマンディ　Normandy　148,192

ハ　行
パヴィーア　Pavia　16,82
バグダッド　Baghdad　29,31,166
バスク　Basque　142,151,182,183
白海　White Sea　42
パドヴァ Padua　69,106,202
パリ　Paris　36,114,118,133,152,159
バルカン半島　Balkan peninsula　198
バルセローナ　Barcelona　128,153
バルト海　Baltic Sea　26,114,120,143, 145,146,148,163
パレルモ　Palermo　124
ハンガリー　Hungary　150
ハンブルク　Hamburg　143,145
ピアツェンツァ　Piacenza　96,130,133
ピサ　Pisa　84,89,114,128,182
ビザンツ　Byzantium　25,28-34,37,78, 81-4,89,91,92,94,97,103,105,121,124, 126,127,134,135,137,148,154,164,176
ビスケー湾　Bay of Biscay　182
ピストイア　Pistoia　137
フィラデルフィア　Philadelphia　130
フィレンツェ　Florence　112,124,129, 130,133-5,137,149,163,168,170,175,

178,182,201,206,209
フィンランド　Finland　148
フォカエ　Phocaea　176,177
フライブルク・イム・ブレスガウ
Freiburg im Bresgau　144
フライベルク　Freiberg　182
ブラバン　Brabant　162,166
フランス　France　24,44,45,51,52,57,60,61,68,73,75,112,117,119,120,128,133,137,141,142,150-2,154,159,162,166,170,171,176,177,189,197,199,204,207
北フランス　northern France　19,45,71,74,201
南フランス　southern France　44,71,126,130,196
ブランデンブルク　Brandenburg　198
フランドル　Flanders　114,116,118,142,146,152,162,165-8,171,173,175-7,191,198,199,202,207
フリースランド Friesland　145,166
ブルゴーニュ　Burgundy　137
ブルッヘ（ブリュージュ）　Bruges　142,150,171,177,202
ブレッシア　Brescia　129
ブレーメン　Bremen　143
プロヴァンス　Provence　80,152
北京　Peking　134,139
ベルギー　Belgium　77,149,168,171,177,183,189,198
ベルゲン　Bergen　150
ペルシア　Persia　28,30,31,37,138,139,141
ペルシア湾　Persian Gulf　139,141
ベルン　Bern　144
ヘント　Ghent　118,167,202
ボヴェ　Beauvais　179
ポー川流域　Po valley　19,58,68,82,129,130,168,198
北海　North Sea　26,114,120,142,145
ボヘミア　Bohemia　150,153,181,182
ポーランド　Poland　146,150,153
ボルドー　Bordeaux　75
ポルトガル　Portugal　141,142,150,153
ボローニャ　Bologna　129,159,174,202
香港（ほんこん）　Hong-Kong　86
ポンペイ　Pompei　3

マ・ヤ行

マインツ　Mainz　143
マハディア　Mahdiya　84
マグデブルク　Magdeburg　143
マラケシ　Marrakesh　112
マリーヌ　Malines　167
マルセイユ　Marseille　128
ミラノ　Milan　x,36,88,124,129,130,170
ムーズ川　Meuse river　80,166
ムラーノ島　Murano　184
メソポタミア　Mesopotamia　ix
モロッコ　Morocco　3,59,141,198
モンプリエ　Montpellier　128,133

ユトランド半島　Jutland peninsula　143,146
ユーラシア大陸　Eurasia　16,36,58
ヨーロッパ　Europe　ix,x,18-21,25,26,28,29,30-3,35-7,39,40,43,45,46,52,55,57-60,62,63,65,68,70,74,76,78,80,86,88,90,91,102,105,107-10,114,116-8,120-2,124,132,133,137,138,141,142,145,151,154,169,174,177,186-90,192,194,198,199,208,210
西ヨーロッパ Western Europe　16,20,23,25,26,28-34,40,46,47,49,73,77,78,95,98,104,105,117,127,134,142,153,162,168,170,174,179,181,191,192,196,199,210
北西ヨーロッパ　northwestern Europe　42,120,122,167,177

ラ・ワ行

ライン川　Rhine　26,45,80,145,168,174
ラインラント　Rhineland　19,199
ラトヴィア Latvia　146
ラ・ロシェル　La Rochelle　142
ラングドック　Languedoc　152
リエージュ　Liège　183,184
リグリア海　Ligurian Sea　128
リトアニア　Lithuania　146
リパリ　Lipari　175
リューネブルク Lüneburg　150
リューベック　Lübeck　80,118,143,145,146,149,150,185
リンカンシャ　Lincolnshire　192
ルーヴァン　Louvain　167
ルッカ　Lucca　96,129,137,174,207
レヴァル　Reval　146
レヴァント　Levant　82,83,122,207
レーゲンスブルク（ラティスボン）Regensburg（Ratisbon）　143
ロシア　Russia　18,37,42,138,139,146,148,150,153,174,192,198
ローマ　Rome　1,3-9,11,13-7,21,25,28,29,30,33,37,43-5,51,54,55,57,66,71-3,79,87,94,95,97,102,103,105,134,143,152,155,159,180,182,187,188,198,202,207,208,210
ロワール川　Loire　45
ロンドン　London　3,118,150

読書案内

I．一般書

Cambridge Economic History of Europe〔『ケンブリッジ・ヨーロッパ経済史』〕, vols. I–III（1941–63; 第1巻の改訂版は1966年）は中世全体の最も包括的な研究書で，要するに本書のテーマに関する最高の共著である．それは著名な専門家——彼らの一部はすぐれた文筆家でもあるが——による研究によって構成されている．あまりにも分厚く内容も均一でないので最初から最後まで読み通すことは容易でないし，すべての叙述が最新の研究成果に基づいているわけでもないが，参考書・方法論・広範な文献目録案内のためには依然として価値を失っていない．

フランス語の叢書 Nouvelle Clio（Presses Universitaires）に収められた手頃な3冊は同じ分野をカバーしている．事実重視の視点が後退してはいるが，将来展望に関する有益な示唆を含んでいる．R. Doehaerd, *Le haut moyen âge occidental, économies et sociétés*〔『ヨーロッパ中世前期——経済と社会』〕(Paris, 1971)；L. Genicot, *Le XIIIe siècle européen*〔『13世紀のヨーロッパ』〕(1968)；J. Heers, *L'Occident aux XIVe et XVe siècle. Aspects économiques et sociaux*〔『14・15世紀のヨーロッパ——経済・社会的側面』〕(1966).

英語で書かれた最高の一冊本の共著は *Fontana Economic History of Europe*〔『フォンタナ・ヨーロッパ経済史』〕, I（Fontana, London, 1972）で，それは『ケンブリッジ・ヨーロッパ経済史』の文献目録を簡略ではあるが最新のものに書き換え，そこで不十分にしか考察されなかった問題にも触れているが，前著を凌駕するまでにはいたっていない．ドイツ語で書かれているが，国際的協力を得た *Handbuch der europäische Sozial- und Wirtschaftsgeschichte*〔『ヨーロッパ社会経済史案内』〕(Ernst Kleist, Stuttgart）の刊行が期待されている．一冊本の単著として最も詳しいのが G. Fourquin, *Histoire économique de l'Occident médiéval*〔『西欧

中世経済史』〕(Presses Universitaires, Paris, 1969) と思われ，有益な本である．それに対して，R. Latouche のお粗末な本 *The Origins of Medieval Economy*〔『中世経済の諸起源』〕(Barnes and Noble, New York, 1961)〔宇尾野他訳『西ヨーロッパ経済の誕生』一條書店, 1970 年〕は英訳されるにほとんど値しないものであった．最後に，明解ではあるが初歩的な G. Hodgett, *A Social and Economic History of Medieval Europe*〔『中世ヨーロッパの社会経済史』〕(Methuen, London, 1972) と，独創的ではあるが問題を含んだ R. H. Bautier, *The Economic Development of Medieval Europe*〔『中世ヨーロッパの経済発展』〕(Thames and Hudson, London, 1971) を挙げることが許されよう．

国別の経済史に関しては，次のものが注目される．【イギリス】1700 年まで追っている J. Clapham, *A Concise Economic History of Britain*〔『概説・英国経済史』〕(Cambridge University Press, 1949) は古くなった部分もあるが，読みやすくてバランスがとれている．M. M. Postan, *The Medieval Economy and Society, an Economic History of Britain, 1100–1500*〔『中世の経済と社会——1100 年から 1500 年までの英国経済史』〕University of California Press, Berkeley, 1972) は果敢に議論を挑んでいる．【イタリア】G. Luzzatto, *An Economic History of Italy from the Fall of the Roman Empire to 1600*〔『イタリア経済史——ローマ帝国の滅亡から 1600 年まで』〕(Barnes and Noble, New York, 1961) は幾分時代遅れの感があって概説的性格が強いが，すぐれた本であることに間違いはない．そして C. M. Cipolla の序論が付された，すべてイタリア語で書かれた多彩な研究者の論文集，*Storia dell'economia italiana*〔『イタリア経済史』〕(I, Boringhieri, Turin, 1959) がある．【フランス】に関しては，古くてお粗末な H. See and R. Schnerb, *Histoire économique de la France*〔『フランス経済史』〕, I (Colin, Paris, 1948) がある．R. Cameron, *Essays in French Economic History*〔『フランス経済史論文集』〕(Irwin, Homewood, Ill., 1971) 所収の多彩な研究者の論文のほうがそれよりもましである．【スペイン】J. Vicens Vives, *An Economic History of Spain*〔『スペイン経済史』〕(Princeton University Press, 1969) は一部古くなっているところもあるが，すぐれている．【ドイツ】*Enzyklopädie der Rechts- und*

Staatswissenschaft〔『法律・国家学事典』〕（Berlin, 1960）に収められている F. Lütge, Deutsche Sozial- und Wirtschaftsgeschichte〔「ドイツ社会経済史」〕は能力の高さを感じさせるが，短くて退屈である．【近東】M. A. Cook, *Studies in the Economic History of the Middle East*〔『中東経済史の論文集』〕（Oxford University Press, 1970）所収の多彩な研究者の諸論文がある．

読者諸賢に上掲の著書を読むように勧めると同時に，さらなる文献情報としてとくに，内容はところどころで古くなっていて，仮説の一部はもはや有効とは見られていないが，方法論的な価値をまったく失っていない二つの古典的な書物に言及しなければならないであろう．H. Pirenne, *Histoire économique et sociale du Moyen Age*〔『中世の社会経済史』〕（第 2 版は H. Van Werveke によって部分的改訂が加えられている）（Presses Universitaires, Paris, 1963）と M.Bloch, *Feudal Society*〔『封建社会』〕（University of Chicago Press, 1960）〔新村他訳『封建社会』2 巻，みすず書房，1977 年；堀米他訳『封建社会』岩波書店，1995 年〕．これら二著と同一水準にはないが，R. L. Reynolds, *Europe Emerges*〔『ヨーロッパの形成』〕（University of Wisconsin Press, Madison, 1961）は刺激的な示唆を含んでいる．最後に，拙著 *The Birth of Europe*〔『ヨーロッパの誕生』〕（Evans-Lippincott, New York, 1967）は本書で輪郭しか描かれなかった概念の一部についてより詳細に論じている．

Ⅱ．個別のテーマと問題

経済史において中心となる方法論――経済学の社会科学的方法と歴史学の人文学的方法を結合させたもの――の問題は複数の方向からの取り組みが可能である．例えば，1971 年 3 月号の *Journal of Economic History*〔『経済史ジャーナル』〕を参照せよ．そこでは多様な傾向・世代・経歴の研究者たちが過去の著作を回顧し，将来への示唆を提起している．しかしながら，不運にも，経済分析に長じた歴史家と歴史構造に敏感な経済学者との実りある対話であるべきものが，双方の相違と劣等意識からくる固定観念によって今なお実現にいたっていない．最近，論争は間

違って設定された問題，質または量は最重要の研究素材かどうかに集中している．それらは実際のところコインの裏表の関係にある．通常，形容詞は量的評価を含意していて（我々は一定量以上を所有するか稼ぐ人を「金持ち」と呼ぶ），数値は質的判断からその意味を引き出す（「人口の5パーセントは読み書きができた」は何を読み，何を吸収し，それが社会全体にどのような影響を与えたかを考慮しないならば，何の意味もなさない）．伝存する史料が非常に限られた，そしてそのほとんどが信頼できない数値しか提供してくれていない，特権的な個人または階級の見解を反映しているに過ぎない形容詞が付された中世の経済に問題を限定した場合，最終的ではないとしても，納得のいく像を描くためには，歴史一般と経済一般の両方からのあらゆる支援が経済史家に求められる．

人間は歴史の主人公であり，万物の尺度である．しかし，中世の人口に関しては，慎重さが最高の勇気である．J. R. Russell, *British Medieval Population*〔『中世英国の人口』〕（University of New Mexico Press, Albuquerque, 1948）と R. J. Mols, *Introduction à la démographie historique des villes d'Europe du XIVe au XVIIIe siècle*〔『14 世紀から 18 世紀にいたるヨーロッパ諸都市の歴史人口学入門』〕, 3 vols（Université de Louvain, 1954–6）のような最も学究的で技術的にもよく練られた概説書でも，断片的な確実なデータからの危険にみちた推論に基づいている．加えて，限られた時間と空間に関する正確な情報を欠いている．これ以外に関しては，直感の山に頼るしかない．

G. Duby, *Rural Economy and Country Life in the Medieval West*〔『西欧中世の農業経済と農村生活』〕（University of South Carolina Press, Columbia, 1968）はカロリング時代から中世の終わりにいたるまでの農業史のすぐれた概論を提供してくれていて，分析と綜合，経済的現実と歴史的イデオロギーが均等に強調されている．ここに付された文献目録は完璧に近いものである．彼の *Guerriers et Paysans, VIIe–XIIe siècles*〔『戦士と農民——7 世紀から 12 世紀まで』〕（Gallimard, Paris, 1973 は時代をさらに遡り，経済生活の別の側面にまで内容を拡大している．重要度は落ちるが，農村慣行の理解に依然として有効なのが R. Grand and R. Delatouche, *L'Agriculture au Moyen Age*〔『中世の農業』〕（De Boccard, Paris,

1950）である．広範囲な人文学的方法よりも経済学的方法を優先させる読者は，B. H. Slicher van Bath, *The Agrarian History of Western Europe*〔『西ヨーロッパ農業史』〕（Arnold, London, 1963）〔速水訳『西ヨーロッパ農業発達史』日本評論社，1969 年〕を読むことを勧める．これは良書ではあるが，伝存史料の不足を大胆な推論とまったくの直感で補っている箇所がある．他方，E. Sereni, *Histoire du paysage rural italien*〔『イタリア農村景観の歴史』〕（Laterza, Bari, 1964）は経済情報を絵画と文学の未曾有の宝庫で補い，一部の読者にとってはとくに示唆に富んだものになるであろう．

最近，商業史の概説を目指した本は出版されていないが，上掲の『ケンブリッジ・ヨーロッパ経済史』の第 2 巻の 4 章と 5 章，第 3 巻の 2 章（それぞれ M. M. Postan, R. S. Lopez, R. de Roover によって執筆されている）が，もし読み通すならば，ほとんど完全に近い全体像を提供することになろう．中世の経済史に関する最近の概説書のなかで，下地，つまり文献を完全にカバーしたものはないが，上掲の『フォンタナ・ヨーロッパ経済史』の第 3 章に収められている R. Roehl, Patterns and Structure of Demand〔「需要の形態と構造」〕は文献目録に新しいものを加えて時代の要請に応えているのみならず，『ケンブリッジ・ヨーロッパ経済史』で不十分にしか論じられていない一つの側面に関する概略的ではあるが興味ある意見を提供している．他方，商業史の概説は都市史に関する最高の著作のなかで重要な役割を果たしている．個別の都市に関するいくつかの研究はこの「読書案内」の後出の III に譲るとして，ここでは地域全体または商人階層に関する次の諸研究に触れておくことにする．J. Le Goff, *Marchands et banquiers du Moyen Age*〔『中世の商人と銀行家』〕（Presses Universitaires, Paris, 1956）; J. Lestocquoy, *Les villes de Flandre et d'Italie sous le gouvernement des patriciens*〔『都市貴族統治下のフランドルとイタリアの諸都市』〕（Presses Universitaires, Paris, 1952）; P. Dollinger, *The German Hansa*〔『ドイツのハンザ』〕（London, 1970）; A. Sapori, *Le marchand italien au Moyen Age*〔『中世のイタリア商人』〕（Colin, Paris, 1952）; D. Waley, *The Italian City-Republics*〔『イタリアの都市共和国』〕（McGraw-Hill, New York, 1969）. 中世都市に関する全体的な

文献目録と都市類型に関する見解は O. Hadlin and J. Burchard, ed., *The Historian and the City*〔『歴史家と都市』〕(M. I. T. and Harvard University Presses, 1963) 所収の R. S. Lopez の論文 The Crossroads within the Wall〔「都市壁内の交差路」〕を参照.

工業史一般に関する図書も最近は出版されておらず，上掲の『ケンブリッジ・ヨーロッパ経済史』で詳細に論じられているのも二つの分野，つまり毛織物工業（E. Carus-Wilson によるもので，よい論文であるが，幾分イングランドに偏りすぎている）と鉱山業（U. Nef によるもので，よい論文であるが，道徳主義的色調が少し感じられる）に限定されている．しかし，上掲の『フォンタナ・ヨーロッパ経済史』の Sylvia Thrupp が担当した第 6 章は短いが，すぐれた研究成果を披露している．ただし，付帯された文献目録は不十分なものでしかない．個別の工業に関するいくつかの個別研究については，後出の III で言及されるであろう．本書のテーマとぴったり重なっているのが P. Wolff の好著，*Histoire générale du travail*〔『労働通史』〕, I, part I（Nouvelle Librairie de France, Paris, 1961）で，そのなかの図解は有用である．『ケンブリッジ・ヨーロッパ経済史』のなかのギルドに関する S. Thrupp が執筆した章も有益である．

技術（道具と方法）史も経済史のすべての側面において重要な部分を占めている．輸送史も同様である．道具類に関する大部なものとして C. Singer 編集の *A History of Technology*〔『技術史』〕, vols. II, III（Oxford University Press, 1956–7）と，M. Daumas, *Histoire générale des techniques*〔『技術通史』〕, vols. I, II（Paris, 1962–7）があるが，すべての点で最良とは言えない．しかし，Lynn White の力みすぎるところもあるが，刺激的な *Medieval Thechnology and Social Change*〔『中世の技術と社会変化』〕(Oxford University, 1962) と S. Lilley の気合いの入った小品，*Men, Machines, and History*〔『人と機械と歴史』〕(London, 1948)〔伊藤他訳『人類と機械の歴史』岩波書店, 1968 年〕を挙げないわけにはいかない．商法と商業手法に関しては，R. S. Lopez and I. W. Raymond による史料・解説・文献目録からなる *Medieval Trade in the Mediterranean World*〔『地中海世界における中世の交易』〕(Columbia University Press, New

York, 1955）と，『ケンブリッジ・ヨーロッパ経済史』の第3巻でR. de Rooverが執筆した前出の章がほぼ完全に近い研究成果を提供してくれている．輸送に関しては，これらに匹敵するものは存在しないが，海洋史国際会議の*Actes*〔『報告』〕（M. Mollat, ed. ; Paris, 1956 ff.）とR. S. Lopezの小品，The Evolution of Land Transport in the Middle Ages〔「中世における陸上輸送の変遷」〕，*Past and Present*（1956）が役立つであろう．

きわめて重要なテーマである貨幣・信用・価格に関しては，個別研究は枚挙に遑《いとま》がないが，満足のいく通史は一つもない．C. M. Cipolla, *Money, Prices and Civilization in the Mediterranean World*〔『地中海世界における貨幣・価格・文明』〕（Princeton University Press, 1956）はいくつかの側面において刺激的な導入となっている．貨幣史に関するより行き届いた文献目録はR. S. Lopez, *Il ritorno all'oro nell'Occidente duecentesco*〔『13世紀ヨーロッパの金貨への復帰』〕（Edizioni Scientifiche italiane, Naples, 1955）で見ることができる．銀行業と信用に関しては，A. Sapori, *Studi di storia economica*〔『経済史研究』〕，3 vols.（Sansoni, Florence, 1955）に収められた数本の論文が基本となるが，Saporiの啓蒙書，*Merchants and Companies in Ancient Florence*〔『大昔のフィレンツェにおける商人と会社』〕（限定出版．La Fondiaria, Florence, 1955）とR. de Roover, *The Rise and Decline of the Medici Bank*〔『メディチ家銀行業の盛衰』〕（Harvard University Press, 1963）も役立つが，後者では本書よりあとの時代が対象となっている．

教会・国家・企業家の相互関係に関する研究は無限にあるが，その大半が特定の側面に限定されている．それらの一部は次のIIIで取り上げられるであろう．経済と文化の関係はその大半がH. Pirenne, L'instruction des marchands au Moyen Age〔「中世における商人の教育」〕，*Annales d'Histoire Economique et Sociale*, I（1929）と同一雑誌に収められたR. S. Lopez, Economie et architecture médiévale〔「中世の経済と建築」〕（1952）のような小論文で議論されている．そして，それらの議論はまだ決着がついていない．

Ⅲ．個別の研究

個別研究（著書と論文．そのなかには一部の通史に匹敵するものもある）に関する満足のいく文献目録を作ろうとすれば，もう 1 冊必要となるだろうし，最初の I と II で取り上げられた著作の目録を繰り返すことになるであろう．以下に掲げられた少数の著作は恣意的な目録に過ぎず，少なくとも一部が英語またはフランス語で書かれた研究に偏ったものになっている．

(a) 個別の都市・地域・社会階層

F. C. Lane, *Venice, a Maritime Republic*〔『海洋共和国・ヴェネツィア』〕(Johns Hopkins University Press, Baltimore, 1973).

R. S. Lopez, *Su e giù per la storia di Genova*〔『ジェノヴァ史逍遥』〕(Università di Genova, 1975).

D. Herlihy, *Pisa in the Early Renaissance*〔『ルネサンス初期のピサ』〕(Yale University Press, New Haven, 1958).

F. Schevill, *History of Florence*〔『フィレンツェ史』〕(Constable, London, revised 1961).

L. Martines, ed., *Violence and Civil Disorder in Italian Cities*〔『イタリア諸都市における暴力と騒擾』〕(University of California Press, 1972).

E. Baratier and F. Reynaud, *Histoire du Commerce de Marseille*〔『マルセイユの商業史』〕, II (Plon, Paris, 1951).

H. van Werveke, *Bruges et Anvers*〔『ブルッヘとアントウェルペン』〕(Brussels, 1944).

L. Genicot, *L'économie rurale namuroise au bas moyen âge*〔『中世晩期のナミュール地方における農村経済』〕(Université de Louvain, 1943).

E. Le Roy Ladurie, *Les paysans du Languedoc*〔『ラングドック地方の農民』〕(SEVPEN, Paris, 1966).

E. Miller, *The Abbey and Bishoprice of Ely*〔『エリの修道院と司教管区』〕(Cambridge University Press, 1951).

R. H. Hilton, *Social Structures of Rural Warwickshire in the Middle Ages*〔『中世ウォウィックシァの農村における社会的構造』〕(Oxford University Press, 1950).

J. A. Raftis, *Tenure and Mobility, Studies in the Social History of the English Villages*〔『保有と流動性――イギリス農村の社会史的研究』〕(Pontifical Institute of Medieval Studies, Toronto, 1964).

J. Klein, *The Mesta: a Study in Spanish Economic History*〔『移動性牧羊業者組合――スペイン経済史研究』〕(Harvard University Press, 1920).

R. Chazan, *Medieval Jewry in Northern France*〔『中世の北フランスのユダヤ人』〕(Johns Hopkins University, 1973).

C. Verlinden, *L'esclavage dans l'Europe médiévale*〔『中世ヨーロッパにおける奴隷制度』〕, I (Université de Ghent, Bruges, 1955).

(b) 個別の時代または問題

A. Havighurst, ed., *The Pirenne Thesis*〔『ピレンヌ・テーゼ』〕(Heath, Lexington Mass., 1958).

A. R. Lewis, *The Northern Seas: Shipping and Commerce, A. D. 300–1100*〔『北海の船舶と海運業――300年から1100年まで』〕(Princeton University Press, 1958).

P. H. Sawyer, *The Age of the Vikings*〔『ヴァイキングの時代』〕(Arnold, London, 1962).

R. L. Reynolds, *Europe Emerges: Transition toward an Industrial Society*〔『ヨーロッパの形成――産業社会への過渡期』〕(University of Wisconsin Press, Madison, 1961).

J. Z. Titow, *English Rural Society, 1200–1350*〔『イギリス農村社会――1200年から1350年まで』〕(Allen and Unwin, London, 1969).

B. Kedar, *Merchants in Crisis, 1270–1400*〔『大転換期の商人――1270年から1400年まで』〕(Yale University Press, 1975).

―― *Villages désertés et histoire économique, XIe–XVIIIe siècles*〔『廃村と経済史――11世紀から18世紀まで』〕(SEVPEN, Paris, 1965).

J. Glénisson and J. Day, *Textes et documents d'histoire du moyen âge, XIVe-*

XVᵉ siècles〔『中世史のテキストと史料――14 世紀から 15 世紀まで』〕, I: *Les "crisis" et leur cadre*〔『危機とそれらの状況』〕(SEDES, Paris, 1970).
――*Les constructions civiles d'intérêt public dans les villes d'Europe au moyen âges*〔『中世ヨーロッパにおける公共建築』〕(PRO CIVITATE, Brussel, 1971).
G. H. T. Kimble, *Geography in the Middle Ages*〔『中世における地理』〕(London, 1935).
J. W. Baldwin, *The Medieval Theories of the Just Price*〔『中世の公正価格論』〕(American Philosophical Society, Philadelphia, 1956).
B. Tierney, *Medieval Poor Law*〔『中世の救貧法』〕(University of California Press, Berkeley, 1959).
E. Coornaert, *Les corporations en France avant 1789*〔『1789 年以前の同業組合』〕(Paris, 1949).
C. M. Cipolla, *Literacy and Development in the West*〔『西ヨーロッパの読み書き能力と発展』〕(Penguin, Harmondsworth, 1969)〔佐田訳『読み書きの社会史――文盲から文明へ』御茶の水書房, 1983 年〕.
W. M. Bowski, *The Finance of the Commune of Siena*〔『都市シエーナの財政』〕(Clarendon, Oxford, 1970).

(c) 生産・需要・労働・伝達

R. Dion, *Histoire de la vigne et du vin en France*〔『フランスの葡萄畑と葡萄酒の歴史』〕(Doullens, Paris, 1959).
E. Fournial, *Les villes et l'économie d'échange en Forez, XIIIᵉ et XIVᵉ siècles*〔『13・14 世紀のフォレ地方における都市と交換経済』〕(Paris, 1967).
D. Knoop and G. P. Jones, *The Mediaeval Mason*〔『中世の石工』〕(Manchester University Press, 1967).
E. Power, *The Wool Trade in English Medieval History*〔『イギリス中世の毛織物交易』〕(Oxford University Press, 1941)〔山村訳『イギリス中世史における毛織物貿易』未来社, 1966 年〕.

C. Gaier, A. R. Bridbury, *England and the Salt Trade in the Later Middle Ages*〔『中世後期のイングランドと塩取引』〕(Oxford, 1955).

C. M. Cipolla, *Clocks and Culture*〔『時計と文化』〕(London, 1967)〔常石訳『時計と文化』みすず書房，1977 年〕.

B. Geremek, *Le salariat dans l'artisanat parisien du XIIIe au XVe siècle*〔『13・14 世紀のパリ職人の賃金』〕(Paris, 1968).

F. C. Lane, *Navires et constructeurs à Venise pendant la Renaissance*〔『ルネサンス期ヴェネツィアにおける船舶と船大工』〕(SEVPEN, Paris, 1965. 初版の改訂英訳本あり).

J. E. Tyler, *The Alpine Passes, 962–1250*〔『アルプス峠越え――962 年から 1250 年まで』〕(Blackwell, Oxford, 1930).

生産性は第 3 回 Prato 国際会議の主要テーマで，その報告が近々出版されることになっている．

Ⅳ．定期刊行物・逐次刊行物・論文集

最も重要な論文の一部は著名な学者によって，またはその人に敬意を表して出版された論文集に収められている．これらの刊行物に関しても，ほんの一部しかこの目録に取り上げることができない．Gino Luzzatto, Lucien Febvre, Armando Sapori, Robert L. Reynolds, Fernand Braudel に敬意を表して出版された論文集と Marc Bloch, M. M. Postan, Hans van Werveke の論文集は情報とアイデアの宝庫である．『経済史』の国際会議（1960 年のストックホルム大会，1962 年のエクス・アン・プロヴァンス大会，1965 年のミュンヘン大会など）やフランチェスコ・ダティニの経済史国際研究所（Prato, 1968 年から毎年出版されている）のような，刊行された国際会議の議事録も同じく重要である．

専門的な雑誌も，それらに収められている論文と更新される文献目録によって，現在の研究と議論に遅れずについていくために不可欠である．最も重要なものをアルファベット順に挙げると次のようになる．*Annales*（*Economies, Sociétés, Civilisations*（以前は，*Annales d'Histoire Economique et Sociale* の表題がつけられていた）; *Anuario de Historia*

económica y social; Economia e storia ; Economic History Review; Journal of Economic History; Journal of European Economic History; Journal of Social and Economic History of the Orient; Past and Present; Scandinavian Economic History Review; Vierteljahrschrift für Sozial- und Wirtschaftsgeschichte. しかし，より狭い分野の雑誌においても重要な貢献が見られるし，歴史一般や経済一般の雑誌においても同じことが頻繁に認められる．経済史家はやがては，科学者が長いあいだ抱いているような，抽象論に頼らねばならなくなるかもしれない．これは残念なことのように思われる．なぜなら，いかなる図表や概容も細部を完全なまでに描き出すことはできないので．